DOCAT

Como agir?

DOCAT

Como agir?

Doutrina Social da Igreja

Prefácio do Papa Francisco

Edições CNBB

PAULUS

Título original:
DOCAT – Was tun? Die Soziallehre der katholischen Kirche

Publicado pela Conferência Episcopal Austríaca. Aprovado pelo Conselho Pontifício para a Promoção da Nova Evangelização, em 07.04.2016.
Esta obra foi organizada por Arnd Küppers e Peter Schallenber, com a colaboração de Stefan Ahrens, Nils Baer, Thomas Berenz, Christoph Bohr, Marco Bonacker, Luisa Fischer, Julia Horstmann, Joachim Hupkes, Christoph Kraus, Markus Krienke, Gerhard Kruip, Hermann von Laer, Weihbischof Anton Losinger, Bertram Meier, Bernhard Meuser, Elmar Nass, Ursula Nothelle-Wildfeuer, Martin Schlag, Walter Schweidler, Christian Stoll, Cornelius Sturm, Markus Vogt, Anno Zilkens e Elisabeth Zschiedrich.

Coordenação e redação: Bernhard Meuser
Assistente editorial: Clara Steber
Capa, layout, ilustrações: Alexander von Legerke, Colônia
Composto em caracteres Fira Sans

Tradução: Pe. José Jacinto Farias
Revisão: Célia Nogueira
Paginação: Manuela Duarte

Impressão e acabamento:
PAULUS

Rua Francisco Cruz, 229 • 04117-091 – São Paulo (Brasil)
Tel.: (11) 5087-3700 • Fax: (11) 5579-3627
paulus.com.br • editorial@paulus.com.br

ISBN: 978-85-349-44700
Depósito legal: 413 428/16

FSC
www.fsc.org
MISTO
Papel produzido a partir de fontes responsáveis
FSC® C108975

Sobre o livro

O DOCAT é uma tradução popular da Doutrina Social da Igreja Católica, tal como foi desenvolvida em importantes documentos desde Leão XIII. São especialmente os jovens que devem se sentir interpelados para ler os grandes documentos da Igreja no seu texto original e orientar a sua ação segundo as máximas da verdade, da justiça e do amor. O Papa Francisco apela aos cristãos para que se empenhem ativamente por um mundo mais justo: "Um cristão que não seja revolucionário neste tempo, não é cristão"!

Legenda dos símbolos

Citação da Sagrada Escritura que permite uma compreensão mais profunda da passagem que acabas de ler.

Indica uma citação. Às vezes sublinha a importância do texto, outras vezes introduz uma tensão no texto. Em todo o caso, trata-se sempre de um confronto vivo com a verdade.

As citações que são indicadas com a silhueta da Basílica de São Pedro contêm o atual magistério do Papa, mas também palavras importantes dos seus antecessores.

Aqui são explicados conceitos.

Os números no final de cada pergunta estão marcados com pequenas caixas que referem lugares temáticos paralelos no

Compêndio da Doutrina Social da Igreja (→)

Catecismo da Igreja Católica (→)

YOUCAT (→).

Sumário

Prefácio

Caríssimos jovens!

O meu predecessor, o Papa Bento XVI, colocou nas vossas mãos um catecismo para jovens, o YOUCAT. Hoje gostaria de vos entregar outro livro, o DOCAT, que contém a Doutrina Social da Igreja.

No título está escondido o verbo inglês "*to do*". O DOCAT responde à pergunta "como agir?" – é como que um manual de instruções que nos ajuda, com o Evangelho, em primeiro lugar, a transformarmo-nos a nós mesmos, depois a transformarmos o nosso ambiente mais próximo e, por fim, o mundo inteiro. Na verdade, com a força do Evangelho, podemos transformar realmente o mundo.

Jesus diz: "O que fizerdes a um dos meus irmãos pequeninos é a mim que o fazeis". Muitos santos sentiram-se profundamente tocados por esta passagem da Escritura. São Francisco de Assis mudou por isso radicalmente a sua vida. Santa Teresa de Calcutá converteu-se por causa destas palavras. E Charles de Foucault confessou: "Não há em todo o Evangelho nenhuma palavra que tenha exercido mais influência na minha vida do que esta: Tudo o que fizerdes a um dos meus irmãos pequeninos é a mim que o fazeis. Quando penso que esta palavra saiu da boca de Jesus, a Palavra eterna de Deus, que diz isto: Isto é o meu corpo, [...] isto é o meu sangue [...]. Como me vejo então chamado a procurar e a amar Jesus sobretudo nos pequenos, nos mais pequenos".

Queridos amigos jovens! Só a conversão do coração pode tornar mais humana a nossa terra cheia de terror e de violência. E isso significa paciência, justiça, prudência, diálogo, integridade, solidariedade com as vítimas, com os pobres e os ainda mais pobres, dedicação sem limites, amor que vai até a morte pelos outros. Se tiverdes compreendido isto profundamente, então como cristãos comprometidos podereis transformar o mundo. O mundo não pode continuar como está. Se hoje um cristão passa ao lado da necessidade dos mais pobres dos pobres, na realidade não é cristão!

Mas não podemos fazer mesmo nada para que a revolução do amor e da justiça se torne realidade em muitas partes deste torturado planeta? A Doutrina Social da Igreja pode ajudar muitos homens! Sob a competente direção dos cardeais Christoph Schönborn e Reinhard Marx, foi constituído um grupo de trabalho para apresentar aos jovens a mensagem libertadora da Doutrina Social Católica, com o qual colaboraram conhecidos cientistas e também jovens. Jovens católicos de todo o mundo enviaram as suas melhores fotografias. Outros jovens deram os seus pareceres sobre o texto, formularam questões ou apresentaram sugestões e contribuíram assim para que o texto possa ser bem compreendido. A Doutrina Social chama a isto "participação"! O próprio grupo aplicou a si mesmo um importante princípio da Doutrina Social. Foi assim que o DOCAT se tornou uma excelente orientação para a ação cristã.

Aquilo a que atualmente chamamos Doutrina Social Católica teve a sua origem no século XIX. Com a industrialização emergiu um capitalismo brutal: uma espécie de economia que aniquila os seres humanos. Grandes industriais sem consciência fizeram com que as pobres populações agrícolas trabalhassem duramente com salários de miséria em minas ou em fábricas sem condições. Havia crianças que já não viam a luz do dia. Eram como escravos, enviadas para debaixo da terra para puxarem vagões de carvão. Muitos cristãos ajudaram com grande empenho nesta necessidade, mas depressa perceberam que isso não era suficiente. Então desenvolveram ideias a fim de agirem social e politicamente contra a injustiça. O documento que é considerado fundador da Doutrina Social Católica continua a ser a encíclica do Papa Leão XIII, *Rerum novarum*, sobre os novos problemas sociais, publicada em 1891. O Papa escreveu de um modo claro e sem equívocos: "Retirar ao operário o seu merecido salário é um pecado que brada aos céus". A Igreja empenhou toda a sua autoridade para lutar pelos direitos dos operários.

Porque as necessidades dos tempos assim o exigiam, a Doutrina Social Católica foi, com o passar dos anos, enriquecida e apurada. Muitos debates se realizaram sobre a comunidade, a justiça, a paz e o bem comum. Foram elaborados os princípios da personalidade, da solidariedade e da subsidiariedade, que o DOCAT também explica. No entanto, e em rigor, não se pode dizer que a Doutrina Social tem a sua origem neste ou naquele Papa ou neste ou naquele pensador. Ela brota do coração do Evangelho. Ela brota do próprio Jesus. Ele é em pessoa a Doutrina Social de Deus.

"Esta economia mata", como referi na minha Exortação *Evangelii gaudium* (53), porque, de fato, ainda existe nos nossos dias "aquela economia da exclusão e da disparidade dos rendimentos". Há países onde 40% ou 50% dos jovens estão sem trabalho. Em muitas sociedades, os idosos são rejeitados, porque aparentemente não têm "valor" e já não são "produtivos". Extensões inteiras de terra são despovoadas, porque os pobres fogem para os bairros de lata das grandes metrópoles, com a esperança de aí encontrarem alguma coisa para poder sobreviver. A lógica produtiva de uma economia globalizada arruinou as modestas estruturas econômicas e agrícolas das suas regiões. Cerca de 1% da população mundial possui em média 40% da riqueza mundial e 10% da população mundial possui 85%. Por outro lado, "pertence" à metade da população mundial aproximadamente 1% deste mundo. 1,4 mil milhões de homens vivem com menos de 1 euro por dia.

Quando hoje vos convido a conhecer realmente a Doutrina Social da Igreja, não estou imaginando grupos que se sentam a discutir debaixo de uma árvore. Isso é bom! Fazei isso! Mas o meu sonho é maior: eu espero que um milhão de jovens, mais ainda, que uma geração inteira seja, para os seus contemporâneos, uma Doutrina Social em movimento. O mundo só mudará quando homens com Jesus se entregarem por ele, com ele forem para as periferias e para o meio da miséria. Ide também para a política e lutai pela justiça e pela dignidade humana, sobretudo dos mais pobres. Todos vós sois a Igreja. Trabalhai para que esta Igreja se transforme, para que seja viva, porque se deixa interpelar pelos gritos dos desprovidos de direitos, pelos clamores dos que sofrem todo tipo de necessidade e daqueles pelos quais ninguém se interessa.

Ponde-vos, portanto, vós mesmos em movimento. Se muitos colaborarem nesta ação comum, então as coisas irão melhorar neste mundo e os homens poderão sentir que o Espírito de Deus age através de vós. E talvez então vós sereis como tochas que tornam mais claro para esta humanidade o caminho para Deus.

Por isso dou-vos hoje este excelente livro, para que ele acenda em vós um fogo. Eu rezo por vós todos os dias. Rezai também por mim!

Sempre vosso,

Franciscus

Papa Francisco

1

QUESTÕES
1-21

O grande plano de Deus

O AMOR

O mundo foi criado para a glória de Deus.

Concílio Vaticano II

Eu fui chamado para fazer ou para ser alguma coisa que nenhum outro foi chamado a fazer ou a ser. Tenho um lugar no plano de Deus sobre a terra que mais ninguém tem. Quer seja rico ou pobre, desprezado ou louvado pelos homens, Deus me conhece e me chama pelo meu nome.

BEATO JOHN HENRY NEWMAN (1801-1890)
Cardeal e filósofo inglês

1 *Quando Deus criou o mundo e nos criou, agiu segundo um plano?*

Sim. Deus criou o mundo segundo a sua ideia e o seu plano. Assim como alguém pode inventar um jogo, por exemplo o jogo de xadrez, e com regras criar a sua lógica, assim Deus criou o mundo e pensou o ser humano. O fio condutor de Deus na Criação é o amor. Portanto, o plano de Deus é que o homem ame e responda ao seu amor e assim ele próprio pense, fale e atue no amor.

→ 20 → 2062 → 1, 2

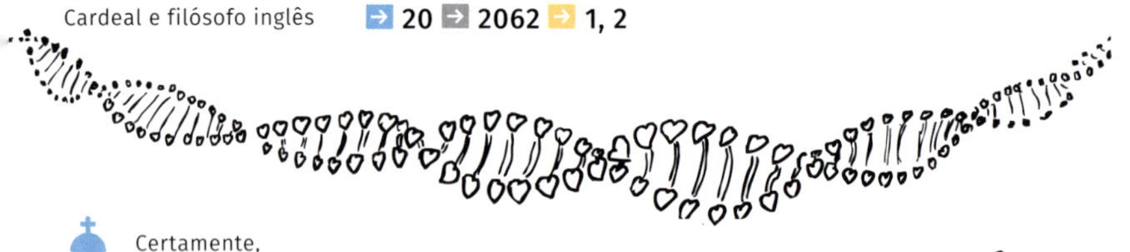

Certamente, descendemos dos nossos pais e somos seus filhos, mas também de Deus, que nos criou à sua imagem e nos chamou para sermos seus filhos. Por isso, na origem de todo ser humano não existe a sorte ou a casualidade, mas um projeto de amor de Deus.

BENTO XVI, homilia, 9.7.2006

2 *Mas quem é Deus?*

Pode dizer-se que Deus é a origem de tudo o que existe. Ele é o fundamento, a causa última de tudo e que tudo sustém. Com base na ciência atual, pode dizer-se: Ele é anterior ao Big Bang e à origem de todas as leis da natureza. Sem Deus, tudo o que existe se desmoronaria. Deus é também o fim para o qual se orienta tudo o que existe.

→ 34, 279 ss. → 33

3 *O que significa Deus para o nosso agir?*

Se Deus é o autor de todo o cosmos, então ele é também a medida de tudo o que deve existir. Toda a ação será medida em relação a Ele e ao seu plano. Nele podemos saber o que é agir bem. Dito de um modo simples: Deus escreveu o DNA da nossa vida. O que Deus quer para nós e conosco é que é a norma e a regra de uma vida boa e justa. Os cristãos agem de um modo solidário, porque já antes Deus agiu neles amorosamente

→ 20, 25, 26 → 1694

Porque criaste todas as coisas. Pela tua vontade elas começaram a existir e foram criadas.

Ap 4,11

Como são numerosas as tuas obras, Senhor! Fizeste-as todas com sabedoria.

Sl 104,24

> O que não estava no meu plano, estava no plano de Deus. E quanto mais algo vier ao meu encontro, tanto mais viva se torna em mim a convicção da fé de que – visto à luz de Deus – nada me acontece por acaso.

SANTA EDITH STEIN (1891-1942) filósofa judia-alemã, vítima num campo de concentração, *Ser finito e eterno* (1935/36)

> O homem precisa de três coisas para a salvação: saber o que acreditar; saber o que esperar; saber o que fazer.

SÃO TOMÁS DE AQUINO (1225-1274), o maior pensador cristão da Idade Média, sobre os Dez Mandamentos (Proêmio)

4 *Pode fazer-se a experiência de Deus?*

Se refletires sobre ti mesmo, depressa vais perceber que não te fizeste a ti mesmo. Ninguém te perguntou se querias na realidade existir ou não. De repente estavas aí. O que a seguir descobres é que afinal existes. Hoje, amanhã ou depois de amanhã, a tua vida chegará ao fim. Mesmo tudo aquilo que está à tua volta,

"Dizer 'eu te amo' significa dizer 'tu não deves morrer'."

GABRIEL MARCEL (1889-1973), filósofo francês

❞ Todas as coisas criadas testemunham a bondade e a generosidade de Deus: o sol irradia a sua luz; o fogo, o seu calor; a árvore estende os seus braços e oferece-nos os seus frutos; a água e o ar e toda a natureza proclamam a generosidade do Criador, e nós, sua imagem corporal, não o representamos, mas renegamo-lo com as nossas ações sem amor, ao mesmo tempo que O confessamos com a nossa boca.

SÃO FILIPE NÉRI (1515-1595)

algum dia, também deixará de existir. Apesar disso, tu podes pensar o Infinito: algo que existe, mas que nunca passará. Mesmo se tu estás envolvido exclusivamente por coisas passageiras, sentes o desejo daquilo que é infinito e eterno. Tu desejas que algo de ti permaneça. Como seria triste se todo o mundo tão belo não passasse de um registo momentâneo, que brilhasse sem sentido e que de novo mergulhasse no nada. Somente se Deus realmente existe é que podes estar junto dele em segurança. E o mesmo se diga a respeito de toda a criação. A ideia e a saudade de Deus pertencem à natureza humana. O desejo do infinito e do absoluto encontra-se em todas as culturas.

→ 20 → 1147 → 20

5 *Por que é que Deus criou o homem e o mundo?*

Deus criou o mundo por superabundância de amor. Ele deseja que o amemos como ele nos ama. Ele quer reunir-nos na grande família da sua Igreja.

→ 49, 68, 142 → 2

Tu amas tudo o que existe e não desprezas nada do que criaste. Se odiasses alguma coisa, não a terias criado.

Sb 11,24

6 *Se Deus criou o mundo por amor, então por que é que está cheio de injustiça, de opressão e de sofrimento?*

Deus criou o mundo bom em si mesmo. Mas o mundo afastou-se de Deus, revoltou-se contra o seu amor. A Bíblia explica isso na história do pecado original de Adão e de Eva. Os homens – é o que explica a história da construção da torre de Babel – quiseram ser

Eu vi muito bem a miséria do meu povo que está no Egito. Ouvi o seu clamor contra os opressores e conheço os seus sofrimentos. Desci para o libertar do poder dos egípcios.

Ex 3,7-8

como Deus. Desde então, há uma falha no mundo, um princípio destruidor. A partir daí nada mais foi como tinha sido planeado por Deus. Mesmo as nossas decisões atuais contribuem para que exista neste mundo injustiça, opressão, sofrimento. Muitas decisões falsas traduzem-se às vezes em estruturas do mal e do pecado. O indivíduo age, portanto, dentro de um sistema que é no seu todo mau e injusto, e, por isso, não é nada fácil sair dele, quando, por exemplo, como soldado, é obrigado a tomar parte numa guerra criminosa.

→ 27 → 365 ss., 415 → 66, 68

7 *Por que é que Deus concedeu ao homem a possibilidade de fazer o mal?*

Deus criou o homem para amar. Mas ninguém pode ser forçado a amar; o amor pressupõe sempre a liberdade. Portanto, o homem deve ser livre para que possa realmente amar. Quando existe autêntica liberdade, existe também a possibilidade de uma decisão fundamentalmente falsa. De fato, os homens podem estragar a própria liberdade.

→ 311 ss. → 286

8 *Deus deixa o homem sozinho depois de o homem ter se afastado dele?*

Não. O amor de Deus "jamais passará" (1COR 13,8). Deus segue-nos, procura-nos nas nossas cavernas e esconderijos, deseja entrar em contato conosco. Ele deseja mostrar-nos quem ele é.

→ 27, 773

9 *Como é que Deus Se deixa encontrar?*

Deus deixa-se encontrar na medida em que se nos *mostra* ou (dito por outras palavras) se nos *revela*. É verdade que temos naturalmente uma ideia de Deus e podemos, pela reflexão, conhecer que Deus existe.

O pecado é a prisão na qual todos nascemos.

SANTO INÁCIO DE LOIOLA (1491-1556), fundador dos Jesuítas

Não consigo entender nem mesmo o que faço: pois não faço aquilo que quero, mas aquilo que mais detesto.

O Apóstolo Paulo em **RM 7,15**

Deus criou a alma na sua livre autodeterminação, de modo a não lhe fazer nada que passe ao lado da sua vontade, nem lhe exigir nada que ela não queira.

MESTRE ECKHART (1260-1328), místico e mestre dominicano

Muitos dizem: "Eu fiz tanto mal que o bom Deus não me pode perdoar". Isso é uma blasfêmia. Isso significa colocar um limite à divina misericórdia. Mas ela não tem nenhum; ela é ilimitada. Nada ofende mais a Deus do que duvidar da sua misericórdia.

SÃO JOÃO MARIA VIANNEY (1786-1859), Cura d'Ars

Mas permanece oculto ao nosso entendimento saber *como* Deus é exatamente, quais os seus pensamentos e os seus planos. Para isso, Deus tem de se comunicar a nós tal como ele é. Não faz isso na medida em que nos envia uma ideia, um livro ou um sistema político, mas enquanto se faz homem em Jesus Cristo. Nele, Deus revelou-se de um modo total e definitivo: Deus fez-se homem para que o homem compreenda quem Deus é. Jesus é a linguagem de Deus.

→ 20, 21 → 36-38 → 7-10

Os meus projetos não são os vossos projetos, e os vossos caminhos são os meus caminhos – oráculo do Senhor. Tanto quanto o céu está acima da terra, assim os meus caminhos estão acima dos vossos caminhos, e os meus projetos estão acima dos vossos projetos.

Is 55,8-9

Israel é o povo de Deus, é a expressão da comunhão de Deus com os homens, é o povo eleito. Não se trata aqui de uma realidade natural ou cultural; é um fato sobrenatural.

JOÃO PAULO II
(1920-2005), outubro de 1997

10 *Como é que, antes de Jesus, Deus se revelou aos homens?*

A existência de Deus nunca esteve fechada ao conhecimento racional do homem. Na história de Israel, Deus abriu o seu coração e falou a Abraão, a Isaac e a Jacó. Deus encarregou Moisés de libertar o seu povo da escravidão no Egito e repetidamente chamou profetas para falarem em seu nome.

→ 54 ss. → 7-8

O GRANDE PLANO DE DEUS 1

11 *Como é que o povo de Israel responde à revelação de Deus?*

Uma vez que Deus é conhecido, nada pode permanecer como era. O povo de Israel mostra isso claramente através da aliança que Deus estabelece com ele. Sinais desta aliança são os dez mandamentos que Deus transmite a Moisés no monte Sinai (Ex 19-24). Se nos orientarmos pelos mandamentos e procurarmos agir de um modo correto, esta é a nossa resposta à inclinação amorosa de Deus para conosco. Temos assim a possibilidade de contribuir para a realização do grande plano de Deus sobre o mundo e sobre a história.

→ 22 → 34

Existem, em todas as culturas, singulares e variadas convergências éticas, expressão de uma mesma natureza humana querida pelo Criador e que a sabedoria ética da humanidade chama lei natural.

BENTO XVI, CV, 59

ENCÍCLICA Documento de um Papa com caráter universal dirigida à Igreja e ao mundo.

12 *Que sentido têm os dez mandamentos para a nossa vida?*

Nos dez mandamentos, Deus coloca nas nossas mãos os princípios imutáveis de uma vida reta pelos quais nos podemos orientar. Surge assim um mundo tal como Deus o pensou. Neles tomamos conhecimento dos nossos deveres – por exemplo, não devemos roubar nada a ninguém – e ao mesmo tempo tornam-se claros os nossos direitos: também a nós ninguém deve roubar nada. O conteúdo dos dez mandamentos é semelhante ao direito natural, ou seja, ao que está inscrito no coração de cada homem como representação de um agir reto. Neles estão prescritas as formas de comportamento universalmente obrigatórias para todos os homens e culturas. Por isso é que os dez mandamentos constituem também as regras fundamentais para a vida em sociedade.

→ 22 → 434 → 335, 348 ss.

O que me causa cada vez mais admiração é isto: há no mundo mais de 30 milhões de leis para cumprir os dez mandamentos.

ALBERT SCHWEITZER (1875-1965), médico missionário e Prêmio Nobel da Paz

13 *Como é que Deus se revela em Jesus de Nazaré?*

Para mim, Jesus é o meu Deus, a minha vida, o meu único amor, em tudo o meu tudo. Jesus, eu te amo com todo o meu coração, com todo o meu ser.

SANTA TERESA DE CALCUTÁ (1910-1997), Prêmio Nobel da Paz

A revelação de Deus alcança o seu ponto culminante em Jesus Cristo. Na sua pessoa, como homem e como Deus, o amor de Deus revela-se na sua forma mais absoluta e inultrapassável. Nele, a Palavra de Deus fez-se carne, como é relatado no princípio do Evangelho segundo São João. Em Jesus Cristo, torna-se visível e mesmo corporalmente tangível quem é Deus e como ele vem ao encontro do homem. Por isso, Ele pode

dizer: “Quem me viu, viu o Pai” (Jo 14,9). Cristo foi igual a nós em tudo, menos no pecado. Por isso, Jesus é o homem ideal, o homem segundo o grande plano de Deus. Jesus viveu aquilo que Deus quer: o amor. Ser cristão significa aproximar-se o mais possível de Jesus. Pelos sacramentos conseguimos a mais íntima ligação com Jesus; tornamo-nos “corpo de Cristo”.

→ 28-29 → 456 ss. → 9-10

> A fraqueza das possibilidades humanas é a fonte da força. Jesus é o mestre do impossível.
>
> **BEATO CHARLES DE FOUCAULD** (1858-1916), monge e eremita

> É mais fácil amar a todos do que a um só. O amor a toda a humanidade não custa normalmente mais do que uma frase; o amor ao próximo exige sacrifício.
>
> **PETER ROSEGGER** (1843-1918), escritor austríaco

14 *O que é o novo mandamento do amor no Novo Testamento?*

A regra de ouro (“comporta-te a respeito dos outros como queres ser tratado por eles”) é uma norma de vida reta conhecida em muitas culturas. Mas é ainda mais incisivo o mandamento do amor no Antigo Testamento: “Ama o teu próximo como a ti mesmo” (Lv 19,18). Jesus reforça e concretiza o mandamento do amor mútuo na medida em que o vincula a si mesmo e à doação da sua vida: “Amai-vos uns aos outros como eu vos amei” (Jo 15,12). Este amor é orientado tanto para a *comunidade* como para a *pessoa*: cada um conta como uma pessoa única e insubstituível amada por Deus – e pelo amor cada um é referido ao outro. O amor de Deus é o princípio de uma “civilização do amor” (São João Paulo II), para a qual todos os homens podem contribuir.

→ 54 → 2055 → 322

O GRANDE PLANO DE DEUS 2

15 *A vocação do homem é o amor?*

Sim, porque corresponde à mais profunda essência do homem ser amado e oferecer o amor. Nisso, o próprio Deus nos serve como ideal. De fato, Jesus mostrou que Deus em si mesmo nada mais é do que amor. Entre o Pai, o Filho e o Espírito Santo encontra-se uma troca eterna de amor. O homem que verdadeiramente ama participa também nesta comunidade de amor. Só vale a pena viver se não nos fecharmos a esta corrente do amor divino, mas nos abrirmos a ela. O amor faz com que estejamos abertos às necessidades do próximo e torna-nos capazes de nos excedermos a nós mesmos. Jesus Cristo, que na cruz se ofereceu a si mesmo livremente pelos homens, precisamente no excesso da sua vida humana realizou a maior obra do amor.

→ **34-37** → **1, 260** → **309**

16 *Pode treinar-se o amar ao próximo?*

Sim. É mesmo muito importante. O amor não é apenas um sentimento. O amor é também uma → VIRTUDE, uma força que se pode treinar. Tornar-se mais corajoso, mais valente, mais justo, mais amável, é um autêntico desafio para cada cristão. Temos de nos treinar para contemplar o mundo a partir do ângulo de visão do outro. As pessoas de quem nos aproximamos com um coração benevolente sentem-se levadas a sério como pessoas e podem expandir-se. Se nos exercitarmos a amar naquilo que é simples, com a graça de Deus estaremos em melhor condição para amarmos aí onde dói e onde não encontraremos correspondência no amor. Este é o caso no cuidado com os mais pobres e ainda mais quando temos de lidar de um modo novo com os nossos adversários: renunciando à vingança, à retaliação e à violência.

→ **105, 160, 184, 193** → **2052, 2055, 2069, 2443-2446**
→ **321, 328**

> O amor começa hoje. Hoje alguém sofre. Hoje alguém está na estrada. Hoje alguém tem fome. Hoje temos de nos empenhar. Ontem já passou. Amanhã ainda não chegou. Só hoje é que podemos dar a conhecer Deus, na medida em que amamos, servimos, damos de comer a quem tem fome, vestimos os nus, damos um abrigo aos pobres. Não esperes até amanhã! Amanhã já terão morrido se não lhes dermos nada hoje.
>
> **SANTA TERESA DE CALCUTÁ**

VIRTUDE (lat. *virtus* = força): é um comportamento que decorre da ação e que ajuda os homens a realizarem mais facilmente o bem.

> O que distingue a justiça do amor é precisamente isto: que na situação da justiça os homens aparecem uns aos outros separados como "outros", quase como estranhos. [...] Justiça significa permitir que outro seja outro; isto é, aceitar onde não é possível amar. Justiça diz: existe o outro que não sou eu e que, no entanto, tem direito ao que é seu. O justo é justo na medida em que confirma o outro na sua alteridade e o ajuda naquilo a que tem direito.
>
> **JOSEF PIEPER** (1904-1997), filósofo alemão

17 *Há algum sentido e progresso na história?*

A salvação (= perfeição definitiva, felicidade perfeita), que nos foi oferecida por Jesus Cristo, não é alcançável apenas para poucos homens. Deus quer a salvação de todos. Esta salvação liberta o homem em todas as suas dimensões: como corpo e espírito, na sua história terrena, pessoal e social, e para sempre no Céu. Esta salvação irrompe já na história, portanto, neste tempo no qual nos encontramos; no entanto, só alcançará a sua perfeição na eternidade. Por isso devem criticar-se todas as ideologias políticas que prometem a salvação já para esta terra. No entanto, porque somente no Céu é que vamos encontrar o paraíso, isso não significa consolação nem desprezo do mundo. Pelo contrário, a partir da esperança na vida eterna podemos modelar o mundo, aqui e agora, na justiça e no amor. Nada do que aqui e agora fazemos é inútil, mas é assumido e tem consequências para a eternidade.

→ **40-58** → **450** → **110**

> Acredito, porque este é um universo moral no qual o que é certo vencerá. A amizade vencerá, a compaixão vencerá, o riso vencerá; o amor, o carinho, a partilha vencerão. Porque nós fomos criados para o bem. Fomos criados para o amor.
>
> **DESMOND TUTU** (*1931), Prêmio Nobel da Paz

> Os cristãos são uma comunidade com fundada esperança.
>
> **PETER HAHNE**, apresentador de televisão

> Quando somos capazes de superar o individualismo, pode-se realmente desenvolver um estilo de vida alternativo e torna-se possível uma mudança relevante na sociedade.
>
> **FRANCISCO**, LS, 208

> Parece-me que ninguém pode fazer algo de bom quando se procura a si mesmo.
>
> **SANTA TERESA DE LISIEUX** (1873-1897)
> Carmelita e Doutora da Igreja

18 *Como se chega a uma mudança da sociedade?*

A mensagem bíblica, a revelação de Deus, transforma-nos em todos os sentidos. Recebemos outra visão do mundo e da nossa sociedade. O início de todas as alterações começa no coração humano: primeiro, o homem deve começar por se transformar interiormente e pensar e viver segundo o mandamento de Deus, só então é que ele pode agir exteriormente. A conversão do coração, pela qual o homem deve sempre esforçar-se, é realmente o começo de um mundo melhor. Só assim saberemos como é que as instituições e os sistemas devem ser transformados e melhorados.

→ **42** → **1889**

> Quem não tem amor, nem que seja por um só homem, não pode agradar a Deus. Amamos todos os homens como Jesus amou na medida em que queremos para eles todo o bem que ele lhes quis, na medida em que lhes fazemos todo o bem que estiver ao nosso alcance, na medida em que nos empenhamos pela sua salvação, com a disponibilidade para dar o nosso sangue por cada um deles.
>
> **CHARLES DE FOUCAULD**

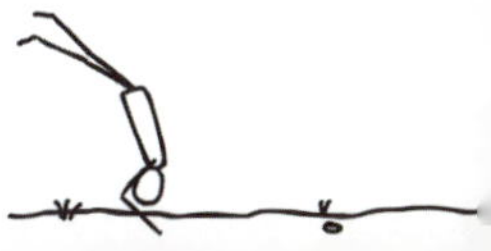

> Se não amas o teu irmão que tens diante dos teus olhos, também não podes amar a Deus que não vês.
>
> **SANTO AGOSTINHO** (354-430), Padre da Igreja, o maior pensador da Igreja antiga

> Àqueles que amam a Deus, ele converte tudo em bem, mesmo os seus desvios e pecados Deus permite-os, para que sejam para o seu bem.
>
> **SANTO AGOSTINHO**

> A pessoa nunca é mais perspicaz do que quando se trata de se enganar e de reprimir os seus remorsos.
>
> **FRANÇOIS FÉNELON** (1651-1715) escritor espiritual francês

19 *Por que é que o núcleo do pecado é a alienação do homem?*

Enquanto olhar para si mesmo de um modo egoísta, o homem se atrofia. Nós somos feitos de tal modo que não nos bastamos a nós mesmos. Precisamos da sociedade, precisamos da libertadora orientação para o sentido e para a origem do nosso ser, em última instância, para Deus. Temos de sair de nós mesmos, porque fomos criados para o amor. Na medida em que amamos, nessa medida excedemo-nos a nós mesmos – em direção aos outros e, em última instância, em direção a Deus. Fechar-se em si mesmo é sinônimo de pecar. Quem não ama (ou não pode amar), vive na autoalienação. Isto vale também para toda a sociedade. Onde o consumo e a produção, a sobrevivência técnica têm a prioridade, aí há falta de solidariedade e de real humanidade. Tal sociedade não está para o homem, mas o homem para a sociedade.

→ 47-48 → 400 → 315

20 *Qual é a missão da Igreja no grande plano de Deus?*

> Um amor que serve é uma força enorme. É a maior força. Nada se lhe compara.
>
> **FIÓDOR MIKAILOVITSCH DOSTOIÉVSKI** (1821-1881), escritor russo

O grande plano do amor de Deus é a redenção e a salvação de todos os homens pelo seu Filho Jesus Cristo. A Igreja existe porque Jesus nos convidou para estarmos com Ele numa profunda e redentora comunhão. Esta comunidade, o “corpo de Cristo”, é a Igreja. Pelo batismo e pelos outros sacramentos, pertencemos a Cristo e por Ele recebemos uma vida nova e eterna. Pela escuta da Palavra de Deus, seguimos a sua vontade. A Igreja é o lugar no qual o homem se pode desenvolver no amor de Deus. A Igreja não tem um fim em si mesma. Ela é responsável pelo homem e pela sociedade e deve, com a sua ação, contribuir para a paz e para o desenvolvimento da família humana.

→ 49-51 → 122, 123

> Em cada momento eu posso promover o desenvolvimento redentor no mundo, facilitá-lo – ou opor-me, impedi-lo.
>
> **RUTH PFAU** (*1929), médica dos leprosos e religiosa

21 *O Reino de Deus já está visível na Igreja?*

A Igreja existe "para que no mundo haja lugar para Deus, para que ele possa habitar nele e para que o mundo seja o seu 'Reino'" (Joseph Ratzinger). Com Jesus Cristo, o Reino de Deus irrompeu realmente no mundo. Onde quer que seja que os sacramentos sejam administrados, o mundo velho do pecado e da morte é vencido e transformado na sua raiz. Irrompe uma nova criação; o Reino de Deus torna-se visível. Mas os sacramentos permanecem sinais vazios se os cristãos não traduzirem em autêntica ação a nova vida que lhes foi oferecida. Ninguém pode ir para a comunhão e ao mesmo tempo recusar o pão aos outros. Os sacramentos apelam a uma vida que está pronta *"para sair de si mesma e ir para as periferias. Não apenas para as periferias geográficas, mas para as periferias da existência humana: para as periferias do mistério do pecado, da dor, da injustiça, da ignorância, da falta de prática religiosa, para as periferias do pensamento e de qualquer desgraça"* (Discurso do cardeal Bergoglio antes do Conclave de 2013).

→ 49-51 → 123, 124

> O outro não é o inferno, mas o paraíso.
>
> **IRMÃ EMMANUELLE** (1908-2008), a "Mãe dos homens do lixo"

> Deram-Lhe o livro do profeta Isaías. Abrindo o livro, Jesus encontrou a passagem onde está escrito: "O Espírito do Senhor está sobre mim, porque ele me consagrou com a unção, para anunciar a Boa Notícia aos pobres; enviou-me para proclamar a libertação aos presos, e aos cegos a recuperação da vista; para libertar os oprimidos e para proclamar um ano de graça do Senhor". Em seguida, Jesus fechou o livro, entregou-o ao ajudante e sentou-se. Todos os que estavam na sinagoga tinham os olhos fixos nele. Então Jesus começou a dizer-lhes: "Hoje cumpriu-se esta passagem da Escritura que acabais de ouvir".
>
> **Lc 4,17-21**

Trechos de documentos da Igreja

1

O AMOR

Mater et magistra

A caridade cristã

Quando somos animados pela caridade de Cristo, nós conhecemos os laços que nos unem aos outros e sentimos como próprias as necessidades, os sofrimentos e as alegrias alheias. Por conseguinte, a ação de cada um, qualquer que seja o objeto dela e o meio em que se exerce, não pode deixar de ser mais desinteressada, mais vigorosa e mais humana; pois a caridade "é paciente, é benigna [...], não busca os seus próprios interesses [...], não folga com a injustiça, alegra-se com a verdade [...], tudo espera, tudo suporta" (1Cor 13,4-7).

João XXIII, Encíclica *Mater et magistra* (1961), 255

Redemptor hominis

A caridade tem um nome

O Deus da Criação revela-se como Deus da redenção, como Deus "fiel a si próprio", fiel ao seu amor para com o homem e para com o mundo, que já se revelara no dia da criação. E este seu amor é amor que não retrocede diante de nada daquilo que nele mesmo exige a justiça. E por isso o Filho "que não conhecera o pecado, Deus tratou-o, por nós, como pecado". E se "tratou como pecado" aquele que era absolutamente isento de qualquer pecado, fê-lo para revelar o amor que é sempre maior do que tudo o que é criado, o amor que é ele próprio, porque "Deus é amor". E sobretudo o amor é maior do que o pecado, do que a fraqueza e do que "a caducidade do que foi criado", mais forte do que a morte; é amor sempre pronto a erguer e a perdoar, sempre pronto para ir ao encontro do filho pródigo, sempre em busca da "revelação dos filhos de Deus", que são chamados para a glória futura. Esta revelação do amor é definida também misericórdia; e tal revelação do amor e da misericórdia tem na história do homem uma forma e um nome: chama-se Jesus Cristo.

João Paulo II, Encíclica *Redemptor hominis* (1979), 9

Redemptor hominis

O homem não pode viver sem amor

O homem não pode viver sem amor. Ele permanece para si próprio um ser incompreensível e a sua vida é destituída de sentido se não lhe for revelado o amor, se ele não se encontra com o amor, se não o experimenta e se não o torna algo seu, próprio, se nele não participa vivamente. E por isto precisamente Cristo Redentor, como já foi dito, revela plenamente o homem ao próprio homem. Esta é – se assim é lícito exprimir-se – a dimensão humana do mistério da Redenção. Nesta dimensão, o homem reencontra a grandeza, a dignidade e o valor próprios da sua humanidade. No mistério da redenção, o homem é novamente "reproduzido" e, de algum modo, é novamente criado. Ele é novamente criado! "Não há judeu nem gentio, não há escravo nem livre, não há homem nem mulher: todos vós sois um só em Cristo Jesus". O homem que se quiser compreender a si mesmo profundamente – não apenas segundo imediatos, parciais, não raro superficiais e até mesmo só aparentes critérios e medidas do próprio ser – deve, com a sua inquietude, incerteza e também fraqueza e pecaminosidade, com a sua vida e com a sua morte, aproximar-se de Cristo. Ele deve, por assim dizer, entrar nele com tudo o que é em si mesmo, deve "apropriar-se" e assimilar toda a realidade da encarnação e da Redenção, para se encontrar a si mesmo. Se no homem se der este processo profundo, então ele produz frutos, não somente de adoração de Deus, mas também de profunda maravilha perante si próprio. Que grande valor deve ter o homem aos olhos do Criador, se "mereceu ter um tal e tão grande Redentor".

JOÃO PAULO II, Encíclica *Redemptor hominis* (1979), 10

Evangelium vitae

O sentido para Deus e o sentido para o homem

Perdendo o sentido de Deus, tende-se a perder também o sentido do homem, da sua dignidade e da sua vida; por sua vez, a sistemática violação da lei moral, especialmente na grave matéria do respeito da vida humana e da sua dignidade, produz uma espécie de ofuscamento progressivo da capacidade de observar a presença vivificante e salvífica de Deus.

JOÃO PAULO II, Encíclica *Evangelium vitae* (1995), 21

Deus caritas est

A base do ser cristão

No início do ser cristão, não há uma decisão ética ou uma grande ideia, mas o encontro com um acontecimento, com uma pessoa que dá à vida um novo horizonte e, desta forma, o rumo decisivo. No seu Evangelho, João tinha expressado este acontecimento com as palavras seguintes: "Deus amou de tal modo o mundo que lhe deu o seu Filho único para que todo o que nele crer [...] tenha a vida eterna". (3,16)

BENTO XVI, Encíclica *Deus caritas est* (2005), 1

Deus caritas est

Amor para sempre

Faz parte da evolução do amor para níveis mais altos, para as suas íntimas purificações, que ele procure agora o caráter definitivo, e isto num duplo sentido: no sentido da exclusividade – "apenas esta única pessoa" – e no sentido de ser "para sempre". O amor compreende a totalidade da existência em toda a sua dimensão, inclusive a temporal. Nem poderia ser de outro modo, porque a sua promessa visa o definitivo: o amor visa a eternidade.

BENTO XVI, Encíclica *Deus caritas est* (2005), 6

Deus caritas est

Amor como serviço à Igreja

Toda a atividade da Igreja é manifestação de um amor que procura o bem integral do homem: procura a sua evangelização por meio da palavra e dos sacramentos, empreendimento este muitas vezes heroico nas suas realizações históricas;

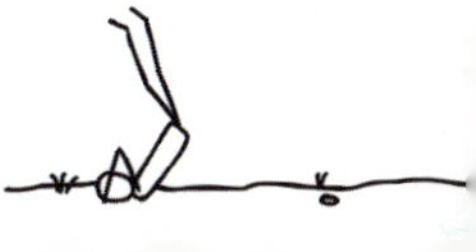

e procura a sua promoção nos vários âmbitos da vida e da atividade humana. Portanto, é amor o serviço que a Igreja exerce para acorrer constantemente aos sofrimentos e às necessidades, mesmo materiais, dos homens.

Bento XVI, Encíclica *Deus caritas est* (2005), 19

Deus caritas est

Uma sociedade sem amor?

O amor – *caritas* – será sempre necessário, mesmo na sociedade mais justa. Não há nenhum ordenamento estatal justo que possa tornar supérfluo o serviço do amor. Quem quer se desfazer do amor, prepara-se para se desfazer do homem enquanto homem. Haverá sempre sofrimento que necessita de consolação e ajuda. Haverá sempre solidão. Também existirão sempre situações de necessidade material, para as quais é indispensável uma ajuda na linha de um amor concreto ao próximo. Um Estado que queira prover a tudo e tudo açambarque torna-se no fim de contas uma instância burocrática, que não pode assegurar o essencial de que o homem sofredor – todo o homem – tem necessidade: a amorosa dedicação pessoal.

Bento XVI, Encíclica *Deus caritas est* (2005), 28

Caritas in veritate

O amor como valor central

A caridade é a via-mestra da Doutrina Social da Igreja. As diversas responsabilidades e compromissos por ela delineados derivam da caridade, que é – como ensinou Jesus – a síntese de toda a Lei (cf. Mt 22,36-40). A caridade dá verdadeira substância à relação pessoal com Deus e com o próximo; é o princípio não só das microrrelações estabelecidas entre amigos, na família, no pequeno grupo, mas também das macrorrelações como relacionamentos sociais, econômicos, políticos. [...] *Da caridade de Deus tudo provém, por ela tudo toma forma, para ela tudo tende.* A caridade é o dom maior que Deus concedeu aos homens; é a sua promessa e a nossa esperança.

Bento XVI, Encíclica *Caritas in veritate* (2009), 2

Evangelii gaudium

O amor redime e liberta

Somente graças a este encontro – ou reencontro – com o amor de Deus, que se converte em amizade feliz, é que somos resgatados da nossa consciência isolada e da autorreferencialidade. Chegamos a ser plenamente humanos quando somos mais do que humanos, quando permitimos a Deus que nos conduza para além de nós mesmos, a fim de alcançarmos o nosso ser mais verdadeiro. Aqui está a fonte da ação evangelizadora. Porque, se alguém acolheu este amor que lhe devolve o sentido da vida, como é que pode conter o desejo de o comunicar aos outros?

Francisco, Exortação Apostólica *Evangelii gaudium* (2013), 8

Evangelii Gaudium

O grande plano do amor

Ser Igreja significa ser povo de Deus, de acordo com o grande projeto de amor do Pai. Isto implica ser o fermento de Deus no meio da humanidade; quer dizer anunciar e levar a salvação de Deus a este nosso mundo, que muitas vezes se sente perdido, necessitado de ter respostas que encorajem, deem esperança e novo vigor para o caminho. A Igreja deve ser o lugar da misericórdia gratuita, onde todos possam se sentir acolhidos, amados, perdoados e animados a viverem segundo a vida boa do Evangelho.

FRANCISCO, Exortação Apostólica *Evangelii gaudium* (2013), 114

Evangelii gaudium

A última síntese

É evidente que, quando os autores do Novo Testamento querem reduzir a mensagem moral cristã a uma última síntese, ao mais essencial, nos apresentam a exigência irrenunciável do amor ao *próximo*: "Quem ama o próximo cumpre plenamente a lei. [...] É no amor que está o pleno cumprimento da lei" (RM 13,8.10). De igual modo, São Paulo, para quem o mandamento do amor não só resume a lei, mas constitui o centro e a razão de ser dela: "Toda a lei se cumpre plenamente nesta *única* palavra: Ama *o teu próximo* como a ti mesmo" (GL 5,14). E, às suas comunidades, apresenta a vida cristã como um caminho de crescimento no amor: "O Senhor vos faça crescer e superabundar de caridade uns para com os outros e para com todos" (1Ts 3,12). Também São Tiago exorta os cristãos a cumprirem "a lei do Reino, de acordo com a Escritura: Amarás *o teu próximo* como a ti mesmo" (2,8), acabando por não citar nenhum preceito.

FRANCISCO, Exortação Apostólica *Evangelii gaudium* (2013), 161

Laudato si

O amor não tem retorno

O urgente desafio de proteger a nossa casa comum inclui a preocupação de unir toda a família humana na busca de um desenvolvimento sustentável e integral, pois sabemos que as coisas podem mudar. O Criador não nos abandona, nunca recusa o seu projeto de amor, nem se arrepende de nos ter criado. A humanidade possui ainda a capacidade de colaborar na construção da nossa casa comum.

FRANCISCO, Encíclica *Laudato si* (2015), 13

2

QUESTÕES
22-46

Juntos somos mais fortes

A IGREJA
E A SOCIEDADE

"

Faz todo o bem que puderes, com todos os meios, de todos os modos, em todos os lugares, em todos os tempos, por todos os homens, por todo o tempo que puderes.

JOHN WESLEY (1703-1791),
conhecido como "John Wesley Rule"

SOCIAL (lat. *socialis* = social): o que diz respeito à (regulada) convivência das pessoas no Estado e na sociedade; o que está relacionado com a sociedade humana, o que lhe pertence.

22 *Por que é que a Igreja tem uma Doutrina Social?*

O homem é profundamente um ser→ SOCIAL. Tanto no céu como na terra é dependente da comunidade. Já no Antigo Testamento, Deus dá ao seu povo uma ordem humana e Mandamentos com os quais podia viver bem e em justiça. A razão humana pode distinguir as relações justas das injustas, que são necessárias para a construção de uma ordem justa. Em Jesus podemos ver como a justiça só pode ser cumprida no amor. As nossas representações atuais de solidariedade são inspiradas no amor cristão ao próximo.

→ 62 ss. → 2419-2420, 2422-2423 → 45, 438

Todos os cristãos, incluindo os Pastores, são chamados a preocupar-se com a construção de um mundo melhor. [...] A Doutrina Social é primariamente positiva e construtiva, orienta uma ação transformadora e, neste sentido, não deixa de ser um sinal de esperança que brota do coração amoroso de Jesus Cristo.

FRANCISCO,
EG, 183

23 *O que visa a Doutrina Social?*

A Doutrina Social tem dois objetivos:

1. Enfatizar as obrigações da ação social e justa, tal como aparecem no Evangelho.
2. Protestar em nome da justiça, sempre que estruturas sociais, econômicas ou políticas contradizem a mensagem do Evangelho.

A fé cristã tem um conceito claro da dignidade do homem e daí deduz determinados princípios, normas e valores que permitem uma ordem social livre e justa. Se são tão claros os princípios da Doutrina Social Cristã, então devem ser sempre aplicados às atuais questões sociais. Na aplicação da sua Doutrina Social, a Igreja torna-se a defensora de todos aqueles que, por diferentes razões, não podem erguer a sua voz e que não raramente são os mais fortemente atingidos por estruturas injustas.

→ **81, 82** → **2423**

24 *Quem é que define a Doutrina Social da Igreja?*

Na origem da Doutrina Social estão envolvidos todos os membros da Igreja, segundo as suas tarefas e carismas. Os princípios da Doutrina Social foram formulados em importantes documentos eclesiais. A Doutrina Social é "doutrina" oficial da Igreja. O Magistério da Igreja – o Papa e os bispos que estão em comunhão com ele – recorda à Igreja e à humanidade como é que devem ser formadas empresas socialmente justas e pacíficas.

→ **70, 90** → **344**

Este magistério não está acima da Palavra de Deus, mas sim ao seu serviço, ensinando apenas o que foi transmitido, enquanto, por mandato divino e com a assistência do Espírito Santo, a ouve piamente, a guarda religiosamente e a expõe fielmente, haurindo deste depósito único da fé tudo quanto propõe à fé como divinamente revelado.

CONCÍLIO VATICANO II, DV, 10

Os cegos recuperam a vista, os paralíticos andam, os leprosos ficam limpos, os surdos ouvem, os mortos ressuscitam e aos pobres é anunciada a Boa Notícia.

Mt 11,5

A caridade é a via-mestra da Doutrina Social da Igreja.

BENTO XVI, CV, 2

Não é possível que a morte por hipotermia de um idoso sem-abrigo não seja notícia, enquanto o é a descida de dois pontos na Bolsa. Isso é exclusão. Não se pode tolerar mais o fato de se jogar comida no lixo quando há pessoas que passam fome. Isto é desigualdade social.

FRANCISCO, EG, 53

25 *Como surgiu a Doutrina Social da Igreja?*

Ninguém pode ouvir o Evangelho sem se sentir socialmente interpelado. Com a expressão "Doutrina Social" entendem-se, todavia, aquelas declarações sobre questões sociais que o Magistério da Igreja pronunciou desde a Encíclica *Rerum novarum* do Papa Leão XIII. Com a industrialização, surgiu no século XIX uma "questão social" totalmente nova. A maior parte dos homens já não estava ocupada na agricultura, mas sim na indústria. Não havia proteção no trabalho, não havia seguros de doença, não havia direito a férias, era frequente o trabalho infantil. Surgiram sindicatos que se empenharam na defesa dos interesses dos operários. Para o Papa Leão XIII, tornou-se claro que ele tinha de reagir com uma medida extraordinária. Na sua Encíclica *Rerum novarum* elaborou um esboço de uma ordem social justa. Desde então, os Papas têm repetidamente reagido aos "sinais dos tempos" e, na tradição da *Rerum novarum*, têm-se pronunciado sobre as questões sociais especialmente urgentes. Chama-se então *Doutrina Social* ao conjunto das declarações que foram feitas ao longo do tempo. Ao lado das tomadas de posição da Igreja na sua universalidade, isto é, declarações do Papa, de um Concílio ou da Cúria Romana, contam-se também tomadas de posição regionais, como pronunciamentos sociais de uma conferência episcopal.

→ **87, 88, 104** → **4395**

Então o Senhor perguntou a Caim: "Onde está o teu irmão Abel?" Caim respondeu: "Não sei. Sou porventura o guarda do meu irmão?".

Gn 4,9

Já não se pode afirmar que a religião se deve limitar ao âmbito privado, e servir apenas para preparar as almas para o Céu.

FRANCISCO, EG, 182

26 *Por que é que a Igreja não se interessa apenas pelas pessoas consideradas individualmente?*

Antes acusavam a Igreja de se interessar apenas pela salvação das almas. Na realidade, cada homem conta perante Deus. Todos nós somos insubstituíveis e únicos. No entanto, desde o seio materno, todos estamos numa relação de dependência em relação à comunidade formada pelos outros homens. Só podemos ser felizes numa boa relação com os outros. A este propósito, já no relato

da Criação é dito: “O Senhor Deus disse: Não é bom que o homem esteja sozinho. Vou fazer-lhe uma auxiliar que lhe seja semelhante” (Gn 2,18). Deus está interessado no bem-estar completo do homem, e por isso também no desenvolvimento da comunidade na qual o homem participa de muitos modos.

→ 61 → 210, 321

> Pode a mãe esquecer-se do seu filhinho, pode ela deixar de ter amor pelo filho das suas entranhas? Ainda que ela se esqueça, eu não me esquecerei de ti.
>
> **Is 49,15**

27 *Por que é que a Igreja pratica a solidariedade?*

Se a Igreja não fosse solidária, seria uma contradição em si mesma. A Igreja é o lugar onde ocorre a contínua solidariedade de Deus com o homem. Na Igreja, como comunidade, o amor de Deus deve encontrar a sua continuação humana até alcançar todos os homens. A Igreja é o lugar onde Deus quer reunir todos os homens: “A habitação de Deus entre os homens” (Ap 21,3). A Igreja é “sinal e instrumento” (LG, 1) da união de todos os homens com Deus e entre si. Através da Igreja, que, seguindo o exemplo do seu Senhor, é solidária com os fracos, com as vítimas e os pobres do seu tempo, Deus procura alcançar e auxiliar os homens de todos os povos e culturas, e estar junto deles. Deus está ao lado de todos os que querem construir um mundo mais humano. Por isso, a Igreja é solidária com todos os que querem dar um rosto à salvação que Deus oferece ao mundo.

→ 60 → 122

> O melhor dom que o homem pode ter debaixo do céu é poder viver bem com aqueles com quem se encontra.
>
> **BEATO EGÍDIO DE ASSIS** († 1262), companheiro de São Francisco

> Amor e fidelidade encontram-se, a justiça e a paz abraçam-se. A fidelidade brotará da terra, e a justiça inclinar-se-á do céu.
>
> **Sl 85,11-12**

Marcos da Doutrina Social da Igreja

Ano	Nome	Tema central e declarações
1891	Leão XIII: Encíclica *Rerum novarum* (RN)	Primeira encíclica social: sobre o direito de propriedade, rejeição da luta de classes, o direito dos fracos e a dignidade dos pobres, sobre o direito dos operários de fundar associações profissionais.
1931	Pio XI: Encíclica *Quadragesimo anno* (QA)	Encíclica que assinala o 40º aniversário da publicação da *Rerum novarum*: a reivindicação de um salário que possa alimentar a família; rejeição da concorrência livre e ilimitada; desenvolvimento do princípio de subsidiariedade.
1961	João XXIII: Encíclica *Mater et magistra* (MM)	O objeto da Doutrina Social é criar uma autêntica comunidade na qual não se trate apenas de satisfazer necessidades, mas em que seja promovida a dignidade de cada indivíduo.
1963	João XXIII: Encíclica *Pacem in Terris* (PT)	Promoção da paz e propagação dos direitos do homem como preocupação central da Igreja.
1965	Constituição Pastoral *Gaudium et spes* (GS) do Concílio Vaticano II	Começa um diálogo abrangente com a cultura, a economia e a sociedade modernas; a sociedade e as suas estruturas devem estar orientadas para o “progresso da pessoa” (GS, 25).
1965	Declaração *Dignitatis humanae* (DH) do Concílio Vaticano II	Reconhecimento eclesial da liberdade religiosa como direito fundado na dignidade da pessoa; o objetivo é a consagração mundial da liberdade religiosa nas constituições dos Estados.

1967	PAULO VI: Encíclica *Populorum progressio* (PP)	Considerações sobre um esforço mundial comum pelo desenvolvimento de todos os povos e pela paz global.
1971	PAULO VI: Carta Apostólica *Octogesima adveniens* (OA)	Por ocasião do 80º aniversário da *Rerum novarum*, é especialmente abordada uma série de problemas especiais tais como, por exemplo, o desemprego, os problemas ambientais e o crescimento demográfico.
1981 	JOÃO PAULO II: Encíclica *Laborem exercens* (LA)	O trabalho humano não serve apenas para a concorrência, mas possui também uma especial dignidade. Faz parte da dignidade da pessoa e da sua vocação cristã.
1987	JOÃO PAULO II, Encíclica *Sollicitudo Rei Socialis* (SRS)	20 anos depois da *Populorum progressio*, é de novo abordado o desenvolvimento do chamado terceiro mundo; o desenvolvimento não pode ser entendido apenas economicamente, mas também de um modo moralmente abrangente.
1991 	JOÃO PAULO II, Encíclica *Centesimus annus* (CA) 	Por ocasião do centenário da publicação da *Rerum novarum* e depois do colapso do comunismo, são dignificadas a democracia e a economia do mercado livre; no entanto, o mercado deve permanecer num quadro solidário.
2009	BENTO XVI, Encíclica *Caritas in veritate* (CV)	Baseando-se na *Populorum progressio*, confronta-se com as diversas facetas da globalização.
2015	FRANCISCO: Encíclica *Laudato si* (LS)	A segunda encíclica do Papa Francisco trata da questão da preservação do ambiente no vasto quadro do direito de todos os homens à vida e a um desenvolvimento que considere integralmente a dignidade humana.

> Amai os pobres e não lhes volteis as costas, porque se voltais as costas aos pobres, é a Cristo que o fazeis. Ele mesmo se fez faminto, nu, sem-abrigo, para que tu e eu tenhamos a possibilidade de o amarmos.
>
> **SANTA TERESA DE CALCUTÁ**

28 *Como se relacionam a Doutrina Social e a fé?*

Nem todos os que se empenham social e politicamente são por isso mesmo cristãos. No entanto, alguém terá dificuldade em considerar-se cristão se não se empenhar socialmente. O Evangelho obriga veementemente o homem a empenhar-se pelo amor, pela justiça, pela liberdade e pela paz. Quando Jesus anuncia a irrupção do Reino de Deus, não cura e salva apenas pessoas individuais; começa também por iniciar uma nova forma de comunidade – um reino da paz e da justiça. É verdade que só Deus pode trazer finalmente este reino. No entanto, os cristãos devem trabalhar por uma sociedade melhor. Eles devem construir uma cidade do homem, "a qual será tanto mais humana quanto mais corresponder ao Reino de Deus" (CS, 63). Quando Jesus compara o Reino de Deus ao fermento que lentamente leveda uma grande medida de massa (MT 13,33), indica o modo como os cristãos devem agir na sociedade.

→ 63 → 123

> Quem julga ser cristão porque frequenta a Igreja, engana-se. Seria como alguém que quisesse andar de carro, mas sem sair da garagem.
>
> **ALBERT SCHWEITZER**

29 *Pode a questão social ser a preocupação mais importante da Igreja?*

Não. Mesmo que existisse uma sociedade justa, a Igreja não seria a meta de todos os desejos. A salvação que a Igreja anuncia começa na terra; redime o homem individual, altera as relações humanas, cura as feridas da sociedade. A redenção começa como sinal de esperança em estruturas sociais justas aqui na terra. No entanto, a "nova cidade" não é o resultado das lutas, nem dos esforços humanos. Quando tivermos feito tudo o que está ao nosso alcance, então a "Cidade Santa, uma Jerusalém nova" (AP 21,2) desce do céu até a nossas relações. Que haja verdadeiramente paz, isso é um dom de Deus.

→ 64, 65, 67 → 769

> A aceitação do primeiro anúncio, que convida a deixar-se amar por Deus e a amá-lo com o amor que ele mesmo nos comunica, provoca na vida da pessoa e nas suas ações uma primeira e fundamental reação: desejar, procurar e levar no coração o bem dos outros.
>
> **FRANCISCO,** EG, 178

Só Deus é a redenção do homem. E na história dos últimos séculos podemos ver como, nos Estados onde Deus foi abolido, não foi só a economia que foi arruinada, mas também e sobretudo as almas.

BENTO XVI, 5.2.2006

30 *O Evangelho é sinônimo de ajuda ao desenvolvimento?*

Ajuda ao desenvolvimento e anúncio da fé devem andar de mãos dadas. Ao lado da liturgia e da pregação está a caridade, ou seja, a prática do amor ao próximo, uma das três funções da Igreja. Se a Igreja se li-

mitasse a anunciar a fé, mas se esquecesse das condições de vida miserável dos homens, trairia Jesus, que se aproximou e curou os homens no corpo e na alma, na sua unicidade pessoal e nas suas necessidades sociais. Mas se a Igreja se limitasse a promover o desenvolvimento social do homem, não faria justiça à definição de cada homem chamado à comunhão eterna com Deus, como também não seria respeitada a sua definição social como membro do corpo de Cristo. Remover a mensagem social da mensagem da fé seria reduzir o Evangelho a metade.

→ 66

Como era na Igreja primitiva? Como é que os outros reconheciam os verdadeiros cristãos? Reconheciam-nos pelo amor que tinham uns pelos outros.

SANTA TERESA DE CALCUTÁ

As ajudas ocidentais para o desenvolvimento, feitas somente na base de princípios técnico-materiais, que não só deixaram Deus de fora, mas até, levadas pela vaidade da sua pretensa ciência, afastaram os homens de Deus; foram elas que fizeram do terceiro mundo verdadeiramente terceiro mundo no sentido atual.

BENTO XVI, 19.3.2009

Como se poderia, realmente, proclamar o mandamento novo sem promover na justiça e na paz o verdadeiro e o autêntico progresso do homem?

PAULO VI (1897-1978), EN, 31

31 *Até onde se pode envolver a Igreja em questões sociais?*

Não é a missão da Igreja substituir o Estado ou a política. Por isso é que ela não oferece

> O Estado liberal que pratica uma visão neutral do mundo vive do vínculo moral e da responsabilidade dos seus cidadãos e, por isso, com pressupostos que ele próprio não pode nem criar, nem garantir. Numa sociedade pluralista, esta responsabilidade tem também, muitas vezes, um fundamento religioso. Uma Igreja viva pode por isso contribuir muito para que este fundamento seja sempre de novo renovado.
>
> **ERNST-WOLFGANG BÖCKENFÖRDE** (*1930), juiz do Tribunal Constitucional alemão

> As alegrias e as esperanças, as tristezas e as angústias dos homens de hoje, sobretudo dos pobres e de todos aqueles que sofrem, são também as alegrias e as esperanças, as tristezas e as angústias dos discípulos de Cristo. GS, 1

> É necessário que enfrentemos juntos a questão migratória. Não se pode tolerar que o mar Mediterrâneo se torne um grande cemitério! Nos barcos que chegam diariamente às costas europeias, há homens e mulheres que precisam de acolhimento e ajuda.
>
> **FRANCISCO** 25.11.2014, discurso no Parlamento Europeu

soluções técnicas para problemas sociais concretos. Ela própria não faz política, mas inspira a política a partir do Evangelho. Nas encíclicas sociais, os Papas desenvolveram princípios orientadores para determinados temas sociais como o salário, a propriedade e os sindicatos, que devem ajudar à construção de uma sociedade justa. Concretamente, porém, intervém na política somente através dos leigos cristãos, que estão aí empenhados. Muitos cristãos contribuem de um

modo extraordinário com a sua ação e o seu pensamento cristão em associações, grupos e uniões que se tornam fortes especialmente em determinados temas sociais, como, por exemplo, na ajuda aos refugiados ou na proteção aos trabalhadores.

→ 68 → 440

32 *A Igreja favorece determinado modelo social e político?*

Sim, a Igreja é a favor de uma ordem livre e democrática, porque esta oferece a melhor garantia para a participação social de todos e para a salvaguarda dos direitos humanos. A este respeito escreve São João Paulo II: "A Igreja encara com simpatia o sistema da democracia, enquanto assegura a participação dos cidadãos nas opções políticas e garante aos governados a possibilidade quer de escolher e

> Quando eles levaram os comunistas, calei-me; eu não era comunista. Quando eles levaram os social-democratas, calei-me; eu não era social-democrata. Quando eles levaram os sindicalistas, calei-me; eu não era sindicalista. Quando eles me levaram, já não havia ninguém que pudesse protestar.
>
> **MARTIN NIEMÖLLER** (1892-1984), teólogo evangélico e resistente contra o nacional-socialismo

"Senhor, quando foi que te vimos com fome, ou com sede, como estrangeiro, ou sem roupa, doente ou preso, e não te servimos?" Então o Rei responder-lhes-á: "Eu vos garanto: todas as vezes que não fizestes isto a um destes pequeninos, foi a mim que não o fizestes".

MT 25,44-45

Se consigo ajudar uma só pessoa a viver melhor, isso já justifica o dom da minha vida. É maravilhoso ser povo fiel de Deus. E ganhamos plenitude quando derrubamos os muros e o coração se enche de rostos e de nomes!

FRANCISCO,
EG, 274

controlar os próprios governantes, quer de os substituir pacificamente, quando tal se torne oportuno; ela não pode, portanto, favorecer a formação de grupos restritos de dirigentes, que usurpam o poder do Estado a favor dos seus interesses particulares ou dos objetivos ideológicos. Uma autêntica democracia só é possível num Estado de direito e sobre a base de uma reta concepção da pessoa humana" (CA, 46).

→ 72, 73

33 *A Igreja não ultrapassa a sua competência quando se pronuncia sobre questões sociais?*

Quando a Igreja se pronuncia sobre questões sociais, não se intromete em assuntos que lhe são "alheios". Nem o homem individualmente nem a família como célula nuclear da sociedade pertencem ao Estado. Inspirada no Evangelho, a Igreja faz-se defensora dos direitos mais elementares do homem e da sociedade. Com isto, a Igreja não pretende ganhar nem poder, nem influência exteriores. É seu direito e dever pronunciar-se onde quer que seja que a injustiça ponha em perigo a vida em comum.

→ 69-71 → 1913-1917 → 322, 328

34 *A Doutrina Social é um sistema fechado?*

Não, a Doutrina Social não é uma doutrina teológica especial, acabada e fechada em si mesma, com a qual alguém a partir de fora pode julgar os complexos contextos sociais, econômicos e políticos. Pelo contrário, a Doutrina Social dá muita importância ao diálogo constante com as ciências econômicas, naturais, técnicas e sociais. A Doutrina Social pode assim compreender, refletir e interpretar melhor os homens e os contextos da vida humana em comum.

→ 76, 77, 78

POLÍTICA

ECONOMIA

NATUREZA

TÉCNICA

SOCIEDADE

35 *A Doutrina Social da Igreja dirige-se exclusivamente aos cristãos?*

A Doutrina Social da Igreja não contém nada que também não possa ser compreendido pela razão em geral. No entanto, os Papas têm sempre acentuado que a Doutrina Social da Igreja tem um sentido especial para a própria comunidade cristã. Mas porque a Doutrina Social da Igreja recebeu os seus impulsos essenciais a partir da fé em Deus, que é amoroso e justo, qualquer ação movida pelo amor e pela justiça se encontra sob a luz da promessa de Deus. Isso obriga ainda mais os cristãos a realizar o bem. Mas, além disso, todos os homens de boa vontade se devem sentir interpelados pela Doutrina Social.

→ **75, 83, 84** → **328**

Segundo os crentes, o mundo não é fruto do acaso, nem da necessidade, mas de um projeto de Deus. Daqui nasce o dever que os crentes têm de unir os seus esforços com todos os homens e mulheres de boa vontade de outras religiões ou não-crentes, para que este nosso mundo corresponda efetivamente ao projeto divino: viver como uma família, sob o olhar do seu Criador.

BENTO XVI, CV, 57

O amor é querer o bem; o bem é o único fundamento do amor. Amar é querer o bem do outro.

SÃO TOMÁS DE AQUINO, *Summa Theologiae* II-II, q.26, art. 6, ad 3

36 *A Doutrina Social já está concluída?*

A convivência social esteve e está hoje marcada por um desenvolvimento constante e por uma dinâmica incrível a todos os níveis. Por isso, também a Doutrina Social não é uma doutrina fechada e acabada. É verdade que ela tem a sua base segura no Evangelho, com firmes princípios e teorias. Mas a partir daí ela deve encontrar novas respostas para as questões sociais e os desafios do presente.

→ **85, 86**

A maior parte dos habitantes do planeta declara-se crente, e isto deveria levar as religiões a estabelecerem diálogo entre si, visando o cuidado da natureza, a defesa dos pobres, a construção de uma rede de respeito e de fraternidade.

FRANCISCO, LS, 201

DIGRESSÃO

Os novos "media"

> Toda a vida autêntica é encontro.
>
> **MARTIN BUBER** (1868-1965), judeu austríaco e filósofo da religião

> O que faz de nós homens é a possibilidade de podermos conversar uns com os outros.
>
> **KARL JASPERS** (1883-1969), filósofo alemão

> Mais do que técnica, a Web é uma invenção social.
>
> **TIM BERNERS-LEE** (*1955), inventor do HTML e fundador da internet

37 *Para que servem os meios de comunicação social?*

Onde a comunicação *direta* não é possível, precisamos dos *media* como mediadores *indiretos* de informação e como plataforma para troca e para discussão. Os *media* servem para a formação, para a informação e entretenimento, mesmo se muitas vezes predomina o aspecto de diversão. Sem os *media*, não poderíamos organizar nem a nossa vida privada, nem a complexidade das nossas sociedades modernas. Os *media* são como o pacote comunicativo que une a sociedade – e quanto maior e mais complexa for a sociedade, mais urgentemente precisamos deles. Sobretudo, uma democracia não pode funcionar sem uma livre troca de opinião e de informação, e sem a participação de todos.

→ **414, 415** → **2993, 2994**

38 *Como a Igreja vê os media?*

Os *media* são uma pedra de construção necessária das sociedades modernas. Não têm um fim em si mesmos; como *meios de comunicação social*, servem sobretudo aos homens e a sua compreensão recíproca.

Os *media* – e aqueles que os produzem e propagam – estão subordinados a padrões éticos. Eles têm de alinhar o seu uso tendo como fim a promoção da *compreensão mútua*. O que é que promove esta compreensão, o que é que a impede? Como é que podem promover os homens e as suas relações sociais? Que desenvolvimentos servem ao bem-estar público, isto é, à livre troca de opiniões e de informações? O Conselho Pontifício para as Comunicações Sociais, fundado em 1948, ocupa-se intensivamente com a questão, por um lado, de como é que a fé pode ser anunciada de um modo adequado nos *media*, e, por outro, de como é que os *media* podem ser usados de modo "correto".

→ 166, 414, 415 → 2494, 2495 → 459

39 *Como é que a Igreja se situa perante as redes sociais?*

A internet e, sobretudo, as redes sociais são vistas como importantes extensões das possibilidades de comunicação. O Papa Bento XVI abordou repetidamente este tema. Ele diz: "As novas tecnologias permitem que as pessoas se encontrem para além dos confins do espaço e das próprias culturas, inaugurando deste modo todo um novo mundo de potenciais amizades. Esta é uma grande oportunidade, mas exige também uma maior atenção e uma tomada de consciência quanto aos possíveis riscos" (Bento XVI, Mensagem para o 45º Dia Mundial das Comunicações Sociais, 2011). Como todos

Não podemos *não* comunicar.

PAUL WATZLAWICK (1921-2007), especialista americano em comunicação

Para mim, o direito à esfera privada consiste no direito a não ser espiado nem me ser impedido ou bloqueado o acesso. Também é importante o livre acesso às superfícies comerciais. Os *sites* políticos deveriam ter acesso livre – mesmo aqueles a respeito dos quais estamos todos de acordo que são ilegais e que veiculam maus conteúdos. E depois, há naturalmente o direito fundamental ao acesso: apenas menos de metade da humanidade pode utilizar a Web.

TIM BERNERS-LEE, à pergunta sobre o que é que deveria ficar consagrado numa *carta* da internet

Os novos *media* são realmente um mundo aberto, livre, "à altura dos olhos", não reconhecem nem privilegiam automaticamente contributos de autoridades ou instituições estabelecidas. Em tal campo, a autoridade não é um direito, mas deve ser merecida.

CLAUDIO MARIA CELLI (* 1941), presidente do Conselho Pontifício para as Comunicações Sociais

Não se pode aceitar que exercer a liberdade de comunicar dependa da riqueza material, da educação ou do poder político. O direito de comunicar é direito de todos.

JOÃO PAULO II, AN, 15

os *media*, também as redes sociais servem ao bem-estar público e ao desenvolvimento dos homens. O Papa Bento XVI apela a uma "séria reflexão sobre o sentido da comunicação na era digital". Principalmente a comunicação dialogal nas redes sociais oferece à Igreja uma enorme possibilidade de se realizar como *Communio* (comunidade). O Papa Francisco tem uma conta no Twitter (@pontifex), que já o Papa Bento XVI justificava, que é seguida por mais de 26 milhões de pessoas.

→ 415 → 2494, 2496

> As redes sociais, para além de instrumento de evangelização, podem ser um fator de desenvolvimento humano.
>
> **BENTO XVI**, Mensagem para o 47.º Dia Mundial das Comunicações Sociais, 2013

40 *Em que consiste o* fosso digital?

Uma manhã, havemos de acordar e verificar que já não escrevemos com a mão, que desapareceram da nossa escrivaninha papel e envelopes, que a tinta da caneta secou. Abrimos a boca e não ouvimos som nenhum. Esquecemo-nos de como apertar as mãos e de como rir alto. Podemos certamente continuar a comunicar, todos no mesmo estilo uniformizado. Mas a única diferença entre as nossas mensagens será o conteúdo.

CLIFFORD STOLL (* 1950), astrofísico americano e pioneiro em computadores

A participação de todos na formação da comunidade é o mais elevado objetivo de todos os meios de comunicação social. Na internet e redes sociais, há pessoas que a princípio estão excluídas, quando, por razões estruturais, financeiras ou pessoais não têm acesso à internet ou quando não podem tirar proveito dela de um modo competente. Para que aqui não se dê a exclusão de indivíduos ou de grupos (*fosso digital*), a Igreja defende um livre acesso de todos aos meios de comunicação social, bem como a proibição de formação de monopólios ou de controle ideológico. Se a exclusão atinge pessoas idosas, desempregados e pessoas com uma educação formalmente mais limitada, é correto falar-se de um *fosso social*, que deve ser absolutamente superado. Trata-se aqui não apenas do processo de comunicação, mas também da superação de estruturas injustas, que excluem da informação indivíduos ou grupos e, portanto, da educação e do desenvolvimento.

→ 414, 416, 557, 561 → 2495, 2498, 2499

41 *Como se pode usar corretamente os media?*

Fazer bom uso dos *media* é um desafio para cada um. Já com os clássicos *mass media* (jornal, rádio, televisão) cada um deve *decidir* o modo como lida com eles. O consumo meramente passivo deixa um utilizador triste e vazio. Os pais, os professores e os líderes juvenis têm aqui uma especial responsabilidade: devem dar às crianças e aos jovens o exemplo do uso equilibrado dos *media* e familiarizá-los com aqueles que os enriquecem. Nos meios digitais acresce uma nova responsabilidade: sobretudo nas redes sociais, a pessoa já não é um receptor meramente *passivo* que acolhe o que outros produziram, imprimiram ou enviaram. Cada um pode agir em qualquer momento como *produtor*, pode a cada momento comparar, comentar ou mesmo colocar *on-line* um comentário, uma mensagem num blogue, um vídeo ou uma fotografia. Assim, nos *media*, cada um tem uma responsabilidade comparável à de qualquer outro produtor.

→ 376, 560, 563 → 2496

> Ele tinha 1000 amigos no Facebook, mas nem sequer um amigo.
>
> Desconhecido

> A internet é lugar da caça, da fotocópia, da blindagem. No pior dos casos: um lugar de execuções, de abusos sexuais, um lugar para investigadores e protetores de dados. Em caso inofensivo: um estúpido mundo de evasão.
>
> **BRUCE WILLIS** (* 1955), ator americano, 2007

> Os *media* digitais tornam as pessoas gordas, estúpidas, agressivas, solitárias, doentes e infelizes.
>
> **MANFRED SPITZER** (*1958), psiquiatra alemão que formulou o conceito de demência digital

> No mundo digital, transmitir informações significa [...] inseri-las numa rede social, onde o conhecimento é partilhado no âmbito de intercâmbios pessoais. A distinção clara entre o produtor e o consumidor de informação é relativizada, pretendendo a comunicação ser não só uma troca de dados, mas também e cada vez mais uma partilha.
>
> **BENTO XVI**, Mensagem para o 45º Dia Mundial das Comunicações Socais, 2011

42 *Qual o grau da minha responsabilidade no uso dos media?*

Os *media* tanto podem congregar como levar ao isolamento. Podem enriquecer os homens, torná-los mais sábios e inspirá-los, mas também podem seduzí-los para o mal. O que nos *media* e nas redes sociais fazemos ou deixamos fazer deve servir ao objetivo de toda a comunicação humana: a superação da dispersão das línguas de Babel (GN 11,4-8) e chegar a um entendimento de todos a partir do Espírito de Deus (AT 2,5-11). O conceito ético central aqui é o da "responsabilidade": responsabilidade perante Deus, que quer que colaboremos no progresso da verdade e na procura recíproca segundo as regras do amor; responsabilidade perante o próximo, o qual, através dos *media*, deve ser integrado, envolvido e enriquecido; responsabilidade perante mim mesmo, que pelos *media* devo chegar à verdadeira comunidade com os outros, em vez de, num egocêntrico isolamento medial, me dissociar dos outros homens e das suas reais necessidades.

→ 198, 416, 562 → 2494, 2495, 2497 → 459, 460

43 *Como se configura uma comunicação ideal na internet?*

Se é desejável que os cristãos dominem o "continente digital" e o preencham com a luz do Evangelho, então o seu estilo de comunicação deve destacar-se dos padrões comuns. Faz todo o sentido que cristãos que têm blogues se ocupem com temas cristãos. Mas se usam esses meios para denunciar, caluniar, tratar mal ou julgar os outros, se provocam divisões ou se as apoiam, então fazem o contrário daquilo que o Papa Francisco exige na *Evangelii gaudium*: "A alegria do Evangelho é para todo o povo, não pode excluir ninguém". Também vale para a presença dos cristãos nos meios de comunicação social: "[...] que a Igreja saia para anunciar o Evangelho a todos, em todos os lugares, em todas as circunstâncias, sem demora, sem resistência e sem medo" (EG, 23).

→ 415 → 2468 → 455

44 *Há bons e maus media?*

Em si mesmos, os *media* não são nem bons nem maus; alguns são mais úteis, outros menos. Tudo depende do motivo por que são usados ou do modo como o são. Em si mesmos, *media* muito significativos podem ser utilizados de um modo que se esgota em diversão sem

> Ao direito a ser informado corresponde a liberdade de comunicar. A vida social apoia-se nas relações e diálogo permanente entre os indivíduos e os grupos.
>
> Instrução Pastoral *Communio et progressio*, 44

> Na realidade, uma reta escolha exige que estes favoreçam plenamente tudo o que se destaca pela perfeição, ciência e arte, e evitem, em contrapartida, tudo o que possa ser causa ou ocasião de dano espiritual para eles e para os outros, pelo mau exemplo que lhes possam ocasionar, e o que dificulte as boas produções e favoreça as más produções, o que sucede amiúde, contribuindo economicamente para empresas que somente atendem ao lucro com a utilização destes meios.
>
> **CONCÍLIO VATICANO II**, IM, 9

A desinformação significa dizer metade das coisas, as mais convenientes para mim, e não dizer a outra metade. E assim, aquele que vê a televisão ou aquele que ouve a rádio não pode formar um juízo perfeito, pois não tem os elementos e não lhos fornecem. Evitai, por favor, este pecado!

FRANCISCO, aos jornalistas, 23.3.2014

O Google não é um meio (*medium*), o Google é um modelo de negócios.

FRANK A. MEYER (*1944), publicitário suíço

A isto vêm juntar-se as dinâmicas dos *mass media* e do mundo digital que [...] não favorecem o desenvolvimento de uma capacidade de viver com sabedoria, pensar em profundidade, amar com generosidade [...]. A verdadeira sabedoria, fruto da reflexão, do diálogo e do encontro generoso entre as pessoas, não se adquire com uma mera acumulação de dados, que, numa espécie de poluição mental, acabam por saturar e confundir.

FRANCISCO, LS, 47

sentido ou em informação inútil; podem assim alienar as pessoas da vida real. Os proprietários dos *media* podem ganhar com eles na medida em que provocam nos utilizadores-alvo determinados comportamentos aditivos. Os *media* estão sujeitos a uma comercialização cada vez mais forte. Eles degeneram frequentemente em estimulantes baratos que propagam a mentira sobre um triste mundo sem esperança. Com frequência, as pessoas consultam a internet por causa de conteúdos violentos ou, mais, por causa de conteúdos pornográficos. Os produtores desenvolvem por isso formas de representação medial (como jogos de computador) e estratégias de venda cada vez mais originais, para produzir utilizadores dependentes (muitas vezes mesmo viciados). Tudo isto representa um mau uso dos *media*. Os cristãos devem, consequentemente, evitar determinados conteúdos e com amizade e abertura ajudar pessoas dependentes da internet (especialmente jovens) na sua necessidade.

→ **2498-2499**

45 *Como é possível proteger os media do abuso?*

É decididamente necessário contrariar o uso abusivo dos *media*. Mesmo com toda a liberdade necessária, os *media* precisam também de objetivos morais. Os fornecedores de acesso, serviços e plataformas são mais do que nunca desafiados a submeter-se ao modelo ético do bem-estar público e do desenvolvimento da humanidade. A depreciação da sexualidade humana, sobretudo a disseminação da pornografia infantil, é um abuso muito mais grave do que os responsáveis podem sequer imaginar. São igualmente inaceitáveis todas as formas de *cyberbullying* e de perseguição que cada vez mais se difundem em virtude das possibilidades de uso anônimo da internet. Tendo em vista o perigo do abuso de dados através de grupos como o Google (ou mesmo de governos), é importante que as pessoas não divulguem tudo sobre si e não usem o seu *smartphone* para gravações (*selfies*) de natureza íntima.

→ **235, 349** → **459**

46 *A Igreja tem de participar em qualquer desenvolvimento técnico?*

A ciência e a técnica são um "produto magnífico da criatividade concedida por Deus ao homem". O progresso, todavia, não é um fim em si mesmo e só porque algo é novo, isso não significa que seja automaticamente bom. Qualquer progresso deve ser provado, tendo como referência se serve ao homem (e por isso também ao bem-estar público) ou se, pelo contrário, lesa a dignidade humana, porque engana com valores aparentes e/ou causa dependência.

→ **457, 458** → **2493, 2294**

Palavras frias congelam os homens, palavras ardentes magoam-nos. Palavras amargas tornam-nos amargurados, e palavras iradas tornam-nos irados. Palavras amigas produzem a sua imagem na mente do homem: divertem, acalmam e confortam-no.

BLAISE PASCAL (1623-1662), matemático e filósofo francês

A capacidade de utilizar as novas linguagens de comunicação requer-se não tanto para estar em sintonia com os tempos, mas sobretudo para permitir que a riqueza infinita do Evangelho encontre formas de expressão que sejam capazes de alcançar a mente e o coração de todos os homens.

BENTO XVI, Mensagem para o 47º Dia Mundial das Comunicações Sociais, 2013

Um bloco publicitário perfeito perde o seu efeito na televisão se for permanentemente interrompido por parte de um filme incompreensível.

LORIOT (Vicco von Bülow, 1923-2011), humorista alemão

Trechos de documentos da Igreja

2

A IGREJA E A SOCIEDADE

Rerum novarum

A missão social da Igreja

A sede de inovações, que há muito tempo se apoderou das sociedades e as tem numa agitação febril, devia, tarde ou cedo, passar das regiões da política para a esfera vizinha da economia social. Efetivamente, os progressos incessantes da indústria, os novos caminhos em que entraram as artes, a alteração das relações entre os operários e os patrões, a influência da riqueza nas mãos de um pequeno número ao lado da indigência da multidão, a opinião enfim mais consciente que os operários formam de si mesmos e a sua união mais compacta, tudo isto, sem falar da corrupção dos costumes, teve como resultado final um temível conflito.

Leão XIII, Encíclica *Rerum novarum* (1891), 1

Rerum novarum

O homem precisa da comunidade

A experiência que o homem adquire todos os dias da exiguidade das suas forças obriga-o e impele-o a agregar-se a uma cooperação estranha. [...] Desta propensão natural, como de um único germe, nasce, primeiro, a sociedade civil; depois, no próprio seio desta, outras sociedades que, por serem restritas e imperfeitas, não deixam de ser sociedades verdadeiras.

Leão XIII, Encíclica *Rerum novarum* (1891), 30

Gaudium et spes

A igualdade de todos os homens e a justiça social

A igualdade fundamental entre todos os homens deve ser cada vez mais reconhecida, uma vez que, dotados de alma racional e criados à imagem de Deus, todos têm a mesma natureza e origem; e, remidos por Cristo, todos têm a mesma vocação e destino divinos. Sem dúvida, os homens não são todos iguais quanto à capacidade física e forças intelectuais e morais, variadas e diferentes em cada um. Mas deve superar-se e eliminar-se, como contrária à vontade de Deus, qualquer forma social ou cultural de discriminação, quanto aos direitos fundamentais da pessoa, por razão do sexo, raça, cor, condição social, língua ou religião. É realmente de lamentar que esses direitos fundamentais da pessoa ainda não sejam respeitados em toda a parte. Por exemplo, quando se nega à mulher o poder de escolher livremente o esposo ou o estado de vida, ou de conseguir uma educação e cultura iguais às do homem. Além disso, embora entre os homens existam justas diferenças, a igual dignidade pessoal postula, no entanto, que se chegue a condições de vida mais humanas e justas. Com efeito, as excessivas desigualdades econômicas e sociais entre os membros e povos da única família humana provocam o escândalo e são obstáculo à justiça social, à equidade, à dignidade da pessoa e, finalmente, à paz social e internacional. Procurem as instituições humanas, privadas ou públicas, servir a dignidade e o destino do homem, combatendo ao mesmo tempo valorosamente contra qualquer forma de sujeição política ou social e salvaguardando, sob qualquer regime político, os direitos humanos fundamentais. Mais ainda: é necessário que tais instituições se adaptem progressivamente às realidades espirituais, que são as mais elevadas de todas; embora por vezes se requeira um tempo razoavelmente longo para chegar a esse desejado fim.

Concílio Vaticano II, *Gaudium et spes* (1965), 29

Centesimus annus

As raízes do conflito social

Para a Igreja, a mensagem social do Evangelho não deve ser considerada uma teoria, mas sobretudo um fundamento e uma motivação para a ação. Impelidos por esta mensagem, alguns dos primeiros cristãos distribuíam os seus bens aos pobres e davam testemunho de que era possível uma convivência pacífica e solidária, apesar das diversas proveniências sociais. Pela força do Evangelho, ao longo dos séculos, os monges cultivaram as terras, os religiosos e as religiosas fundaram hospitais e asilos para os pobres, as confrarias, bem como homens e mulheres de todas as condições empenharam-se a favor dos pobres e dos marginalizados, convencidos de que as palavras de Cristo: "Cada vez que fizestes estas coisas a um dos meus irmãos mais pequeninos, a mim o fizestes" (Mt 25,40) não deviam permanecer um piedoso desejo, mas tornar-se um compromisso concreto de vida.

João Paulo II, Encíclica *Centesimus annus* (1991), 57

Caritas in veritate

O novo significado dos meios de comunicação social

Para o bem e para o mal, estão [os meios de comunicação social] de tal modo encarnados na vida do mundo, que parece verdadeiramente absurda a posição de quantos defendem a sua neutralidade, reivindicando, em consequência, a sua autonomia relativamente à moral que diria respeito às pessoas. Muitas vezes tais perspetivas, que enfatizam a natureza estritamente técnica dos *mass media*, de fato favorecem a sua subordinação a cálculos econômicos, ao intuito de dominar os mercados e, não último, ao desejo de impor parâmetros culturais em função de projetos de poder ideológico e político. Dada a importância fundamental que têm na determinação de alterações no modo de ler e conhecer a realidade e a própria pessoa, torna-se necessária uma atenta reflexão sobre a sua influência principalmente na dimensão ético-cultural da globalização e do desenvolvimento solidário dos povos. [...] Isto quer dizer que os mesmos podem se tornar *ocasião de humanização*, não só quando, graças ao desenvolvimento tecnológico, oferecem maiores possibilidades de comunicação e de informação, mas também e sobretudo quando são organizados e orientados à luz de uma imagem da pessoa e do bem comum que traduza os seus valores universais. Os meios de comunicação social não favorecem a liberdade, nem globalizam o desenvolvimento e a democracia para todos, simplesmente porque multiplicam as possibilidades de interligação e circulação das ideias; para alcançar tais objetivos, é preciso que estejam centrados na promoção da dignidade das pessoas e dos povos, animados expressamente pela caridade e colocados ao

serviço da verdade, do bem e da fraternidade natural e sobrenatural. De fato, na humanidade, a liberdade está intrinsecamente ligada a estes valores superiores. Os *mass media* podem constituir uma válida ajuda para fazer crescer a comunhão da família humana e o *ethos* das sociedades quando se tornam instrumentos de promoção da participação universal na busca comum daquilo que é justo.

Bento XVI, Encíclica *Caritas in veritate* (2009), 73

A legalidade dos novos meios

Devemos reconhecer que a arena digital é hoje a realidade em que muitos homens vivem, especialmente no mundo ocidental, mas também de um modo crescente entre os jovens dos países em desenvolvimento. Já não os devemos considerar como espaço "virtual", que de algum modo seria menos importante do que o "real". Se a Igreja não está presente neste espaço, se o Evangelho não é anunciado também "virtualmente", corremos o risco de perder muitos homens para os quais este é o mundo no qual "vivem": aqui é o fórum no qual relacionam informações e notícias, formam e exprimem as suas opiniões, se envolvem em debates, entram em diálogo e procuram respostas para as suas perguntas. A Igreja já está presente no espaço digital, mas o próximo desafio é o de alterar o nosso estilo de comunicação a fim de fazer com que esta presença seja eficaz... Os novos *media* são realmente um mundo aberto, livre, "ao nível dos olhos", não reconhecem nem privilegiam automaticamente contributos de autoridades ou de instituições estabelecidas. Em tal contexto, a autoridade não é nenhum direito, mas deve ser merecida. Isto significa que tanto a hierarquia eclesial como a política e a social devem encontrar novas formas para trabalhar a sua comunicação, de forma que o seu contributo neste "fórum" alcance o reconhecimento apropriado.

CLAUDIO M. CELLI, presidente do Conselho Pontifício para as Comunicações Sociais, na 13ª Assembleia Ordinária do Sínodo dos Bispos (2012) sobre o significado das redes sociais para a comunicação eclesial

Evangelii gaudium

As maiores possibilidades da comunicação

Neste tempo em que as redes e demais instrumentos da comunicação humana alcançaram progressos inauditos, sentimos o desafio de descobrir e transmitir a "mística" de viver juntos, misturar-nos, encontrar-nos, darmos o braço, apoiar-nos, participarmos nesta maré um pouco caótica que se pode transformar numa verdadeira experiência de fraternidade, numa caravana solidária, numa peregrinação sagrada. Assim, as maiores possibilidades de comunicação traduzir-se-ão em novas oportunidades de encontro e solidariedade entre todos. Como seria bom, salutar, libertador, esperançoso, se pudéssemos trilhar este caminho! Sair de si mesmo para se unir aos outros faz bem. Fechar-se em si mesmo é provar o veneno amargo do imanentismo, e a humanidade perderá com cada opção egoísta que fizermos.

FRANCISCO, Exortação Apostólica *Evangelii gaudium* (2013), 87

O lado bom da comunicação

Uma boa comunicação ajuda-nos a estar mais perto e a conhecer-nos melhor entre nós, a ser mais unidos. Os muros que nos dividem só podem ser superados se estivermos prontos a ouvir e a aprender uns dos outros. Precisamos harmonizar as diferenças por meio de formas de diálogo que nos permitam crescer na compreensão e no respeito. A cultura do encontro requer que estejamos dispostos não só a dar, mas também a receber de outros. Os *mass media* podem ajudar-nos nisso, especialmente nos nossos dias, em que as redes da comunicação humana atingiram progressos sem precedentes. Especialmente, a internet pode oferecer maiores possibilidades de encontro e de solidariedade entre todos; e isto é uma coisa boa, é um dom de Deus. [...] Também graças à rede, pode a mensagem cristã viajar "até os confins do mundo" (At 1,8). Abrir as portas das igrejas significa também abri-las no ambiente digital, seja para que as pessoas entrem, independentemente da condição de vida em que se encontrem, seja para que o Evangelho possa cruzar o limiar do templo e sair ao encontro de todos. Somos chamados a testemunhar uma Igreja que seja casa de todos. Seremos nós capazes de comunicar o rosto de uma Igreja assim? A comunicação concorre para dar forma à vocação missionária de toda a Igreja, e as redes sociais são, atualmente, um dos lugares onde viver esta vocação de redescobrir a beleza da fé, a beleza do encontro com Cristo. Inclusive no contexto da comunicação, é precisa uma Igreja que consiga levar calor, inflamar o coração.

FRANCISCO, Mensagem para o 48º Dia Mundial das Comunicações Sociais, 24.1.2014

YOUCAT
Orações

3

QUESTÕES
47-83

Única e infinitamente valiosa

A PESSOA HUMANA

Deus disse: "Façamos o homem à nossa imagem e semelhança. [...] Deus criou o homem à sua imagem; à imagem de Deus ele o criou; e criou-os homem e mulher."

GN 1,26-27

47 *O que queremos dizer quando falamos de "pessoa"?*

Com o termo "pessoa" queremos expressar que cada ser humano possui uma dignidade inviolável. O homem foi criado à imagem de Deus (→ IMAGO DEI) (GN 1,27). Ele é, assim, aquela criatura que na Criação representa o próprio Criador. Ele é "sobre a terra a única criatura que Deus quis por si mesma" (GS, 24). Como criatura de Deus, ele não é *algo*, mas *alguém* e, por isso, de um valor incomparável. Como pessoa, o homem é capaz de se conhecer a si mesmo e de refletir sobre si mesmo, de liberdade nas suas decisões, de comunhão com os outros. E é chamado a responder a Deus na fé. Além disso, a imagem de Deus significa também que o homem permanece sempre referido a Deus e só nele pode realizar a riqueza das suas possibilidades como pessoa.

→ 108, 109 → 356-361, 1702, 1704 → 56, 58, 63

48 *Por que é que cada pessoa é um ser social?*

A pessoa só pode sobreviver e desenvolver-se com a ajuda dos outros. Para ser homem, não basta viver numa boa relação com Deus; além disso, o ser humano deve ter muito cuidado para viver numa boa relação com os outros. Isto começa com a família; diz respeito ao círculo dos amigos, e, finalmente, a toda a sociedade. Fundamental para a *dimensão social da pessoa* é que fomos criados como homem e mulher (GN 2,23).

IMAGO DEI (lat. imagem de Deus): a doutrina na qual biblicamente (GN 1,26-27) é descrito o lugar excelente do homem entre toda a Criação: o homem é o ser que pode comunicar com Deus.

O ser humano é por natureza um ser social.

CONCÍLIO VATICANO II, GS, 12

O ser humano desenvolve-se quando cresce no espírito, quando a sua alma se conhece a si mesma e apreende as verdades que Deus nela imprimiu em gérmen, quando dialoga consigo mesma e com o seu Criador. Longe de Deus, o ser humano vive inquieto e está mal.

BENTO XVI, CV, 76

Desde o princípio, homem e mulher possuem a mesma dignidade. Enfrentam a sua vida, ajudando-se e completando-se mutuamente. Deus torna fecunda nos filhos a união amorosa do homem e da mulher. Por isso é que a família é a célula originária de toda a sociedade.

> Todos os cidadãos têm a mesma dignidade social e são iguais perante a lei.
>
> Art. 13º, 1, *Constituição da República Portuguesa*

110, 111 360-361 61, 64

49 *O que quer dizer vida social?*

Na célula social originária da família, a vida social é vivida e experimentada na sua origem. A família está bem quando vive em diálogo, quando desenvolve uma cultura da atenção recíproca e sempre que os interesses individuais estão subordinados à comunhão e ao bem-estar de todos. Não é só porque gera filhos que a família é criadora, como Deus é Criador. Como seres sociais de relação, participamos na força criadora de Deus. Por isso, somos também responsáveis pela criação e por cada uma das outras pessoas. Cada pessoa é *sagrada e inviolável*, sempre e em toda a parte. A nossa responsabilidade social refere-se também aos animais, com os quais devemos lidar com amor. Diz igualmente respeito à natureza, que não deve ser explorada, mas usada de um modo sustentável e responsável. No entanto, no centro da Doutrina Social Católica está a pessoa humana. Ela é o autêntico suporte da sociedade; por isso, a pessoa humana tem a prioridade em tudo o que tem a ver com a sociedade.

105-107, 110-114 1877-1885
321-323

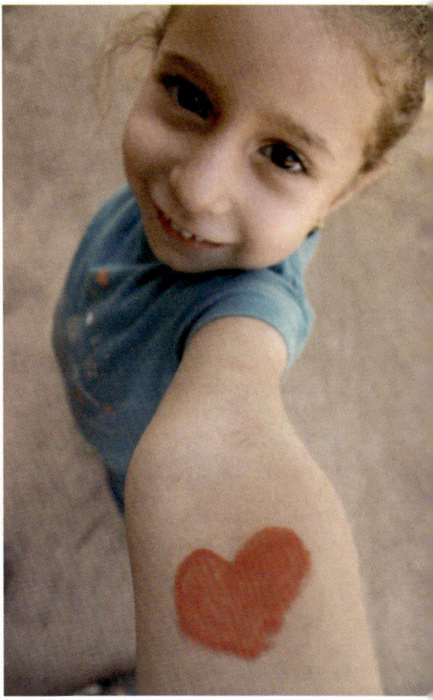

> No reino dos fins, todas as coisas têm um preço ou uma dignidade. O que tem um preço pode no seu lugar ser colocado algo que lhe seja equivalente; mas, pelo contrário, o que está acima de todo preço, e que por conseguinte não admite nada de equivalente, isso tem uma dignidade.
>
> **IMMANUEL KANT** (1724-1804), filósofo alemão, *Fundamentação da metafísica dos costumes* (1785)

> Devemos amar o nosso próximo, porque ele é bom ou para que se torne bom.
>
> **SANTO AGOSTINHO**

> O mal é o fracasso do bem.
>
> **SÃO TOMÁS DE AQUINO**, *Summa Theologiae* I-II, q.18,a.8

> Se dissermos que não temos pecados, enganamo-nos a nós mesmos, e a verdade não está em nós.
>
> **1Jo 1,8**

> Tiraram as crianças do peito das suas mães, pegaram-lhes pelas pernas e atiraram-nas primeiro contra as rochas ou pegaram-lhes pelos braços e atiraram-nas para o rio e gritavam ainda quando os bebês caíam na água: "Fervei aqui, vós os nascidos do inferno".
>
> **BARTOLOMEU DE LAS CASAS**, (1484-1565), dominicano e apóstolo dos índios, em 1552, na sua acusação contra os colonizadores

> Consideramos a facilidade para pecar como a sua autorização.
>
> **JEAN PAUL** (1763-1825), escritor alemão

50 *O que é que representa um fardo para a pessoa?*

A pessoa e a sua dignidade estão expostas a múltiplas lesões e ameaças. O momento decisivo da desordem e da destruição é o que se chama pecado. Adão, que no "pecado original" desprezou o mandamento de Deus, é de certo modo o protótipo do homem que nada mais pode fazer do que pecar e magoar. Todos nós somos homens e todos somos pecadores. Magoamos os outros através do nosso modo pecaminoso de viver. Porque assim é, a terra já não é nenhum paraíso. De fato, podemos em cada momento dizer não ao pecado; no entanto, o poder do pecado atinge o nosso centro mais íntimo, onde habita a liberdade. É assim que praticamos deliberadamente o mal. Voltamo-nos livremente contra a vontade de Deus e separamo-nos assim da fonte da vida, de Deus.

→ **117, 120, 576, 578** → **390, 396-406, 415**
→ **66-70, 287-288, 315**

51 *O pecado também tem uma dimensão social?*

O pecado é sempre um ato consciente e livre de uma pessoa, mas que tem consequências também no campo das relações e na sociedade em geral. Por isso é que o pecado tem simultaneamente uma dimensão pessoal e uma dimensão social: é mau para a própria pessoa, mas fere igualmente a sociedade e danifica os outros, "e assim reforça-se e expande-se, e torna-se fonte de outros pecados, condicionando o comportamento dos homens" (SRS, 36). Basta tomar como exemplo os sistemas políticos que exercem um poder ilegítimo ou que não protegem as minorias. O pecado nunca é uma fatalidade, e até as estruturas pecaminosas são alteráveis. Reconhecer e identificar o pecado é o primeiro passo para que alguém se possa libertar dele. Jesus Cristo veio para nos libertar da prisão do pecado. A criação, que estava envolvida pelo pecado, foi liber-

ta por Jesus Cristo para o amor e para a justiça. A "civilização do amor" começa com a conversão do indivíduo e com a sua reconciliação com Deus.

→ 115-119, 193, 566
→ 1868-1869 → 320

52 *Em que consiste a unidade da pessoa?*

O ser humano tem um corpo e uma alma. A pessoa consiste sempre numa *unidade de corpo e alma*. O *materialismo* faz da alma uma simples função da matéria e do corpo; o *espiritualismo*, pelo contrário, desvaloriza o corpo à custa da alma. A Igreja recusa ambas as

> **As vítimas da pobreza**
>
> Examinando mais de perto a situação, verificamos que esta pobreza não é um acaso, mas o resultado de estruturas econômicas, sociais, políticas e de outras condições... Esta pobreza extrema assume na vida diária formas muito concretas nas quais devemos reconhecer o rosto sofredor de Cristo, nosso Senhor, o qual se dirige a nós perguntando e exigindo:
>
> → nos rostos das crianças, que já são atingidas pela pobreza ainda antes de nascer...
>
> → nos rostos dos jovens sem orientação, porque não encontram lugar na sociedade...
>
> → no rosto dos trabalhadores frequentemente mal pagos...
>
> → nos rostos dos marginalizados da sociedade...
>
> DOCUMENTO DE PUEBLA SOBRE A EVANGELIZAÇÃO NA AMÉRICA LATINA NO PRESENTE E NO FUTURO (1979), 30-39

> Não negligencies a tua própria alma; se negligencias a tua alma, não podes dar aos outros o que lhes deverias dar. Por isso deves também ter tempo para a tua alma.
>
> **SÃO CARLOS BORROMEU** (1538-1584), cardeal e arcebispo de Milão

> Em Hollywood pagam-te 1000 dólares por um beijo e 50 centavos pela tua alma.
>
> **MARILYN MONROE** (1926-1962), atriz americana

> No momento do conhecimento, o espírito humano expande-se para o infinito.
>
> **SÃO TOMÁS DE AQUINO,** *Summa contra gentiles* I,43

TRANSCENDÊNCIA (lat. *transcendere* = ultrapassar): pela sua própria existência, o ser humano remete para além de si mesmo e é incompreensível sem a sua relação com Deus.

doutrinas. O nosso corpo não é a prisão da alma, e a alma pertence essencialmente ao homem vivo. Pelo corpo, o homem está ligado à terra, uma parte da natureza. Na sua alma espiritual, o homem não encontra apenas a sua identidade pessoal (o seu "Eu"), mas é também a sua alma que vê Deus e que por ele será vista para sempre. Por isso é que a alma é imortal. Mas o corpo também não deve de modo nenhum ser desprezado, porque foi criado por Deus e destinado à ressurreição da carne no último dia. Jesus reconheceu e curou a necessidade corporal do homem. O ser humano é simultaneamente um ser *material* e *espiritual*.

→ 127-129 → 355-357, 380 → 58

53 *Por que é que o homem pensa para além de si mesmo?*

No conjunto da natureza, só o homem está aberto ao infinito; só ele pode imaginar Deus e está sedento de respostas definitivas. A filosofia diz: o homem está aberto à →TRANSCENDÊNCIA, ele pode superar-se a si mesmo. O homem só pode alcançar verdadeiramente o sentido de si mesmo na medida em que reconhecer e compreender algo que é distinto, maior e mais importante do que ele mesmo: Deus, a fonte de toda a vida. Porque o homem está aberto a Deus, pode também estar aberto aos outros homens e mostrar-lhes o seu valor. Comunidade, diálogo e reconhecimento do outro conduzem o homem para mais perto de si mesmo.

→ 130 → 27-30, 1718-1719, 1725, 2548-2250, 2257
→ 3-4, 281, 468, 470

> Humanidade consiste em jamais alguém ser sacrificado por um fim.
>
> **ALBERT SCHWEITZER**

54 *O que é que faz com que cada ser humano seja único?*

Cada ser humano é único porque Deus quis que ele fosse uma pessoa irrepetível, criada por amor e redimida ainda com mais amor. Isto mostra-nos que dignidade o homem tem e como é importante tomá-lo muito seriamente como pessoa e tratá-lo com o maior respeito. Esta exigência vale também para os sistemas políticos e para as instituições. Elas não devem só respeitar a liberdade e a dignidade da pessoa. Elas devem contribuir para um desenvolvimento abrangente de cada pessoa. Uma comunidade não pode excluir do desenvolvimento indivíduos ou grupos inteiros.

→ 131 → 2419-2420, 2422-2423 → 438

55 *O que é que a sociedade deve a cada pessoa?*

Uma sociedade justa deve respeitar e promover a dignidade da pessoa. A ordem social é para os homens e deve orientar-se por aquilo que o ser humano precisa necessariamente para uma vida humanamente digna. Isso exclui todas as formas de exploração e de instrumentalização para fins econômicos, políticos ou sociais. O homem nunca deve ser um simples meio para alcançar seja que objetivos for, mas fim em si mesmo.

→ 132-133 → 1886-1887 → 324

> Conhecer o outro – é conhecer uma fome. Conhecer o outro – quer dizer dar. [...] Só posso reconhecer a visão do estranho, da viúva e do órfão na medida em que dou ou recuso.
>
> **EMMANUEL LEVINAS** (1905-1995), filósofo judeu francês, *Totalidade e infinito* (1961)

> Não somos o produto casual e sem sentido da evolução. Cada um de nós é o fruto de um pensamento de Deus. Cada um de nós é querido, cada um de nós é amado, cada um de nós é importante.
>
> **BENTO XVI**, homilia no início do ministério petrino em 24.4.2005

> A hora mais importante é sempre a presente. A pessoa mais importante é sempre aquela que está à tua frente. A ação mais importante é sempre o amor.
>
> **MESTRE ECKHART** (1260-1328), místico alemão

A ordem das coisas deve estar subordinada à ordem das pessoas, e não o contrário.

CONCÍLIO VATICANO II, GS, 26

Igualdade de direito para todos! Igualdade de direito para o desenvolvimento das próprias instalações, para o comando, nenhuma barreira para o autodesenvolvimento.

LOUISE OTTO-PETERS (1819-1895), cofundadora do primeiro movimento feminino alemão

Liberdade significa responsabilidade; esta é a razão pela qual muitos homens têm medo dela.

GEORGE BERNARD SHAW (1856-1950), dramaturgo irlandês

Conhecereis a verdade e a verdade vos libertará.

Jo 8,32

A consciência sem Deus é algo de apavorante.

FIÓDOR M. DOSTOIÉVSKI (1821-181), escritor russo

Mas não há maior liberdade do que a de se deixar conduzir pelo Espírito, →

LIBERDADE, PODE SIGNIFICAR

SER LIVRE DE... = ter a liberdade interior, ser livre de alguma coisa

SER LIVRE PARA... = ter a liberdade de escolher

SER LIVRE PARA... = ter a liberdade interior para poder fazer alguma coisa

56 *De quanta liberdade tem o homem necessidade?*

A liberdade é um valor fundamental. Ser livre e agir em liberdade é um direito fundamental do homem. Somente quando eu decido livremente é que assumo a total responsabilidade pelos meus atos. Somente o homem livre se pode dirigir a Deus no amor e responder-lhe. Somente em liberdade é que o seres humanos podem dar forma a uma vida social e pessoal. A liberdade do homem é frequentemente limitada por circunstâncias políticas, sociais, financeiras, jurídicas ou mesmo culturais. Retirar a liberdade a alguém ou injustamente limitá-la é uma enorme injustiça; fere a sua liberdade e impede o desenvolvimento da sua pessoa.

→ 135-137 → 1705-1706, 1733 → 286-287

57 *Em que medida é que o ser humano é livre?*

O ser humano é livre, mas a liberdade tem um objetivo. Em última instância, a liberdade existe para que, com a vontade e com a inteligência, façamos o que verdadeiramente é bom. Para isso, a liberdade orienta-se segundo a lei natural e a ordem da criação (= o modo como Deus estabeleceu racionalmente o mundo). Através da consciência, podemos conhecer a verdade sobre o bem e sobre o mal. A consciência é como que a voz da verdade no homem, a lei natural que está inscrita no coração de todos os homens

(Rm 2,15). Através da nossa razão apreendemos na consciência os valores que são bons para todos os tempos. Enganar, roubar, matar nunca pode estar bem. Isso quer dizer que a consciência pode errar. A liberdade nem sempre tende para o que realmente é bom, mas quer muitas vezes o bem que é só aparente, egoísta. Por isso, é necessário treinar a consciência e deixar-se instruir acerca dos verdadeiros valores. Também a liberdade precisa da libertação em Cristo, a fim de poder realizar o verdadeiro bem.

→ 16, 138-143 → 1705-1706, 1730-1733, 1738, 1740-1744 → 288-289

> **”** Todos os animais são iguais, mas alguns são mais iguais do que outros.
>
> **GEORGE ORWELL**, *O triunfo dos porcos*

58 *Há diferenças fundamentais entre os homens?*

Não. Deus criou todos os homens à sua imagem, pelo que todos têm a mesma dignidade inalienável, independentemente do sexo, da proveniência, da religião ou da cor da pele. Porque assim é, devem ser superadas todas as injustiças entre grupos sexuais ou povos inteiros, a fim de garantir o crescimento pessoal, a igualdade de oportunidades e, assim, a dignidade de todos.

→ 144-145 → 1934-1935 → 330-331

→ renunciando a calcular e controlar tudo, e permitindo que ele nos ilumine, guie, dirija e impulsione para onde ele quiser.

FRANCISCO, EG, 280

O descuido no compromisso de cultivar e manter um correto relacionamento com o próximo, relativamente a quem sou devedor da minha solicitude e custódia, destrói o relacionamento interior comigo mesmo, com os outros, com Deus e com a terra. Quando todas estas relações são negligenciadas, quando a justiça deixa de habitar na Terra, a Bíblia diz-nos que toda a vida está em perigo. Assim no-lo ensina a narração de Noé, quando Deus ameaça acabar com a humanidade pela sua → persistente incapacidade de viver à altura das exigências da justiça e da paz: "O fim de toda a humanidade chegou diante de mim, pois ela encheu a terra de violência" (Gn 6,13). Nestas narrações tão antigas, ricas de profundo simbolismo, já estava contida a convicção atual de que tudo está inter-relacionado e o cuidado autêntico da nossa própria vida e das nossas relações com a natureza é inseparável da fraternidade, da justiça e da fidelidade aos outros.

FRANCISCO, LS, 70

> Amar alguém é vê-lo como Deus o pensou.
>
> **FIÓDOR M. DOSTOIÉVSKI**

> A Igreja reconhece a indispensável contribuição da mulher na sociedade, com uma sensibilidade, uma intuição e certas capacidades peculiares, que habitualmente são mais próprias das mulheres do que dos homens. [...] Mas ainda é preciso ampliar os espaços para uma presença feminina mais incisiva na Igreja. [...] O sacerdócio reservado aos homens, como sinal de Cristo-Esposo que se entrega na Eucaristia, é uma questão que não se põe em discussão, mas pode tornar-se particularmente controversa se se identifica demasiado a potestade sacramental com o poder. [...] Na Igreja, as funções "não justificam a superioridade de uns sobre os outros". Com efeito, uma mulher, Maria, é mais importante do que os bispos.
>
> **FRANCISCO,** EG, 103-104

59 *Em que é que o homem e a mulher são iguais e em que é que são diferentes?*

Na sua dignidade como pessoas, o homem e a mulher são iguais perante Deus. Mas Deus não criou o ser humano como um ser abstrato, mas sim como homem ou como mulher, com uma identidade sexual própria. E criou-o de tal modo que os homens e as mulheres estão fundamentalmente relacionados uns com os outros e precisam uns dos outros, sem que um sexo domine ou exclua o outro (machismo, feminismo radical). Ser homem ou mulher significa muito mais do que assumir determinado papel. Do ponto de vista cristão, o homem e a mulher, em amorosa relação, formam a imagem perfeita de Deus.

→ 146-147 → 2331-2336 → 330-331

60 *Que diz a Igreja sobre a discriminação de pessoas com alguma incapacidade?*

Do ponto de vista da Doutrina Social Católica, a justiça social é traduzida na prática na medida em que todas as pessoas possam participar nas concretizações centrais da vida social, econômica, política e cultural. Discriminações que excluem pessoas de tal participação representam uma ferida na justiça. Por isso, uma das funções do Estado e da sociedade é criar as condições para que seja assegurada a participação de pessoas com alguma incapacidade. De fato, a dignidade da pessoa, em última instância, não depende de capacidades físicas ou espirituais, e a reputação de uma pessoa não pode ser definida pelo rendimento ou pela eficiência.

→ 148 → 1936-1937 → 331

61 *Para a pessoa, o que quer dizer ser social?*

Os animais juntam-se em bandos; formam hordas ou reúnem-se em rebanhos – os seres humanos, pelo

> Uma comunidade não é a soma dos seus interesses, mas a soma da sua dedicação.
>
> **ANTOINE DE SAINT-ÉXUPÉRY** (1907-1944), escritor francês

contrário, têm *comunidade*. Deus, que é ele mesmo na profundidade do seu ser comunidade e relação, criou os homens como seres de relação de um modo especial: em eleição consciente e livre, os homens formam comunidades, assumem e formam nelas as suas responsabilidades. Os seres humanos são dependentes de múltiplas relações, estão como que incluídos numa rede com outros homens e reconhecem a necessidade de um trabalho em conjunto. Em todas as comunidades, os homens estão ligados por um princípio de unidade (família, nação, clube desportivo, Igreja etc.), em que cuidam da sua história e preparam o seu futuro.

→ 149 → 1879-1880 → 321-322

62 *Por que é que os homens muitas vezes agem contra a comunidade?*

Embora o homem seja um ser social, age muitas vezes de um modo não social: egoísmo, ganância e megalomania fazem com que ele atrele outros a propósitos errados, os explore, oprima ou os deixe sem proteção. Mas a verdadeira comunidade é uma livre associação de pessoas que querem o bem para si e para os outros, e que só podem conseguir este →BEM COMUM

> Eu chorei porque não tinha sapatos, até o dia em que vi alguém que não tinha pés.
>
> **HELEN ADAM KELLER** (1880-1968), reformadora social americana, escritora, cega e surda

> As pessoas podem assumir responsabilidade e podem tornar-se responsáveis pelas suas ações, mas não responsabilizamos os animais por aquilo que eles fazem. Os seres humanos têm uma dignidade, que não é algo que lhes seja concedido por outros, mas que lhes é própria pela sua simples pertença à espécie do *homo sapiens*.
>
> **ROBERT SPAEMANN** (*1927), filósofo alemão, entrevista radiofônica, 14.9.2007

BEM COMUM

Quanto ao bem comum, ele compreende o conjunto das condições de vida social que permitem aos indivíduos, famílias e associações alcançar mais plena e facilmente a própria perfeição.

CONCÍLIO VATICANO II, GS, 74

através de uma ação conjunta, que individualmente não seria possível alcançar. Pode ser, por exemplo, um ginásio desportivo que só possa ser financiado em comum, uma orquestra que só possa tocar quando todos empenham os seus talentos.

→ 150-151 → 1882, 1931 → 327-328

63 *Que sentido têm os direitos humanos?*

A Declaração Universal dos Direitos do homem (Nações Unidas, 1948) é, como afirma São João Paulo II, "um marco miliário no caminho do progresso moral da humanidade" (2.10.1979).

→ 152 → 1930 → 136

Desaprovo o que tu dizes, mas defenderia até a morte o teu direito de o dizer.

EVELYN BEATRICE HALL (1868-1939), escritora inglesa

64 *Qual a origem dos direitos humanos?*

Os direitos humanos não são uma invenção de juristas, nem resultam de uma convenção arbitrária entre estadistas de boa vontade. Pelo contrário, trata-se de direitos fundamentais, que estão de acordo com a natureza do homem. São atualmente reconhecidos como base de entendimento fundamental, para lá de todas as fronteiras, para uma vida em liberdade, dignidade

Todos os seres humanos nascem livres e iguais em dignidade e em direitos. Dotados de razão e consciência, devem agir uns para com os outros em espírito de fraternidade.

Art. 1º da *Declaração Universal dos Direitos do homem*

e igualdade de direitos. Eles podem ser reconhecidos pela razão e radicam, em última análise, na dignidade que o homem possui pela sua condição de ser criado à imagem e semelhança de Deus. Por isso é que estes direitos são universais; não dependem nem de lugar nem de tempo. São *invioláveis*, porque a dignidade

Recusar a alguém os seus direitos significa não o respeitar na sua humanidade.

NELSON MANDELA (1918-2013), 26.6.1990

que os sustém também é inviolável. São *inalienáveis*, ou seja, ninguém pode privar ninguém destes direitos (nem tem o poder de os atribuir, nem de os negar). Por isso, os direitos humanos devem ser reconhecidos na sua totalidade e protegidos de falsificações ideológicas. Todos, mas sobretudo os cristãos, devem fazer ouvir a sua voz quando se tornam conhecidos atentados contra os direitos humanos ou quando determinados direitos humanos não são ainda reconhecidos em alguns países.

→ 153-154 → 1701-1709 → 280

Muitas vezes, para ridicularizar jocosamente a defesa que a Igreja faz da vida dos nascituros, procura-se apresentar a sua posição como ideológica, obscurantista e conservadora; e, no entanto, esta defesa da vida nascente está intimamente ligada à defesa de qualquer direito humano. Supõe a convicção de que um ser humano é sempre sagrado e inviolável, em qualquer situação e em cada etapa do seu desenvolvimento. É fim em si mesmo, e nunca um meio para resolver outras dificuldades.

FRANCISCO, EG, 213

65 *De que tratam concretamente os direitos humanos?*

O direito humano fundamental é o direito à vida; ele é válido desde a geração, pois a partir desse instante já é dado o estatuto de uma autêntica pessoa. Outro direito fundamental é o direito à liberdade de opinião. Logo a seguir vem o direito de alguém ganhar com o seu trabalho o seu sustento e o da sua família, direito que a ninguém pode ser negado. Também é um direito humano constituir uma família, ter filhos e educá-los. Muito importante é igualmente o direito à livre escolha e exercício de uma religião: em questões religiosas, não pode haver nenhuma coação.

→ 155

Foi a partir da convicção da existência de um Deus criador que se desenvolveram a ideia dos direitos humanos, a ideia da igualdade de todos os homens perante a lei, o conhecimento da inviolabilidade da dignidade humana em cada pessoa e a consciência da responsabilidade dos homens pelo seu agir.

BENTO XVI, discurso, 22.9.2011

66 *Como se relacionam entre si os direitos e os deveres?*

Uma pessoa que exerce direitos assume também no mesmo instante deveres e, por isso, responsabilidade perante os outros. São João XXIII diz a este respeito na *Pacem in Terris* (30): "Os que reivindicam os próprios direitos, mas se esquecem por completo dos seus deveres ou lhes dão menor atenção, assemelham-se a quem constrói um edifício com uma das mãos e, com a outra, o destrói".

→ 156 → 2235-2243 → 376

> Nós, os povos das Nações Unidas, decididos: a preservar as gerações vindouras do flagelo da guerra que por duas vezes, no espaço de uma vida humana, trouxe sofrimentos indizíveis à humanidade [...] e a estabelecer as condições necessárias à manutenção da justiça e do respeito das obrigações decorrentes de tratados e de outras fontes do direito internacional; a promover o progresso social e melhores condições de vida dentro de um conceito mais amplo de liberdade; e para tais fins: a praticar a tolerância e a viver em paz, uns com os outros, como bons vizinhos; a unir as nossas forças para manter a paz e a segurança internacionais [...]. Resolvemos conjugar os nossos esforços.
> Artigo 1º: Os objetivos das Nações Unidas são: 1) Manter a paz e a segurança internacionais e para esse fim: tomar medidas coletivas eficazes para prevenir e afastar ameaças à paz e reprimir os atos de agressão, ou outra qualquer ruptura da paz e chegar, por meios pacíficos, e em conformidade com os princípios da justiça e do direito internacional, a um ajustamento ou solução das controvérsias ou situações internacionais que possam levar a uma perturbação da paz.
>
> CARTA das Nações Unidas de 26 de junho de 1945

> O primeiro americano que Colombo descobriu fez uma má descoberta.
>
> **GEORG CHRISTOPH LICHTENBERG** (1743-1799), experimentalista

67 *Como é que o direito pode prevalecer entre os povos?*

Não só os homens individualmente, mas também os povos têm direito ao Direito. Prevalece a injustiça quando um Estado inteiro é dominado, dividido, relegado a Estado satélite, presa ou objeto de exploração por Estados mais fortes. Cada nação possui um direito natural à existência e à independência, à própria língua e cultura, à livre autodeterminação e à livre escolha dos Estados com os quais gostaria de cooperar de um modo pacífico. Os direitos humanos devem ser aplicados ao mais alto nível dos Estados. Só assim é possível haver paz, respeito e solidariedade entre os povos. A soberania jurídica internacional não deve, todavia, ser tomada como pretexto para recusar internamente os direitos humanos, nem para reprimir minorias.

→ 157 → 446-447

68 *Como é possível fazer valer os direitos humanos e o direito internacional?*

Todos os dias presenciamos vários tipos de violência: genocídios, guerra e expulsão, fome e exploração.

Crianças são recrutadas como soldados e forçadas a matar. Desenvolveram-se novas formas de escravatura. Tráfico humano, prostituição e drogas tornaram-se um negócio ilegal milionário, no qual forças políticas e até governos estão envolvidos. Os cristãos não devem reclamar os direitos humanos apenas quando se trata da sua proteção; devem saber que têm também a obrigação de defender e de fortalecer os direitos fundamentais de todos os homens. Por isso, a Igreja assumiu como dever estar atenta, em toda a parte e em cada circunstância, à aplicação universal e cumprimento dos direitos humanos e, sobretudo, de os respeitar no seu interior.

→ 158-159 → 1913-1917 → 329

No campo de uma nova ordem fundada sobre princípios morais, não há lugar para a violação da liberdade, da integridade e da segurança das outras nações, qualquer que seja a sua extensão territorial ou a sua capacidade de defesa. Se é inevitável que os grandes Estados, pelas suas maiores possibilidades e poderio, tracem o caminho para a constituição de grupos econômicos entre si e as nações menores e mais fracas, é, todavia, incontestável – como para todos, no âmbito do interesse geral – o direito destas ao respeito da sua liberdade no campo político, à guarda eficaz, nas contendas entre os Estados, daquela neutralidade que lhes compete segundo o direito natural e das gentes, à tutela do seu livre desenvolvimento econômico, pois só de tal modo poderão conseguir adequadamente o bem comum, o bem-estar material e espiritual do próprio povo.

PIO XII, Mensagem de Natal, 1941

Não explores o imigrante, nem o oprimas, porque foste imigrante no Egito.

Ex 22,20

DIGRESSÃO

A PESSOA NA BIOÉTICA

> O amor de Deus não faz distinção entre a criança ainda no seio da sua mãe e a criança, o jovem, o adulto ou o idoso. Não faz distinção porque em cada um deles vê a marca da própria imagem e semelhança. [...] Por isso, o magistério da Igreja proclamou continuamente o caráter sagrado e inviolável de cada vida humana, desde a sua concepção até o seu fim natural.
>
> **BENTO XVI**, discurso, 27.2.2006

69 *De que se trata na bioética?*

O termo "bioética" foi formado a partir dos termos gregos *bios* (= vida) e *ethos* (= uso, costume, bom hábito) e designa a doutrina acerca do trato correto com tudo o que vive. A bioética, portanto, não consiste apenas numa ética do meio ambiente, onde se pesquisa como manter espécies, proteger hábitats e deter a mudança climática. Uma boa bioética deve ser também uma ética do homem, pois não é só na pesquisa genética nem na questão da eutanásia (= pode alguém matar-se a si mesmo ou outra pessoa em grave sofrimento?) que está em causa a dignidade da pessoa. Durante o nazismo surgiu a expressão "vida indigna de viver", com a qual os nazistas se constituíram criminalmente senhores da vida e da morte. Mas o homem deve ser respeitado como pessoa desde a geração. Ele tem o direito de ser respeitado como pessoa em relação a todos os outros homens. Ninguém tem o direito de lhe negar a dignidade de pessoa que Deus lhe concedeu. Ninguém pode tocar na integridade de outra pessoa, nem para fins de investigação, nem porque é uma pessoa idosa, doente, demente ou inválida. A dignidade da pessoa é o verdadeiro fundamento dos direitos humanos e da justificação da ordem política.

→ 472-475 → 2318-2330, 2274-2278, 2280-2283
→ 435

70 *Por que é que temos de ser responsáveis em bioética?*

Em várias questões da bioética – como que valor têm os doentes, as crianças por nascer, as pessoas idosas? –, já não se trata apenas de decisões privadas de indivíduos. Muitas coisas são reguladas ao nível político. Novas tecnologias – como a pesquisa com embriões humanos e com →CÉLULAS TRONCO – exigem novas respostas. Os cristãos têm de adquirir elevada competência, a fim de poderem assumir a sua responsabilidade social e poderem assim, ativamente, contribuir para serem criadas na sociedade as mínimas condições humanitárias e sociais.

→ 472-480 → 2274-2278, 2280-2283, 2318-2330

Na realidade, porém, "a partir do momento em que o óvulo é fecundado, inaugura-se uma nova vida que não é a do pai nem a da mãe, mas sim a de um novo ser humano que se desenvolve por conta própria. Nunca mais se tornaria humana, se não o fosse já desde então".

JOÃO PAULO II, EV, 60

Para além do que a palavra "dignidade" possa concretamente significar ou que conotações possa ter, significa sobretudo isto: tudo o que se fizer com tal ser não deve ser só no interesse dos pais, mas sobretudo no seu próprio interesse. O embrião humano já é um "fim em si mesmo", *propter seipsum existens*, existente por si mesmo, como São Tomás de Aquino diz e sobre o que também Kant está de acordo.

ROBERT SPAEMANN, entrevista radiofônica, 27.1.2011

A PESQUISA COM CÉLULAS TRONCO na qual embriões humanos são criados e destruídos é, como investigação, inaceitável, porque se trata da morte de vidas humanas.

O ser humano corre o risco de ser reduzido a mera engrenagem de um mecanismo que o trata como se fosse um bem de consumo a ser utilizado de modo que a vida, quando deixa de ser funcional para esse mecanismo, é descartada sem grandes demoras, como no caso dos doentes, [...] dos idosos abandonados sem cuidados ou das crianças mortas antes de nascer. [...] Isto é o resultado inevitável da "cultura do descarte" e do "consumismo exacerbado". Pelo contrário, afirmar a dignidade da pessoa significa reconhecer a preciosidade da vida humana que nos é dada gratuitamente, não podendo, por conseguinte, ser objeto de troca ou de comércio.

FRANCISCO, discurso no Parlamento Europeu, 25.11.2014

71 *A partir de quando é que o ser humano é pessoa?*

Muitos dizem: só se pode falar de uma pessoa a partir do momento em que nasceu. Outros contestam e dizem até mesmo: ser humano só é alguém quando pode pensar e decidir. Outros ainda retardam o início do ser humano para o momento da formação do cérebro ou para o momento da exclusão da geminação. A Igreja rejeita estas concepções e diz: A vida humana começa com a união do óvulo com o espermatozoide. Já no momento mais originário do estágio embrionário depois da fecundação considera a Igreja a vida que assim surge como um valor absoluto que deve ser protegido. Também o embrião é já um ser totalmente humano e, como tal, com a dignidade que é própria de cada pessoa. O respeito perante esta dignidade deve, portanto, ser dado aos membros da sociedade mais fracos e que estão por nascer.

→ **2319, 2322-2323** → **56, 58, 62-63**

72 *Quando é que a pessoa é especialmente ameaçada?*

É especialmente no início e no fim da vida que os homens podem não ter a possibilidade de eles mesmos defenderem o seu direito à vida, a sua dignidade humana ou a integridade pessoal. Eles precisam de alguém que reconheça a dignidade inviolável e sagrada de outro ser humano, que ame esta outra vida humana e a assuma, a ajude e cuide dela, proteja, alimente e acompanhe. Deveria ser considerado um sinal de declínio da solidariedade pessoas carentes de ajuda serem vistas como um peso. Os cristãos devem erguer a sua voz por aqueles que não a têm. Mesmo a vida limitada e doente tem uma dignidade que não pode em caso algum ser perdida, nem considerada desprovida de valor (cf. EV, 11-12).

→ **160, 458** → **2276, 2322**

73 *Podem selecionar-se embriões gerados extracorporalmente?*

A rejeição de um embrião motivada pela atenta análise dos cromossomos ofende o mandamento que obriga a respeitar a dignidade humana e o direito fundamental à vida e à integridade corporal. Tal como as pessoas nascidas com deficiência, também devem ser protegidos contra a discriminação os embriões com defeitos genéticos previsíveis.

→ 235, 236 → 2275, 2323 → 385

74 *Por que é que a Igreja rejeita o aborto em geral?*

Cada homem tem, desde a sua geração, direitos absolutos e uma dignidade pessoal inviolável. É por isso que matar um embrião é sempre moralmente repreensível – seja em que circunstâncias for que a criança tenha sido gerada, seja em que estágio de desenvolvimento este novo ser humano se encontre ou seja com que problemas de saúde for que venha ao mundo. Um embrião não se desenvolve *para se tornar* homem, mas antes se desenvolve *como* homem. Por isso é que um aborto é em todo o caso a morte premeditada de um ser humano inocente. Mas enquanto os cristãos não fizerem tudo para ajudar mulheres em situações conflituosas e lhes facilitarem a decisão pelos seus filhos, é pouco credível o seu empenho contra o aborto e as precárias legislações. O direito da liberdade da mãe, que pesa muitas vezes contra o direito do filho à vida, encontra-se noutro nível e nunca deve ser jogado contra o direito à vida.

→ 2270-2275, 2322 → 292, 379, 383-384

75 *Como é que se pode ajudar uma mulher que engravidou depois de um estupro?*

Num estupro é preciso distinguir dois fatos. Por um lado, temos um terrível crime violento contra a mu-

> A vida deve ser salvaguardada, com extrema solicitude, desde o primeiro momento da concepção; o aborto e o infanticídio são crimes abomináveis.
>
> **CONCÍLIO VATICANO II,** GS, 51

> Eu não darei a nenhuma mulher nenhum meio para abortar um nascimento.
>
> Do juramento de **HIPÓCRATES** (460-370 a. C.)

> Há sete anos, a nossa filha Viviane Zoe morreu através de um aborto, [...] nada do que hoje pensamos sobre isso e sentimos pode anular a sua morte.
>
> (A mãe, o pai e o filho Leo num anúncio no jornal de esquerda *TAZ*)

> Muitas vezes, justifica-se que se ultrapassem todos os limites quando se fazem experiências com embriões humanos vivos. Esquece-se que o valor inalienável do ser humano é independente do seu grau de desenvolvimento.
>
> **FRANCISCO,** LS, 136

> Se uma pessoa já não está segura no seio materno, onde é que então ainda estará segura neste mundo?
>
> **PHIL BOSMANS** (1922-2012)

Gravidez não desejada! O que é que se pode fazer?

Em caso de emergência, também numa gravidez indesejada, a pessoa pode dirigir-se a um padre ou diretamente a um consultório católico. Todos foram formados para receber amavelmente as pessoas e não para julgar. Em tal situação, ninguém pode ser deixado sozinho, e há diversos meios e caminhos de ajuda e de apoio.

lher, que deve ser seguido judicialmente e considerado moralmente repreensível. À mulher afetada deve ser garantida ajuda tanto por parte do Estado como por parte dos agentes pastorais. Um sacerdote ou um colaborador especializado em hospitais religiosos ou em serviços católicos de aconselhamento podem ajudar a mulher atingida. Dão-lhe conforto e indicam-lhe caminhos para a superação do problema. Mas, por outro lado, o ser humano que assim surgiu é um filho querido e amado por Deus. Independentemente daquele que o gerou, Deus tem um plano para esta criança. Por muito graves que possam ser as feridas morais da mulher, a criança pode ser um consolo e dar nova esperança à mãe. O que também acontece sempre é que Deus acompanha os homens e quer o bem. Por causa da liberdade humana, Deus não impede o crime, mas cuida de modo a que daí possa surgir nova esperança e nova vida. A criança que está a surgir precisa de todos os cuidados e do amor da sua mãe. Mas também o ambiente social da mãe deve cuidar para que a grávida se sinta segura e aceita. No entanto, mesmo depois de um aborto praticado, as instituições da Igreja continuam ao lado da mulher atingida para juntas a ajudarem nesta situação tão difícil da sua vida.

→ **2270-2275, 2284-2287, 2322**

→ **292, 379, 383-384, 386, 392**

Não se pode propor uma relação com o ambiente prescindindo da relação com as outras pessoas e com Deus. [...] Uma vez que tudo está relacionado, também não é compatível a defesa da natureza com a justificação do aborto.

FRANCISCO, LS, 119-120

As crianças são esperanças.

NOVALIS (1772-1801, Friedrich Freiherr von Hardenberg), escritor alemão

A criança negra como vergonha? Por causa da cor negra do seu filho, uma lésbica americana processou um banco de esperma, alegando os danos causados. Por engano, tinha sido enviado à mulher o esperma de um afro-americano e não o de outro doador branco, que ela tinha →

76 *O que devemos pensar do diagnóstico genético pré-implantação?*

Novos procedimentos médicos oferecem com frequência vantagens para a mulher grávida e para a criança que está para nascer. Mas pelo → DIAGNÓSTICO GENÉTICO PRÉ-IMPLANTAÇÃO, há o perigo de avaliar e de selecionar a vida humana. Crianças com anomalias genéticas e com suspeita de uma deficiência são assim separadas e não lhes é permitido viver. O diagnóstico é mesmo cada vez mais realizado para mandar matar uma criança que não corresponda ao sexo desejado pelos pais. Os críticos advertem que nos encontramos assim no caminho para o chamado *Designer-Baby*. Nenhum médico, nem sequer os pais de uma criança que está para crescer têm o direito de se pronunciar sobre o valor ou não da vida de um ser humano. Muitas pessoas com deficiência sentem mesmo o debate sobre o diagnóstico como uma grosseira discriminação – hoje não viveriam se na época já existisse o diagnóstico.

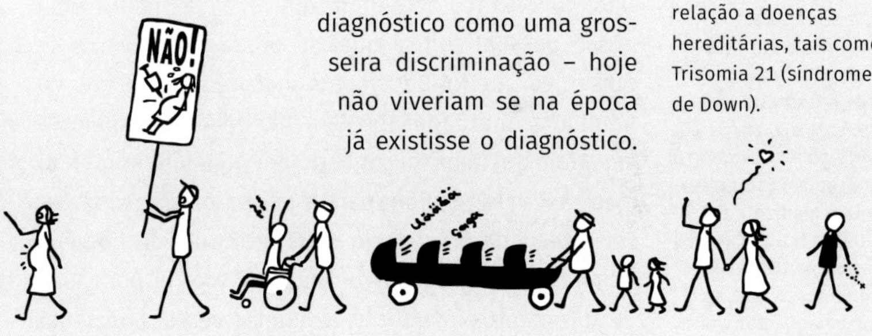

Os cristãos jamais poderão concordar com uma seleção de embriões humanos.

→ 472-473 → 2274-2275, 2323

77 *A eutanásia é moralmente permitida?*

A morte direta de um ser humano, mesmo se é um doente terminal, vai sempre contra o quinto mandamento: *não matar* (Ex 20,13)! Isso diz respeito também à minha própria vida. Só Deus é Senhor da vida e da morte. Pelo contrário, acompanhar um moribundo e dar-lhe todos os medicamentos e o alívio humano

→ conscientemente escolhido. Na altura do parto, ela entrou em choque: não era aquilo que ela tinha desejado. A queixa foi rejeitada pelo tribunal como sem fundamento. Mas a queixosa tem ainda a possibilidade de processar o banco de esperma por violação do contrato.

Em RPR 1, de 8.9.2005

! DIAGNÓSTICO GENÉTICO PRÉ-IMPLANTAÇÃO

Método de diagnóstico pré-natal de doenças. Através deste procedimento são examinados embriões ainda numa fase muito inicial em relação a doenças hereditárias, tais como Trisomia 21 (síndrome de Down).

» A Igreja não é contra a investigação; ela é antes a favor da vida.

D. GEBHARD FÜRST (*1948)

possíveis são uma prática do amor ao próximo e um mandamento da misericórdia. O movimento médico e → os CUIDADOS PALIATIVOS prestam aqui importantes serviços. A ideia central deve ser: ajudamos na morte, não para morrer. Do ponto de vista médico e moral, pode ser mesmo necessário abster-se de tratamento quando não há perspectiva de melhoras ou aplicar meios que obtêm algum alívio, mesmo se encurtam a vida do paciente. Mas em todo o caso, deve ter-se sempre em consideração a vontade do paciente. Quando esta não está implícita e o próprio paciente já não a pode manifestar, esta pode ser expressa por um representante legal.

→ 2276-2779, 2324 → 379, 382

CUIDADOS PALIATIVOS (lat. *pallium* = revestimento protetor): quando uma pessoa está doente sem possibilidade de cura e todas as alternativas médicas se esgotaram, ainda se pode acompanhar o processo de morrer e cuidar para que não sofra desnecessariamente. Este tratamento paliativo (isto é, que acalma a dor) já não pode curar, mas através de analgésicos pode fazer com que o paciente suporte melhor a doença.

78 *Tenho o direito de determinar o momento da minha morte?*

Não. Os cristãos acreditam que a "vida" não é uma posse pessoal com a qual se possa fazer o que se quiser. Porque foi Deus quem lhes deu a vida, não há nenhuma liberdade absoluta no que diz respeito a este dom que lhes foi confiado por algum tempo. "Não matarás" vale também para a minha própria vida. Viver e ter vida é o desejo mais profundo do homem. Os médicos relatam que o desejo de morrer por causa de sofrimentos insuportáveis muitas vezes representa um último pedido desesperado de ajuda. Além disso, deve perguntar-se em que medida é verdadeiramente livre o pedido de ajuda ativa para morrer. Onde a eutanásia hoje já é possível, muitas vezes os doentes pedem-na para não serem um peso para aqueles com quem vivem. Assim, o suposto *direito à própria morte* transforma-se num *dever* para os parentes.

→ 2280-2283, 2325 → 379

"A Igreja Católica condena com veemência todas as formas de ajuda ativa para morrer e de suicídio assistido. Ela está convencida de que o Estado possibilita uma morte com dignidade quando dá a prioridade à promoção em todo o país do apoio médico e de enfermagem aos doentes em estado crítico e aos moribundos. A Igreja participa aqui com um intensivo cuidado pastoral aos moribundos e aos familiares. É necessário promover e criar cuidados paliativos tanto nas instalações ambulatórias como no internamento. Elas representam uma importante resposta crescente às situações da vida e das necessidades dos homens."

CONFERÊNCIA EPISCOPAL ALEMÃ, *Morrer com dignidade*, 2014

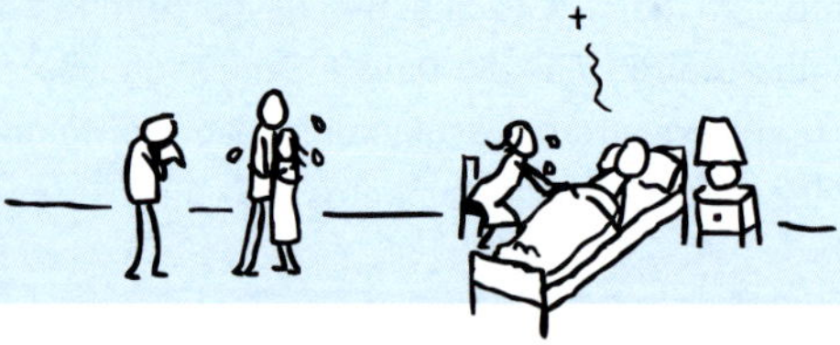

79 *Como devem ser julgadas as organizações comerciais de eutanásia?*

Toda a espécie de eutanásia comercial deve ser absolutamente condenável. A vida humana não tem preço e também a morte não se deve tornar modelo de negócio. Eticamente, não se pode absolutamente defender que associações ou firmas pratiquem eutanásia contra pagamento. É igualmente de rejeitar o suicídio medicamente assistido. O médico não pode ser o instrumento de um desejo de morte subjetivamente sentido. Todo o ato de uma ativa eutanásia faz do médico alguém que mata, em vez de ser alguém que cura. Isso não quer dizer que se feche às dores de quem sofre desesperadamente. O fortalecimento da aplicação dos cuidados paliativos e o acompanhamento dos moribundos nos hospitais são nestes casos importantes instrumentos disponíveis.

→ 2277-2279 → 382

> O pedido de um suicídio assistido é a tentativa de tomar completamente nas mãos o último curso da vida. Isto não é compatível com a entrega de si mesmo nas mãos amorosas de Deus, tal como se exprime nos sacramentos da Igreja [...]. A eutanásia não é nenhuma solução para o sofrimento, mas a destruição do homem sofredor.
>
> Carta Pastoral da Conferência Episcopal Holandesa, 2005

> Deus reservou para si o direito sobre a vida dos outros, mas também sobre a própria vida de cada um.
>
> **SÃO TOMÁS MORO** (1478-1535), chanceler de Henrique VIII

80 *Por que é que a Igreja se envolve nos debates em bioética?*

A Igreja saúda todo o autêntico progresso científico porque corresponde ao mandato de Deus na criação. Os progressos na técnica médica são uma bênção para a humanidade. Mas através deles o homem al-

O progresso só o pode ser verdadeiramente se servir a pessoa humana e se a própria pessoa humana crescer: se não se desenvolver apenas o seu poder técnico, mas também a sua capacidade moral.

BENTO XVI, numa entrevista em Castel Gandolfo, 5.6.2006

No que diz respeito ao direito à vida, é necessário denunciar a tortura de que é objeto na nossa sociedade: ao lado das vítimas dos conflitos armados, do terrorismo e das mais diversas formas de violência temos as mortes silenciosas provocadas pela fome, pelo aborto, pelas experiências com embriões e pela eutanásia. Como não ver nisto tudo um ataque à paz? O aborto e as experiências com embriões constituem a negação direta da atitude de acolhimento do outro que é indispensável para se estabelecerem relações de paz estáveis.

BENTO XVI, Mensagem para o Dia Mundial da Paz, 2007, 5

cança cada vez mais poder de decisão sobre os outros. De repente, parece "útil" procriar embriões; parece "factível" matar pessoas deficientes no seio materno e parece "humano" salvar doentes do seu sofrimento. Quando se trata do abuso do poder, a Igreja deve estar sempre do lado das vítimas. Não se deve permitir que a investigação seja instrumentalizada e dirigida de repente contra os homens e sobretudo contra os membros mais fracos da sociedade. Para a Igreja, não se trata de proibições restritivas, mas sim de promover a dignidade da pessoa em todas as fases da vida e em todas as circunstâncias.

→ 1699-1715, 2292-2295 → 154-155, 393

81 *Por que é que muitas pessoas desejam ajuda para praticarem o suicídio?*

O ser humano tem medo perante grandes sofrimentos. Além disso, tem medo de se tornar um caso de cuidados continuados. Mas podemos hoje ir ao encontro de tais medos com um bom atendimento, um abrangente acompanhamento na doença terminal, através dos cuidados paliativos e de lares para doentes. A experiência mostra que a grande maioria dos pacientes desiste do seu desejo de morrer quando experimenta as possibilidades da medicina da dor e do acompanhamento na doença terminal. Ajudar *na* morte (e não *a* morrer) pode significar recorrer a terapias ou, através de analgésicos ou sedativos, colocar as pessoas num estado suportável. Isso vale também quando a administração encurta o remanescente tempo de vida.

→ 2278-2279 → 382

82 *Por que é que as pessoas têm medo de se tornar um caso de cuidados continuados?*

Tem a ver com a preocupação em serem entregues aos outros. A pessoa tem medo da dependência e da solidão. A todas estas preocupações responde o movimento dos cuidados paliativos. Precisamente na fase final da vida temos de dar espaço aos homens para enfrentarem a própria morte no amor e ao cuidado de outras pessoas. Além disso, nos últimos dias ou semanas da vida, do que as pessoas precisam é mesmo de assistência espiritual.

→ 1506-1510 → 242

O respeito do direito à vida em todas as suas fases estabelece um ponto firme de importância decisiva: a vida é um dom de que o indivíduo não tem completa disponibilidade.

BENTO XVI, Mensagem para o Dia Mundial da Paz, 2007, 4

83 *Do ponto de vista cristão, o que significa morrer?*

Atualmente, muitas vezes parece que morrer é apenas uma decadência corporal. No entanto, morrer é uma parte decisiva da vida – e para muitas pessoas, um passo para a última maturidade. Para os cristãos, a vida é um dom. Isso dá uma última confiança mesmo em horas difíceis. Sabemos estar nas mãos de um Deus bom e temos a esperança de que a morte não seja o fim, mas a passagem para uma vida eterna. Assim, lidar com a dor situa-se num horizonte totalmente diferente. Os agentes pastorais sabem por experiência que esta esperança oferece consolação mesmo a pessoas aparentemente não religiosas, que são confrontadas concretamente com a morte. Na dor e na morte, Cristo está especialmente perto de nós.

→ 1010-1014, 2299 → 154-155, 393

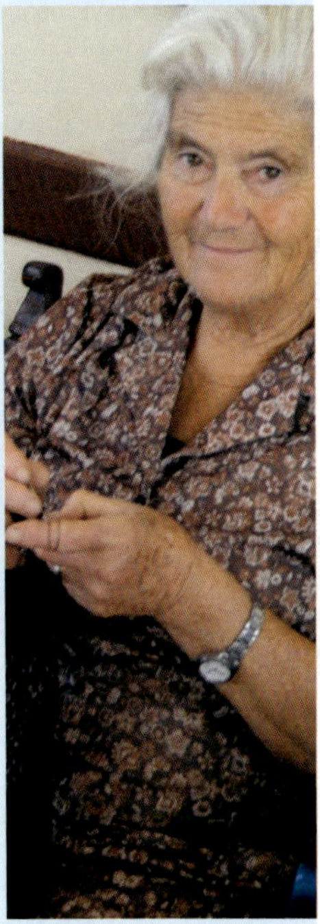

Para onde vamos? Sempre para casa.

NOVALIS

Trechos de documentos da Igreja

3

A PESSOA HUMANA

Rerum novarum

A liberdade da pessoa

O ser humano abrange pela sua inteligência uma infinidade de objetos, e às coisas presentes acrescenta e prende as coisas futuras; além disso, é senhor das suas ações; também sob a direção da lei eterna e sob o governo universal da Providência Divina ele é, de algum modo, para si a sua lei e a sua providência. É por isso que tem o direito de escolher as coisas que julgar mais aptas, não só para prover ao presente, mas também ao futuro. De onde se segue que deve ter sob o seu domínio não só os produtos da terra, mas ainda a própria terra, que, pela sua fecundidade, ele vê estar destinada a ser a sua fornecedora no futuro. As necessidades do ser humano repetem-se perpetuamente: satisfeitas hoje, renascem amanhã com novas exigências. Foi preciso, portanto, para que ele pudesse realizar o seu direito em todo o tempo, que a natureza pusesse à sua disposição um elemento estável e permanente, capaz de lhe fornecer perpetuamente os meios.

Leão XIII, Encíclica *Rerum novarum* (1891), 5

Rerum novarum

O fundamento dos direitos humanos

Mas é ainda demasiado pouco a simples amizade: se se obedecer aos preceitos do cristianismo, será no amor fraterno que a união se operará. De uma parte e de outra se saberá e compreenderá que os homens são todos absolutamente nascidos de Deus, seu Pai comum; que Deus é o seu único e comum fim, que só ele é capaz de comunicar aos anjos e aos homens uma felicidade perfeita e absoluta; que todos eles foram igualmente resgatados por Jesus Cristo e restabelecidos por Ele na sua dignidade de filhos de Deus, e que assim um verdadeiro laço de fraternidade os une, quer entre si, quer a Cristo, seu Senhor, que é "o primogênito de muitos irmãos". Eles saberão, enfim, que todos os bens da natureza, todos os tesouros da graça, pertencem em comum e indistintamente a todo o gênero humano e que só os indignos é que são deserdados dos bens celestes: "Se vós sois filhos, sois também herdeiros, herdeiros de Deus, co-herdeiros de Jesus Cristo". Tal é a economia dos direitos e dos deveres que ensina a filosofia cristã. Não se veria em breve prazo estabelecer-se a pacificação, se estes ensinamentos pudessem vir a prevalecer nas sociedades?

Leão XIII, Encíclica *Rerum novarum* (1891), 14

Mater et magistra

Espaço livre para a iniciativa privada

Mas é preciso reafirmar sempre o princípio de que a presença do Estado no campo econômico, por mais ampla e penetrante que seja, não pode ter como meta reduzir cada vez mais a esfera da liberdade na iniciativa pessoal dos cidadãos; mas deve, pelo contrário, garantir a essa esfera a maior amplitude possível, protegendo efetivamente, em favor de todos e de cada um, os direitos essenciais da pessoa.

João XXIII, Encíclica *Mater et magistra* (1961), 55

Pacem in Terris

O direito à vida e ao seu sustento

Ao dispormo-nos a tratar dos direitos do homem, advertimos, de início, que o ser humano tem direito à existência, à integridade física, aos recursos correspondentes a um digno padrão de vida: tais são especialmente o alimento, o vestuário, a habitação, o repouso, a assistência à saude, os serviços sociais indispensáveis. Segue-se daí que a pessoa tem também o direito de ser amparada em caso de doença, de invalidez, de viuvez, de velhice, de desemprego forçado, e em qualquer outro caso de privação dos meios de sustento por circunstâncias independentes da sua vontade.

João XXIII, Encíclica *Pacem in Terris* (1963), 11

Pacem in Terris

O direito à liberdade religiosa

Pertence igualmente aos direitos da pessoa a liberdade de prestar culto a Deus de acordo com os retos ditames da própria consciência e de professar a religião, privada e publicamente. Com efeito, claramente ensina Lactâncio: "Fomos criados com a finalidade de prestarmos justas e devidas honras a Deus, que nos criou; de só a ele conhecermos e seguirmos. Por este vínculo de piedade nos unimos e ligamos a Deus, de onde deriva o próprio nome de religião."

João XXIII, Encíclica *Pacem in Terris* (1963), 14

Pacem in Terris

Os direitos humanos

Um ato de enorme relevância é a *Declaração Universal dos Direitos do homem* [...]. No preâmbulo desta declaração proclama-se, como ideal a atingir por todos os povos e por todas as nações, o efetivo reconhecimento e salvaguarda daqueles direitos e das respectivas liberdades. [...] De fato, na forma mais solene, nele se reconhece a dignidade de pessoa a todos os seres humanos, proclama-se como direito fundamental da pessoa o de procurar a verdade, na realização do bem moral e da justiça; o direito a uma vida digna; e defendem-se outros direitos conexos com estes.

João XXIII, Encíclica *Pacem in Terris* (1963), 143

Gaudium et spes

O ser humano em conflito

Na verdade, os desequilíbrios de que sofre o mundo atual estão ligados àquele desequilíbrio fundamental que se radica no coração do ser humano. Porque no íntimo do próprio ser humano muitos elementos se combatem. Enquanto, por um lado, ele se experimenta, como criatura que é, multiplamente limitado, por outro sente-se ilimitado nos seus desejos, e chamado a uma vida superior. Atraído por muitas solicitações, vê-se obrigado a escolher entre elas e a renunciar a algumas. Mais ainda, fraco e pecador, faz muitas vezes aquilo que

não quer e não realiza o que desejaria fazer. Sofre assim em si mesmo a divisão, da qual tantas e tão grandes discórdias se originam para a sociedade.

CONCÍLIO VATICANO II, *Gaudium et spes* (1965), 10

Populorum progressio

Desenvolvimento, o novo nome da paz

Nos desígnios de Deus, cada ser humano é chamado a desenvolver-se, porque toda a vida é vocação. E dado a todos, em germe, desde o nascimento, um conjunto de aptidões e de qualidades para as fazer render: desenvolvê-las será fruto da educação recebida do meio ambiente e do esforço pessoal, e permitirá a cada um orientar-se para o destino que lhe propõe o Criador. Dotado de inteligência e de liberdade, é cada um responsável tanto pelo seu crescimento como pela sua salvação. Ajudado, por vezes constrangido, por aqueles que o educam e rodeiam, cada um, sejam quais forem as influências que sobre ele se exerçam, permanece o artífice principal do seu êxito ou do seu fracasso: apenas com o esforço da inteligência e da vontade, pode cada ser humano crescer em humanidade, valer mais, ser mais.

PAULO VI, Encíclica *Populorum progressio* (1967), 15

Familiaris consortio

Sobre a essência da sexualidade humana

Por consequência, a sexualidade, mediante a qual o homem e a mulher se doam um ao outro com os atos próprios e exclusivos dos esposos, não é em absoluto algo puramente biológico, mas diz respeito ao núcleo íntimo da pessoa como tal. Esta realiza-se de maneira verdadeiramente humana, somente se é parte integral do amor com o qual homem e mulher se empenham totalmente um para com o outro até à morte. A doação física total seria falsa se não fosse sinal e fruto da doação pessoal total, na qual toda a pessoa, mesmo na sua dimensão temporal, está presente: se a pessoa se reservasse alguma coisa ou a possibilidade de decidir de modo diferente para o futuro, só por isto já não se doaria totalmente.

JOÃO PAULO II, Exortação Apostólica *Familiaris consortio* (1981), 11

Familiaris consortio

A dignidade da mulher

Se há que reconhecer às mulheres, como aos homens, o direito de ascender às diversas tarefas públicas, a sociedade deve estruturar-se, contudo, de maneira tal que as esposas e as mães *não sejam de fato constrangidas* a trabalhar fora de casa, e que a família possa dignamente viver e prosperar, mesmo quando elas se dedicam totalmente ao lar próprio. Deve, além disso, superar-se a mentalidade segundo a qual a honra da mulher deriva mais do trabalho externo do que da atividade familiar. Mas isto exige que se estime e se ame verdadeiramente a mulher com todo o respeito pela sua dignidade pessoal, e que a sociedade crie e desenvolva as devidas condições para o trabalho doméstico.

JOÃO PAULO II, Exortação Apostólica *Familiaris consortio* (1981), 23

Centesimus annus

Entender o ser humano

Não é possível compreender o ser humano partindo unilateralmente do setor da economia, nem ele pode ser definido simplesmente com base na sua inserção de classe. A compreensão do ser humano torna-se mais exaustiva se o virmos enquadrado na esfera da cultura, através da linguagem, da história e das posições que ele adota diante dos acontecimentos fundamentais da existência, tais como o nascimento, o amor, o trabalho, a morte. No centro de cada cultura está o comportamento que o ser humano assume diante do mistério maior: o mistério de Deus.

JOÃO PAULO II, Encíclica *Centesimus annus* (1991), 24

Centesimus annus

Liberdade e sociedade

Além disso, o ser humano, criado para a liberdade, leva em si a ferida do pecado original, que continuamente o atrai para o mal e o torna necessitado de redenção. Esta doutrina é não só *parte integrante da Revelação cristã,* mas tem também um grande valor hermenêutico, enquanto ajuda a compreender a realidade humana. O ser humano tende para o bem, mas é igualmente capaz do mal; pode transcender o seu interesse imediato, e contudo permanecer ligado a ele. A ordem social será tanto mais sólida quanto mais tiver em consideração este fato e não contrapuser o interesse pessoal ao da sociedade no seu todo, mas procurar modos para a sua coordenação frutuosa.

JOÃO PAULO II, Encíclica *Centesimus annus* (1991), 25

Evangelium vitae

Conspiração contra a vida

Olhando as coisas deste ponto de vista, pode-se, em certo sentido, falar de uma *guerra dos poderosos contra os débeis*: a vida que necessitaria de mais acolhimento, amor e cuidado, é considerada inútil ou como um peso insuportável, e, consequentemente, rejeitada sob múltiplas formas. Todo aquele que, pela sua enfermidade, a sua deficiência ou, mais simplesmente ainda, a sua própria presença, põe em causa o bem-estar ou os hábitos de vida daqueles que vivem mais favoravelmente, tende a ser visto como um inimigo do qual é necessário defender-se ou um inimigo a eliminar. Desencadeia-se assim uma espécie de *conjura contra a vida.*

JOÃO PAULO II, Encíclica *Evangelium vitae* (1995), 12

Evangelium vitae

O direito à própria morte

Ameaças que não são menos graves pesam também sobre os *doentes incuráveis* e os *doentes terminais*, num contexto social e cultural que, tornando mais difícil enfrentar e suportar o sofrimento, aviva a tentação de *resolver o problema do sofrimento, eliminando-o pela raiz*, com a antecipação da morte para o momento considerado mais oportuno.

JOÃO PAULO II, Encíclica *Evangelium vitae* (1995), 15

Evangelium vitae

A eliminação do ser humano

Uma trágica expressão de tudo isto é encontrada na difusão da *eutanásia*, ora mascarada e sub-reptícia, ora praticada abertamente e até legalizada. Para além do motivo de pretensa compaixão diante da dor do paciente, às vezes pretende-se justificar a eutanásia também com uma razão utilitarista, isto é, para evitar despesas improdutivas demasiado gravosas para a socie-

dade. Propõe-se, assim, a eliminação dos recém-nascidos com mal-formações, dos deficientes profundos, dos inválidos, dos idosos, sobretudo quando não são autossuficientes, e dos doentes terminais. Nem nos é lícito calar frente a outras formas mais astuciosas, mas não menos graves e reais, de eutanásia, como são as que se poderiam verificar, por exemplo, quando, para aumentar a disponibilidade de material para transplantes, se procede à extração dos órgãos sem respeitar os critérios objetivos e adequados de certificação da morte do doador.

João Paulo II, Encíclica *Evangelium vitae* (1995), 15

Evangelium vitae

Combate pela vida

Para além das intenções, que podem ser várias e quiçá assumir formas persuasivas em nome até da solidariedade, a verdade é que estamos perante uma objetiva "conjura contra a vida", onde estão também implicadas instituições internacionais, empenhadas em encorajar e programar verdadeiras e próprias campanhas para difundir a contracepção, a esterilização e o aborto. Não se pode negar, enfim, que os *mass media* são frequentemente cúmplices dessa conjura, ao abonarem junto da opinião pública aquela cultura que apresenta o recurso à contracepção, à esterilização, ao aborto e à própria eutanásia como sinal do progresso e conquista da liberdade, enquanto descrevem como inimigas da liberdade e do progresso as posições incondicionalmente a favor da vida.

João Paulo II, Encíclica *Evangelium vitae* (1995), 17

Evangelium vitae

Não há nenhum direito de matar

Reivindicar o direito ao aborto, ao infanticídio, à eutanásia, e reconhecê-lo legalmente, equivale a atribuir à liberdade humana um *significado perverso e iníquo*: o significado de um *poder absoluto sobre os outros e contra os outros*.

João Paulo II, Encíclica *Evangelium vitae* (1995), 20

Evangelium vitae

Pesquisa sobre embriões

A avaliação moral do aborto deve aplicar-se também às recentes formas de *intervenção sobre embriões humanos*, que, não obstante visarem objetivos em si legítimos, implicam inevitavelmente a sua morte. É o caso da *experimentação em embriões*, em crescente expansão no campo da pesquisa biomédica e legalmente admitida em alguns países. Se "devem ser consideradas lícitas as intervenções no embrião humano, sob a condição de que respeitem a vida e a integridade do embrião, não impliquem para ele riscos desproporcionados e sejam orientadas para a sua cura, para a melhoria das suas condições de saúde ou para a sua sobrevivência individual", impõe-se, pelo contrário, afirmar que o uso de embriões ou de fetos humanos como objeto de experimentação constitui um crime contra a sua dignidade de seres humanos, que têm direito ao mesmo respeito devido à criança já nascida e a qualquer pessoa.

João Paulo II, Encíclica *Evangelium vitae* (1995), 63

Evangelium vitae

Diagnóstico pré-natal

Especial atenção deve ser reservada à avaliação moral das *técnicas de diagnóstico pré-natal*. [...] Acontece bastantes vezes que essas técnicas são postas ao serviço de uma mentalidade eugenista que aceita o aborto seletivo para impedir o nascimento de crianças afetadas por vários tipos de anomalias. Semelhante mentalidade é ignominiosa e absolutamente reprovável, porque pretende medir o valor de uma vida humana apenas segundo parâmetros de "normalidade" e de bem-estar físico, abrindo assim a estrada à legitimação do infanticídio e da eutanásia.

JOÃO PAULO II, Encíclica *Evangelium vitae* (1995), 63

Africae munus

Os presos são pessoas

Os presos são seres humanos que, apesar do seu crime, merecem ser tratados com respeito e dignidade; precisam da nossa solicitude. Para isso, a Igreja deve organizar a pastoral do setor prisional para o bem material e espiritual dos presos. [...] Com os membros do sínodo, chamo a atenção dos responsáveis da sociedade para a necessidade de fazer tudo o que for possível para que se chegue à eliminação da pena capital, bem como para a reforma do sistema penal, a fim de que a dignidade humana do preso seja respeitada.

BENTO XVI, Exortação Apostólica Pós-Sinodal *Africae munus* (2011), 83

Laudato si

A dignidade humana

Às vezes nota-se a obsessão de negar qualquer preeminência à pessoa humana, conduzindo-se uma luta em prol das outras espécies que não se vê na hora de defender igual dignidade entre os seres humanos. Devemos, certamente, ter a preocupação de que os outros seres vivos não sejam tratados de forma irresponsável, mas deveriam indignar-nos sobretudo as enormes desigualdades que existem entre nós, porque continuamos a tolerar que alguns se considerem mais dignos do que outros. [...] Na prática, continuamos a admitir que alguns se sintam mais humanos do que outros, como se tivessem nascido com maiores direitos.

FRANCISCO, Encíclica *Laudato si* (2015), 90

JANE

4

QUESTÕES
84-111

Bem comum, Personalidade, Solidariedade, Subsidiariedade

OS PRINCÍPIOS DA DOUTRINA SOCIAL

84 *Quais são os princípios da Doutrina Social Católica?*

A Doutrina Social Católica conhece quatro princípios:

o princípio da

Dignidade da pessoa

(personalidade)

o princípio do

Bem comum

o princípio da

Subsidiariedade

o princípio da

Solidariedade

Com estes quatro princípios é possível apreender o conjunto da realidade social do homem e realizá-la na verdade. Por que é que estes princípios são válidos? Eles são válidos, em primeiro lugar, porque são racionais, e, em segundo lugar, porque resultam da razão iluminada pela fé cristã. Quem acredita quer seguir os mandamentos da lei de Deus, especialmente →o MANDAMENTO do amor a Deus e ao próximo. Os cristãos são atualmente confrontados com múltiplos problemas sociais. Quer se trate de relações entre indivíduos, grupos ou povos, em todos os casos, com os quatro princípios da Doutrina Social Católica, é possível conhecer-se o que é humanamente digno, social e correto.

→ 160 → 1881, 1883, 1938 ss., 1939 ss.
→ 322, 323, 327, 332

MANDAMENTO DO AMOR A DEUS E AO PRÓXIMO

DT 6,5: "Amarás o Senhor teu Deus com todo o teu coração e com toda a tua alma, com todos os teus pensamentos e com todas as tuas forças" e LV 19,18: "Ama o teu próximo como a ti mesmo" formam o PRINCIPAL MANDAMENTO DO AMOR.

> Exorto-vos a uma solidariedade desinteressada e a um regresso da economia e das finanças a uma ética propícia ao ser humano.
>
> **FRANCISCO**, EG, 58

85 *Como se articulam entre si os quatro princípios?*

Todos os princípios estão articulados uns com os outros. Não é possível isolá-los uns dos outros, nem pô-los uns contra os outros. Se os aplicarmos juntos, temos a possibilidade de compreender em profundidade uma realidade social. Um exemplo: A "família" é uma realidade social, valiosa, e que merece ser defendida; nela, as pessoas podem desenvolver a sua *dignidade pessoal*. Uma família já é em si *solidariedade* vivida. Mas a família também precisa da solidariedade dos outros, porque sem o apoio exterior ela não pode dar o seu indispensável contributo para o *bem comum*. No entanto, instâncias superiores, na sua ajuda à família, não se podem substituir ao que ela por si mesma pode fazer, a educação, por exemplo (princípio da subsidiariedade).

→ 161-162 → 2209-2213, 2250 → 370

86 *Por que é que devemos agir segundo estes princípios?*

Ser pessoa significa assumir responsabilidades. Ninguém pode estar fora da vida social. É através de outros que vivemos e somos responsáveis por eles ao longo da nossa vida. Pelo mandamento do amor a Deus e ao próximo, os cristãos são moralmente ainda mais profundamente obrigados a ajudar os outros, a servir ao bem comum, a assistir cada indivíduo no desenvolvimento de uma vida humanamente digna e proteger grupos e comunidades nos seus direitos.

→ 163 → 1734 ss. → 288

87 *O que significa bem comum?*

Segundo o Concílio Vaticano II, o bem comum é "o conjunto das condições da vida social que permitem, tanto aos grupos como a cada um dos seus membros, atingir mais plena e facilmente a própria

> É impossível a alguém ser bom, a não ser que esteja numa correta relação com o bem comum.

SÃO TOMÁS DE AQUINO, *Summa Theologiae* I-II, q. 92 a.1 ad 3.

> A linha que separa o bem do mal atravessa o coração de cada homem. E quem é que pode destruir um pedaço do próprio coração?

ALEXANDER SOLSCHENIZYN (1918-2008) escritor russo, Prêmio Nobel da Literatura

> Muitos que a si mesmos não se conseguem aconselhar aconselham com gosto os outros, são como os impostores infiéis entre os pregadores: ensinam e pregam o bem que eles mesmos não querem praticar.

CHRÉTIEN DE TROYES (cerca de 1140-1190), autor francês

> Dá esmolas daquilo que possuis, e não sejas mesquinho. Se vires um pobre, não desvies o rosto, e Deus não afastará o seu rosto de ti.

Tb 4,7

> Todo o bem só acontece no mundo quando alguém faz mais do que aquilo que deve. O bem que eu não faço ninguém o pode fazer por mim.

HERMANN GMEINER (1919-1986), fundador das Aldeias de Crianças SOS

perfeição" (GS, 26). O fim de cada pessoa individual é realizar o bem. O fim da sociedade é o bem comum. "O bem comum pode ser entendido como a dimensão social e comunitária do bem moral" (CS, 164). O bem comum denota tanto o bem de *todos* os homens como também o bem do homem *todo*. O bem comum precisa em primeiro lugar das condições básicas de uma ordem estatal que funcione como é próprio de um *Estado de direito*. Depois deve cuidar da preservação das condições naturais da vida. Dentro deste quadro, há o direito de cada pessoa à alimentação, habitação, saúde, educação e acesso à formação. Deve haver também liberdade de opinião, de reunião e de religião. Aqui sobrepõem-se as exigências do bem comum com as dos direitos humanos universais.

→ **164** → **1903 ss.** → **326-327**

88 *Qual a origem do bem comum?*

Cada homem e cada grupo social têm mais ou menos legítimos interesses individuais. Querer o "bem comum" quer dizer ser capaz de pensar para além das próprias necessidades. Devemos estar interessados no *bem comum* de todos, mesmo das pessoas nas quais ninguém pensa, porque não têm nem voz nem poder. Os bens da terra pertencem a todos. E quando alguém só pensa em si, a vida em comum transforma-se numa guerra de todos contra todos. No entanto, o bem comum não consiste apenas no bem-estar material e exterior de todos os homens; o seu fim é muito mais o bem-estar *total* do homem. Por isso é que também pertence ao bem comum o cuidado pelo seu bem-estar espiritual. Nenhum aspecto do ser humano deve ser deixado de fora.

→ **168-170** → **1907-1912, 1925, 1927** → **327**

Amar alguém é querer o seu bem e trabalhar eficazmente pelo mesmo. Ao lado do bem individual, existe um bem ligado à vida social das pessoas: o bem comum. É o bem daquele "nós-todos", formado por indivíduos, famílias e grupos intermédios que se unem em comunidade social.

BENTO XVI, CV, 7

E por isso, caríssimos concidadãos americanos, não pergunteis o que é que o vosso país pode fazer por vós, mas antes o que vós podeis fazer por ele. Meus concidadãos de todo o mundo, não pergunteis o que é que a América fará por vós, mas perguntai o que é que nós juntos podemos fazer pela liberdade do homem.

JOHN F. KENNEDY (1917-1963), discurso inaugural, 20.1.1961

O que não beneficia a colmeia, também não beneficia a abelha.

CHARLES-LOUIS DE MONTESQUIEU (1689-1755), escritor e teórico político

89 *Como é que devemos lidar com os bens da terra?*

Deus criou o mundo para todos. A terra produz bens e frutos. Em princípio, eles devem estar à disposição de todos os homens sem reservas e ser utilizados para o benefício de todos. Cada homem tem o direito ao que é necessário para a vida, que não lhe pode ser retido, mesmo quando se sabe que há um direito à propriedade e que haverá sempre entre os homens diferenças na propriedade dos bens. Quando alguém tem mais do que o suficiente e existe alguém que não tem o necessário, o que está em causa não é uma questão de caridade, mas sim e sobretudo de justiça.

→ 171-175 → 2443-2446 → 449

> Não partilhar os próprios bens com os pobres significa roubá-los e retirar-lhes a vida. Os bens que possuímos não nos pertencem, mas a eles.
>
> **SÃO JOÃO CRISÓSTOMO** (347-407), padre da Igreja

> Deus destinou a Terra com tudo o que ela contém para uso de todos os seres humanos e povos; de modo que os bens criados devem chegar equitativamente às mãos de todos, segundo a justiça, secundada pela caridade.
>
> **CONCÍLIO VATICANO II**, GS, 69

> Quando dou de comer a um pobre, dizem que sou um santo. Mas se pergunto por que é que eles são pobres, dizem que sou comunista.
>
> **D. HELDER CÂMARA** (1909-1999), arcebispo, defensor dos pobres

> Os pobres são os primeiros destinatários do Evangelho.
>
> **BENTO XVI**, 11.5.2007

De fato, o ser humano, privado de algo que possa "dizer seu" e da possibilidade de ganhar com que viver por sua iniciativa, acaba por depender da máquina social e daqueles que a controlam, o que lhe torna muito mais difícil reconhecer a sua dignidade de pessoa e impede o caminho para a constituição de uma autêntica comunidade humana.

JOÃO PAULO II, CA, 13

90 *Pode haver realmente propriedade privada?*

Sim, faz sentido e é humano haver propriedade privada. Ela serve à paz e a uma melhor utilização dos bens. A propriedade privada torna o homem livre e independente, estimula-o a conservá-la, a cuidar dela e a protegê-la da destruição. Pelo contrário, coisas que são propriedade comum acabam frequentemente por degenerar, porque ninguém se sente responsável por elas. Poder dispor livremente de bens encoraja a assumir responsabilidades e tarefas na comunidade. Assim, o direito de propriedade torna-se um importante fundamento para a liberdade dos cidadãos. É a base de uma ordem econômica realmente democrática, porque só sobre a base da propriedade privada é que se torna possível a cada um participar nos rendimentos do circuito econômico.

→ 176 → 2401 → 426

Recebestes de graça,

Quem não pode adquirir bens também não pode ter outro interesse senão comer tanto quanto possível e trabalhar o menos possível.

ADAM SMITH (1723-1790), economista escocês

Onde não há propriedade também não há alegria para dar; aí, ninguém pode ter o gosto de ajudar os seus amigos, os viajantes e os que sofrem nas suas necessidades.

ARISTÓTELES (384-322 a.C.), *Política* 1

91 *Quais os limites da propriedade privada?*

O direito à propriedade privada nunca deve ser absolutizado. Pelo contrário, quem dispõe de bens deve colocá-los ao serviço do bem comum. Isso vale para os bens públicos, como a iluminação das ruas, mas vale também para coisas privadas, como os telefones celulares. Assim, devo deixar que alguém que precise de ajuda se sirva do meu celular para fazer uma chamada de emergência. A propriedade privada só pode ser um instrumento para a melhor administração dos bens da terra. Cada um deve sentir-se responsável por determinadas coisas. Quando *todos* são responsáveis *por tudo*, na prática ninguém se sente responsável *por nada*. A propriedade privada não pode estar acima do bem comum, porque todos os bens devem servir todos os homens.

→ 177, 282 → 2402-2406, 2452 → 427

92 *Há limites para a utilização comum dos bens?*

Quem possui propriedades privadas, tem-nas para delas se servir e para os outros. Por isso não deve pensar apenas nos seus contemporâneos, mas também nas gerações futuras. É por isso que existe o *princípio da sustentabilidade*. Administrar de um modo sustentável significa que *ninguém deve usar mais recursos do que aqueles que pode de algum modo substituir ou regenerar*. Na utilização de um bem não deve, portanto, ter-se em vista apenas a utilidade própria, mas o bem-estar de todos os homens, portanto, o *bem comum*. O proprietário tem o dever de empregar produtivamente os seus bens, isto é, confiá-los a alguém que os possa investir produtivamente para a criação de algo de novo que possa servir a todos.

→ 178

dai também de graça. MT 10,8

Vivemos em tempos em que por necessidade também o indivíduo poderá pegar naquilo que precisa para o sustento da sua vida e da sua saúde, quando de outro modo não o pode ganhar pelo seu trabalho, nem por favor.

Pregação de Ano Novo de 1946 do cardeal **JOSEF FRINGS** (1887-1978). O verbo *fringsen* foi introduzido na Alemanha depois da guerra para dizer "roubar": o cardeal de Colônia compreendia as pilhagens aos comboios de carvão perante as más condições de abastecimento num inverno gelado.

93 *De que bens precisam os homens para poderem ser produtivos?*

Atualmente, há o dever de uma utilização produtiva da propriedade não apenas a respeito dos solos ou de capitais, mas também e cada vez mais a respeito do saber técnico, portanto, do que se pode chamar propriedade intelectual. O bem-estar dos países industrializados baseia-se cada vez mais neste tipo de propriedade, ao passo que a propriedade em solos ou matérias-primas é cada vez menos importante (CA, 32). Um exemplo é o acesso às sementes, que corre o risco de ser controlado por grupos. Sem um direito geral de acesso a estes bens, não se pode realizar o bem comum. Bem comum global significa que também os habitantes dos países pobres devem poder participar na inovação.

→ 179 → 2408 ss. → 429

O bem comum exige por vezes a expropriação, se certos domínios constituem um obstáculo à prosperidade coletiva, pelo fato da sua extensão, da sua exploração fraca ou nula, da miséria que daí resulta para as populações, do prejuízo considerável causado aos interesses do país.

PAULO VI, PP, 24

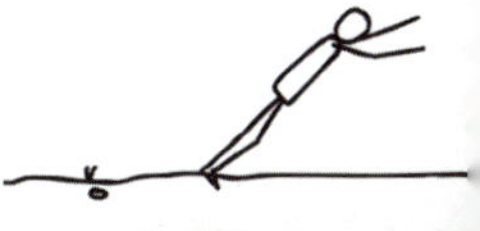

Vede, esta é a riqueza da Igreja.

O diácono romano **SÃO LOURENÇO** ao imperador Sixto, que lhe exigia a entrega dos tesouros da Igreja. Segundo a lenda, São Lourenço tê-lo-ia distribuído pelos pobres da cidade de Roma: os pobres são o verdadeiro tesouro da Igreja.

94 *O que significa bem comum para os pobres?*

Ou os pobres estão no coração da Igreja, ou então a Igreja trai a sua missão. Na Constituição Pastoral *Gaudium et spes*, o Concílio fala implicitamente de uma opção preferencial pelos pobres (cf. GS, 1). Daqui resulta a obrigação social central de cada um e de toda a Igreja de assumir especialmente as necessidades daqueles que se encontram nas periferias da sociedade. As bem-aventuranças do sermão da montanha, a própria pobreza de Jesus e a sua amorosa atenção pelos pobres indicam-nos o caminho. Empenhar-se a favor dos excluídos é uma missão imediata de Jesus: "Todas as vezes que fizestes isto a um dos menores dos meus irmãos, foi a mim que o fizestes" (MT 25,40). Todavia, Jesus adverte contra a representação ideológica de que seria possível remover totalmente a pobreza do mundo (MT 26,11). Só com a segunda vinda de Cristo é que isso será possível; antes dela, seria pedir aos homens mais do que eles poderiam dar.

→ 182-183 → 2443-2446 → 448-449

95 *Em que consiste o princípio de subsidiariedade?*

Cada tarefa social é confiada em primeiro lugar a grupos pequenos que a possam resolver. O nível imedia-

> O mundo tem o suficiente para as necessidades de todos, mas não para a ganância de todos.
>
> **MAHATMA GANDHI** (1869-1948), combatente da resistência e pacifista indiano

> O que se está fazendo pelos pobres?
>
> **IRMÃ EMMANUELLE**, aos noventa e nove anos, numa entrevista sobre a sua vida pouco antes de morrer

> Nas paredes, a Igreja mostra o seu brilho; nos pobres, as suas rugas. As suas pedras são revestidas com ouro, mas deixa os seus filhos nus.
>
> **SÃO BERNARDO DE CLARAVAL** (1090-1153), doutor da Igreja e reformador

> Ah! Como eu gostaria de uma Igreja pobre e para os pobres.
>
> **FRANCISCO**, discurso, 16.3.2013

tamente superior deve assumir a competência só no caso em que a unidade inferior não esteja em condições de resolver o problema. Mas quando a unidade inferior precisa de ajuda, a instância imediatamente superior deve dá-la. Esta regulação está resumida na →PROIBIÇÃO DE SUPERAR AS COMPETÊNCIAS e na →OBRIGAÇÃO DE PRESTAR AJUDA. Por exemplo, quando uma família tem problemas, o Estado só pode intervir se a família ou os pais são impotentes para encontrar a solução. Este princípio deve fortalecer a liberdade dos indivíduos, dos grupos e das associações e impedir o excesso de centralização. A iniciativa individual deve ser fortalecida, porque poder ajudar-se a si mesmo representa uma componente significativa da dignidade da pessoa. O princípio de subsidiariedade foi formulado pela primeira vez em 1931 por Pio XI na Encíclica *Quadragesimo anno*.

→ 185-187 → 1883-1885, 1894 → 286, 323

96 *O princípio de subsidiariedade aplica-se também na política?*

Sim. A aplicação do princípio de subsidiariedade é imperativa quando se trata, por exemplo, da configuração das relações dos Estados nacionais com as Nações Unidas. Só nos casos em que um Estado nacional não pode por si mesmo resolver um problema é que as Nações Unidas podem chamar a si a competência. Algo semelhante acontece também na relação dos Estados europeus com a União Europeia, concretamente com a Comissão Europeia. Todavia, podem em princípio dar-se situações em que uma instância superior deva intervir, quando Estados invadem outros, quando o direito internacional é desprezado ou direitos humanos desrespeitados.

→ 188 → 1883-1885, 1894 → 323, 447

PROIBIÇÃO DE SUPERAR AS COMPETÊNCIAS
O nível superior (por exemplo, o Estado) não pode atrair para si a competência quando o nível inferior (por exemplo, a família) pode por si mesmo resolver o problema.

OBRIGAÇÃO DE PRESTAR AJUDA
Se um nível inferior é sobrecarregado com um problema, o nível superior deve prestar ajuda.

Poderia confiar-se aos leigos tarefas que eles podem realizar tão bem ou ainda melhor do que os padres. Eles devem poder agir livremente e assumir sobre si a responsabilidade dentro dos limites da sua função e daquela para a qual o bem-estar da Igreja os chama.
PIO XII, 5.10.1957

Não ajudamos ninguém quando fazemos por ele o que ele mesmo pode fazer.
ABRAHAM LINCOLN (1809-1965), presidente americano

As pessoas para as quais somos um suporte dão-nos suporte na vida.
MARIE VON EBNER-ESCHENBACH (1830-1916), escritora austríaca

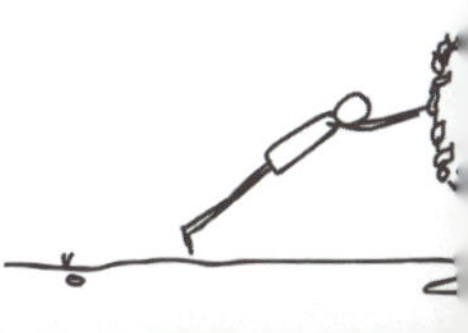

> Esqueço o que me dizes. Recordo-me do que me mostras. Compreendo o que me deixas fazer.
>
> **CONFÚCIO** (551-479 a.C.), filósofo chinês

> A responsabilidade por si mesmo é a fonte de toda a responsabilidade.
>
> **MONG DSI** (372-289 a.C.), filósofo chinês

97 *O que significa para os indivíduos o princípio de subsidiariedade?*

As questões que dizem respeito à vida em comum não podem sem mais ser entregues "aos que estão acima". No nosso ambiente, cada um de nós deve tratar dos seus problemas e só pedir ajuda a instâncias superiores quando sozinho não é capaz. Mas antes que o faça, já estou naturalmente presente na entreajuda humana, quer como dador quer como receptor. O cristão é chamado a envolver-se em todos os domínios da sociedade e a não se fechar à partida a nenhum.

→ 189 → 1913 → 323, 328

> A autoconfiança é a fonte da confiança nos outros.
>
> **FRANÇOIS DE LA ROCHEFOUCAULD** (1613-1680), diplomata e escritor

98 *Como se consegue corresponsabilidade sem falsa dependência?*

> A segurança dos pequenos baseia-se na segurança dos grandes, a segurança dos grandes baseia-se na segurança dos pequenos. Pequenos e grandes, nobres e humildes dependem uns dos outros para que todos possam gozar a sua felicidade.
>
> **LÜ BU WE** (cerca de 300-236 a.C.), filósofo chinês

Pela *participação*. A participação dos cidadãos é uma pedra angular da democracia e, portanto, também importante para os cristãos. Os cristãos procuram a participação solidária no destino da sua comunidade civil. É assim que eles assumem a sua responsabilidade na construção do mundo. Mas para concretizar a assim dita justiça participativa é necessário que essa possibilidade seja garantida a todos os cidadãos.

→ 190 → 1913-1917

99 *Como é que se configura a participação?*

Pressupostos importantes para uma correta participação são uma educação e informação orientada para os valores. A participação deve ocorrer na justa medida e nunca ser orientada para a satisfação dos próprios interesses. Também não pode consistir

apenas no exercício do direito de voto (GS, 30-31; CA, 46-47). A Doutrina Social critica aqui especialmente regimes autoritários, que consideram uma ameaça a participação dos cidadãos. Além do direito de voto, é exigido dos cristãos um empenho social, independentemente de se tratar de compromisso na comunidade eclesial, num partido político ou num clube desportivo. Sobretudo os leigos devem adquirir competências em muitas questões sociais e assim contribuir para a construção da comunidade (GS, 43). Todavia, como cristãos, não só nos devemos empenhar a nós mesmos na sociedade, mas também possibilitar aos outros a solidária participação. A real *participação de todos* é o cerne da justiça participativa, a qual representa um momento absolutamente decisivo da justiça social. A *exclusão* de uma única pessoa significa o não reconhecimento da sua dignidade e, portanto, um atentado contra o mandamento que obriga a prestar-lhe atenção.

→ **151, 189-191, 406** → **1913-1917** → **328**

Muitas pessoas pequenas, em muitos lugares pequenos, que fazem coisas muito pequenas, podem mudar o rosto deste mundo.

Quando deixares de dar o teu contributo, começas a morrer.

ELEANOR ROOSEVELT (1884-1962), ativista dos direitos humanos e antiga primeira-dama dos Estados Unidos

A solidariedade consiste primariamente em que todos se sintam responsáveis por todos.

BENTO XVI, CV, 38

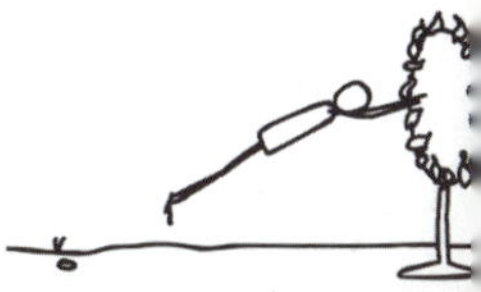

Aprendemos como é que os pássaros voam, como é que os peixes nadam; mas esquecemos a simples arte de como vivem os irmãos.

MARTIN LUTHER KING (1929-1968), pastor americano e defensor dos direitos civis

Levai os fardos uns dos outros e assim cumprireis a lei de Cristo.

GL 6,2

100 *O que significa o princípio da solidariedade?*

O princípio de solidariedade exprime a dimensão social da pessoa. Ninguém pode viver apenas para si; é sempre dependente dos outros, e não apenas para experimentar uma ajuda prática, mas também para ter um interlocutor e poder crescer e desenvolver plenamente a sua personalidade através do debate de ideias, de argumentos, de necessidades e de desejos.

→ 192 → 1939-1942 → 332

A cultura do bem-estar que nos leva a pensar em nós mesmos torna-nos insensíveis aos gritos dos outros, deixa-nos viver em bolhas de sabão que são de fato belas, mas vazias, que são uma ilusão do insignificante, do provisório, que conduz à indiferença para com o próximo e, além disso, para uma global indiferença. Deste mundo globalizado caímos na global indiferença! Habituamo-nos ao sofrimento do próximo, não tem que ver conosco, não nos interessa, não me importa!

FRANCISCO 8.7.2013, homilia na sua visita à ilha de Lampedusa

101 *Até onde vai a solidariedade?*

Num mundo globalizado, alegramo-nos porque as fronteiras se tornam cada vez menos importantes, porque o mundo se torna cada vez mais próximo e é possível a comunicação em tempo real. Mas a globalização também contém em si grandes perigos. O que política ou economicamente acontece numa parte do mundo tem consequências imediatas para os homens que vivem noutros lugares. Mesmo mantendo-se válido o princípio de subsidiariedade, devemos aprender, do ponto de vista ético, a pensar globalmente. Muitas questões, como as alterações climáticas, epidemias ou migrações só podem ser tratadas no plano global se quisermos encontrar soluções de longo prazo que sejam boas para todos os homens sobre a face da terra.

→ 192 → 1939-1948 → 332, 376, 395

102 *Como é que a solidariedade se pode tornar concreta?*

A solidariedade é tanto um princípio social como uma virtude moral. Como princípio da ordem social, serve para vencer as "estruturas do pecado" (SRS, 36) e construir uma "civilização do amor", ou seja, da solidariedade. Como virtude moral, a *solidariedade* quer dizer o empenho concreto, decidido em favor do bem-estar de todos os homens. Expressões vagas de compaixão não ajudam, é preciso agir! O princípio de solidariedade "pressupõe que os homens do nosso tempo estejam cada vez mais conscientes dos seus compromissos para com a sociedade a que pertencem" (CS, 195). Por si mesmas, as pessoas podem pouco, elas são muito mais dependentes do que os outros, mesmo os seus antepassados, fizeram. Daí resulta a obrigação de estarmos conscientes de que nas próprias ações e deci-

> Não consigo suportar a pornografia da pobreza.
>
> **BOB GELDOF** (* 1951), músico irlandês

Se um membro sofre, todos os outros participam do seu sofrimento; se um membro é honrado, todos os membros participam da sua alegria.

1Cor 12,26

Lembra-te disto. Eu posso fazer algo que tu não podes. E tu podes fazer algo que eu não posso. Mas nós os dois temos de o fazer.

SANTA TERESA DE CALCUTÁ
em 1985 a Bob Geldof, em Abdis Abeba

O bem-estar gera amizade; a necessidade prova-a.

Provérbio inglês

sões temos de considerar os outros e mesmo as futuras gerações.

→ 193-195 → 1942 → 323, 328, 332, 447

A essência íntima do amor é doação.

EDITH STEIN

A justiça sem misericórdia é desamor; a misericórdia sem justiça é desonra.

FRIEDRICH VON BODELSCHWINGH (1831-1910), teólogo evangélico e reformador social

103 *Qual é a raiz mais profunda da solidariedade na fé?*

Ninguém foi mais solidário do que Jesus. Ele é o endereço da solidariedade de Deus para com uma humanidade que a si mesma não se consegue ajudar. O Filho de Deus não se revela apenas solidário com toda a humanidade, ele entrega mesmo a sua vida por ela. Esta entrega definitiva pelos outros representa a forma mais elevada possível do amor e da solidariedade e deve tornar-se a medida do agir cristão.

→ 196 → 949-953 → 395

Misericórdia: esta palavra muda o mundo. Um pouco de misericórdia torna o mundo menos frio e mais justo.

FRANCISCO, *Angelus*, 17.3.2013

104 *Os princípios da Doutrina Social são os únicos fundamentos para a edificação de uma boa sociedade?*

Não. A Doutrina Social Cristã está também ligada a valores gerais que a antecedem. Eu tenho de ter determinados valores e ligar-me pessoalmente a eles para poder ter uma vida comprometida e inserir-me confiantemente na sociedade. Mas, por sua vez, todos os valores estão ligados à dignidade da pessoa, como valor original, que resulta de ser o homem criado à imagem de Deus.

→ 197 → 2419-2425 → 324, 438

Quando duvido, recordo-me que na história o caminho da verdade e do amor sempre prevaleceu. Houve tiranos e assassinos, e por certo tempo pareceram invencíveis – mas no fim todos eles caíram. Pensa sempre nisto!

MAHATMA GANDHI

105 *Que valores são importantes na Doutrina Social?*

Há três valores que são fundamentais: Verdade, Liberdade, Justiça. Todavia, para que a vida humana em sociedade seja realmente bem-sucedida, é preciso acrescentar a caridade e a misericórdia. A este propósito diz São Tomás de Aquino: “Justiça sem misericór-

Não basta falar apenas da integridade dos ecossistemas; é preciso ter a coragem de falar da integridade da vida humana, da necessidade de incentivar e de conjugar todos os grandes valores.

FRANCISCO, LS, 224

dia é crueldade; misericórdia sem justiça é a mãe da dissolução" (*Super Evangelium S. Matthaei* 5,2).

→ 197 → 1886 → 324

106 *O que significa liberdade?*

Ser livre – é isso que eleva o homem acima dos animais e o torna de certo modo semelhante a Deus. Somente seres humanos livres podem assumir responsabilidades. Ser pessoalmente livres torna os homens únicos. No quadro das possibilidades, cada um pode escolher livremente a sua profissão e a sua vocação; as pessoas podem partir ou ficar, escolher isto e deixar aquilo. É um direito primordial do homem que nesta liberdade nada lhe seja infundadamente vedado: as pessoas devem poder articular livremente as suas próprias ideias religiosas, políticas e culturais. Devem poder manifestar em liberdade a própria opinião. Para que isto possa acontecer, deve haver uma ordem legal que assegure ao homem esta liberdade e que o proteja da mesma forma contra a pressão da liberdade dos outros. Mesmo a orientação para o bem comum da aspiração de

> A coisa terrível que é concedida ao homem é a escolha, a liberdade.
>
> **SØREN AABYE KIERKEGAARD** (1813-1855), filósofo dinamarquês, *Diários* 1834-1855

> Servir a Deus é liberdade.
>
> **LUCIUS ANNAEUS SENECA** (cerca de 4 a.C.-65 d.C.) político romano e filósofo

> O sentido da política é a liberdade.
>
> **HANNAH ARENDT** (1906-1975), filósofa alemã de origem judaica

> A liberdade consiste em poder fazer tudo o que não prejudica o outro.
>
> **MATTHIAS CLAUDIUS** (1740-1815)

cada um pela liberdade deve ser controlada por um regulamento geral, na medida em que possa também ser restringida uma pressão que seja destruidora da liberdade.

→ 199-200 → 1738 → 286, 290

107 *Para que é necessária a verdade na vida social?*

Verdade, traduzida na minha vida pessoal, quer dizer veracidade, honestidade. Sem um tratamento honesto dos homens entre si, decai toda a sociedade. Onde o discurso e a ação já não podem concordar e onde a honestidade não pode ser pressuposta, o que determina a comum convivência humana são a desconfiança, o frio e a dissimulação. No domínio político e econômico, pertence também à verdade a *transparência*, tanto nas decisões como nas operações. Isto é válido sobretudo quando se trata do uso dos recursos financeiros.

→ 198 → 2464-2487 → 452-455

108 *O que é a justiça?*

A justiça consiste na vontade constante de "dar a Deus e ao próximo aquilo que lhes é devido" (CCC 1807, segundo São Tomás de Aquino).

→ 201 → 1807, 2411 → 302

109 *Que formas de justiça existem?*

Existe a justiça distributiva, *compensativa* (→JUSTIÇA DISTRIBUTIVA) e a *justiça legal*. Juntamente com a *justiça participativa*, formam a *justiça social*. Esforçar-se pela justiça social constitui uma decisiva extensão da justiça legal, pois enquanto esta chega apenas a um Estado de direito que funciona na lealdade perante a lei, a justiça social contém em si a questão social na sua globalidade: nomeadamente, os bens da terra devem ser distribuídos retamente e as diferenças injustas entre as pessoas devem ser aplanadas. Além

---

> Se dizes a verdade, já não precisas te lembrar das tuas mentiras.
>
> **WARREN BUFFETT** (* 1930), investidor americano na Bolsa, presidente da Berkshire Heayhaway

> Não é a verdade que se orienta para nós, nós é que nos devemos orientar para ela.
>
> **MATTHIAS CLAUDIUS**

> Em tudo nos recomendamos como ministros de Deus [...], pelo amor sem fingimento, pela palavra da verdade, pelo poder de Deus, pelas armas ofensivas e defensivas da justiça.
>
> **2COR 6,4.6-7**

> A justiça dá a cada um o que é seu, não se arroga ao que é alheio e prescinde da própria vantagem quando se trata de preservar o bem do todo.
>
> **SANTO AMBRÓSIO DE MILÃO** (339-397), padre da Igreja

JUSTIÇA DISTRIBUTIVA

A justiça distributiva é aquela forma de justiça que uma comunidade exerce em relação aos seus membros, na medida em que permite que cada indivíduo ou grupo tenha a parte que lhe é devida.

disso, deve respeitar-se a dignidade da pessoa. Precisamente em contextos econômicos, as pessoas não podem ser reduzidas à sua utilidade e à sua posse. Uma política que sirva ao objetivo da paz deve praticar a justiça em sentido amplo, precisamente onde se trata da justa distribuição dos bens (GS, 29). A distribuição dos bens ao nível do mercado mundial deve orientar-se segundo a assim chamada *justiça comutativa*: cada um deve receber por um bem um preço apropriado.

→ 201 → 1928, 1943, 2411-2412, 2426-2436
→ 329, 430, 449

110 *Qual é a origem destes valores?*

Todos os valores têm a sua origem em Deus. Deus não *tem* amor, "Deus é amor" (1Jo 4,8). Por isso, o amor ao

> A paz brota da justiça.
>
> **LÜ BU WE**

> O homem não pode fazer o bem num domínio da vida enquanto faz o mal noutro. A vida é um todo indivisível.
>
> **MAHATMA GANDHI**

> Assim diz o Senhor: Praticai o direito e a justiça. Libertai o oprimido da mão do opressor; não trateis com violência, nem oprimais o imigrante, o órfão e a viúva.
>
> **Jr 22,3**

> Então os justos brilharão como o Sol no Reino do seu Pai. Quem tem ouvidos, ouça.
>
> **Mt 13,43**

> Todos louvam a justiça, mas fecham-lhe a porta quando chega.
>
> Provérbio sueco

> Sê amigo dos fracos e ama a justiça.
>
> **FRIEDRICH SCHILLER** (1759-1805), poeta alemão

próximo deve ser o ponto central que oriente toda a ação social. Se eu tiver caridade, serei honesto, aceitarei a liberdade dos outros e esforçar-me-ei pela justiça. A caridade ultrapassa a justiça, porque não dou ao outro apenas aquilo a que ele tem direito, mas quero fazer-lhe bem de todo o coração. Também o bem primordial da "dignidade do homem" tem a sua raiz no amor de Deus para conosco. Porque Deus ama cada ser humano acima de toda a medida, criou-o como a sua imagem mais valiosa; por isso é que ele possui uma dignidade inalienável.

→ 205 → 2212 → 321-324, 332

> Deus não nos ama porque somos bons, mas porque Ele é amor.
>
> **C. S. LEWIS** (1868-1963), escritor irlandês

> Ainda que eu distribuísse todos os meus bens aos famintos, ainda que entregasse o meu corpo às chamas, se não tivesse amor, nada disso me adiantaria.
>
> **1Cor 13,3**

> Se a amizade reinasse na terra, seriam dispensáveis todas as leis.
>
> **ARISTÓTELES**, *Ética a Nicômaco*, III,7

111 *Por que é que não basta a simples justiça?*

A caridade é mais do que a justiça, porque é "paciente" e "benigna" (1Cor 13). À justiça é necessário acrescentar a misericórdia, ou seja, a compaixão, para que se proceda humanamente na sociedade. Para a coexistência social, a *justiça legal* pode ainda menos do que a *justiça social*, porque nenhuma legislação pode produzir a benevolência mútua das pessoas. A justiça legal apenas pode punir violações contra a dignidade humana, mas não cria nada de positivo. A caridade social liberta forças criativas para o bem comum, ou seja, para o bem-estar total de todos os homens. Trata-se de estruturas justas que deixam espaço para a misericórdia. Todavia, a justiça é algo que a misericórdia não pode ser: uma exigência moral fundamental. À caridade pode apenas apelar-se; a justiça pode exigir-se.

→ 206-207 → 1822-1829, 1844 → 309

> Aquilo que fazemos por amor, fazemo-lo no mais elevado grau voluntariamente.
>
> **SÃO TOMÁS DE AQUINO**, *Summa Theologiae* I-II, q. 114, a.4c114 a. 4c.

> Não há paz sem liberdade, não há liberdade sem direito, não há direito sem amor.
>
> **DAN ASSAN** (*1946), advogado para os direitos humanos em Tel Aviv

> A plenitude do amor ao próximo consiste simplesmente na capacidade para perguntar ao próximo: Que sofrimento te atormenta?
>
> **SIMONE WEIL** (1909-1943), filósofa e mística francesa, fortemente empenhada política e socialmente

Trechos de documentos da Igreja

4

OS PRINCÍPIOS DA DOUTRINA SOCIAL

Rerum novarum

Subsidiariedade a respeito da família

Certamente, se existe uma família que se encontre numa situação desesperada, e que faça esforços vãos para sair dela, é justo que, em tais extremos, o poder público venha em seu auxílio, porque cada família é um membro da sociedade. Da mesma forma, se existe um lar doméstico que seja teatro de graves violações dos direitos mútuos, que o poder público intervenha para restituir a cada um os seus direitos. Não é isto usurpar as atribuições dos cidadãos, mas fortalecer os seus direitos, protegê-los e defendê-los como convém. Todavia, a ação daqueles que presidem ao governo público não deve ir mais além; a natureza proíbe-lhes ultrapassar esses limites.

LEÃO XIII, Encíclica *Rerum novarum* (1891), 6

Rerum novarum

Propriedade coletiva

Mas, além da injustiça do seu sistema [socialismo], veem-se bem todas as suas funestas consequências, a perturbação em todas as classes da sociedade, uma odiosa e insuportável servidão para todos os cidadãos, porta aberta a todas as invejas, a todos os descontentamentos, a todas as discórdias; o talento e a habilidade privados dos seus estímulos, e, como consequência necessária, as riquezas estancadas na sua fonte; enfim, em lugar dessa igualdade tão sonhada, a igualdade na nudez, na indigência e na miséria. Por tudo o que nós acabamos de dizer se compreende que a teoria socialista da propriedade coletiva se deve absolutamente repudiar como prejudicial àqueles membros a que se quer socorrer, contrária aos direitos naturais dos indivíduos, como desnaturando as funções do Estado e perturbando a tranquilidade pública. Fique, pois, bem assente que o primeiro fundamento a estabelecer por todos aqueles que querem sinceramente o bem do povo é a inviolabilidade da propriedade particular.

LEÃO XIII, Encíclica *Rerum novarum* (1891), 7

Rerum novarum

A função subsidiária do Estado e o bem comum

Dissemos que não é justo que o indivíduo ou a família sejam absorvidos pelo Estado, mas é justo, pelo contrário, que aquele e esta tenham a faculdade de proceder com liberdade, contando que não atentem contra o bem geral e não prejudiquem ninguém. Entretanto, aos governantes pertence proteger a comunidade e as suas partes: a comunidade, porque a natureza confiou a sua conservação ao poder soberano, de modo que a salvação pública não é somente aqui a lei suprema, mas é a própria causa e a razão de ser do principado;

as partes, porque, de direito natural, o governo não deve visar só os interesses daqueles que têm o poder nas mãos, mas ainda o bem dos que lhe estão submetidos. Tal é o ensino da filosofia, não menos que da fé cristã.

LEÃO XIII, Encíclica *Rerum novarum* (1891), 19

Centesimus annus

A base: solidariedade a partir do amor

Deste modo, o princípio, que hoje designamos de solidariedade [...], apresenta-se como um dos princípios basilares da concepção cristã da organização social e política. Várias vezes Leão XIII o enuncia, com o nome "*amizade*", que encontramos já na filosofia grega; desde Pio XI é designado pela expressão mais significativa "*caridade social*", enquanto Paulo VI, ampliando o conceito na linha das múltiplas dimensões atuais da questão social, falava de "*civilização do amor*".

JOÃO PAULO II, Encíclica *Centesimus annus* (1991), 10

Centesimus annus

O Estado e os princípios sociais

Para a realização destes objetivos [os direitos dos operários], o Estado deve concorrer tanto direta como indiretamente. Indiretamente e segundo o *princípio de subsidiariedade*, criando as condições favoráveis ao livre exercício da atividade econômica, que leve a uma oferta abundante de postos de trabalho e de fontes de riqueza. Diretamente e segundo o *princípio de solidariedade*, pondo, em defesa do mais fraco, algumas limitações à autonomia das partes, que decidem as condições de trabalho, e assegurando em todo o caso um mínimo de condições de vida ao desempregado.

JOÃO PAULO II, Encíclica *Centesimus annus* (1991), 15

Centesimus annus

Redes de solidariedade

Além da família, também outras sociedades intermédias desenvolvem funções primárias e constroem redes de solidariedade específicas. Estas, de fato, maturam como comunidades reais de pessoas e dinamizam o tecido social, impedindo-o de cair no anonimato e na massificação, infelizmente frequente na sociedade moderna. É na múltipla atuação de relações que vive a pessoa e cresce a *"subjetividade" da sociedade*.

JOÃO PAULO II, Encíclica *Centesimus annus* (1991), 49

Centesimus annus

Doutrina Social em diálogo

A Doutrina Social tem, além disso, uma importante dimensão interdisciplinar. Para encarnar melhor nos diversos contextos sociais, econômicos e políticos em contínua mutação, essa doutrina entra em diálogo com diversas disciplinas que se ocupam do ser humano, assumindo em si os contributos que delas provêm, e ajudando-as, por sua vez, a abrir-se numa dimensão mais ampla ao serviço de cada pessoa, conhecida e amada na plenitude da sua vocação.

JOÃO PAULO II, Encíclica *Centesimus annus* (1991), 59

Evangelium vitae

Estruturas antissolidárias

Com efeito, se muitos e graves aspectos da problemática social atual podem, de certo modo, explicar o clima de difusa incerteza moral e, por vezes, atenuar a responsabilidade subjetiva no indivíduo, não é menos verdade que estamos perante uma realidade mais vasta que se pode considerar como verdadeira e própria *estrutura de pecado*, caracterizada pela imposição de uma cultura antissolidária, que em muitos casos se configura como verdadeira *"cultura de morte"*. É ativamente promovida por fortes correntes culturais, econômicas e políticas, portadoras de uma concepção da sociedade baseada na eficiência.

João Paulo II, Encíclica *Evangelium vitae* (1995), 12

Caritas in veritate

O amor vai além da justiça

Ubi societas, ibi ius [onde está a sociedade, aí está o direito]: cada sociedade elabora um sistema próprio de justiça. *A caridade supera a justiça*, porque amar é dar, oferecer ao outro do que é "meu"; mas nunca existe sem a justiça, que induz a dar ao outro o que é "dele", o que lhe pertence em razão do seu ser e do seu agir. Não posso "dar" ao outro do que é meu sem antes lhe ter dado aquilo que lhe compete por justiça. Quem ama os outros com caridade é, antes de mais nada, justo para com eles. [...] Por um lado, a caridade exige a justiça: o reconhecimento e o respeito dos legítimos direitos dos indivíduos e dos povos. [...] Por outro, a caridade supera a justiça e completa-a com a lógica do dom e do perdão. A "cidade do homem" não se move apenas por relações feitas de direitos e de deveres, mas antes e sobretudo por relações de gratuidade, misericórdia e comunhão.

Bento XVI, Encíclica *Caritas in veritate* (2009), 6

Caritas in veritate

Caridade, justiça e bem comum

Querer o *bem comum* e trabalhar por ele é *exigência de justiça e de caridade*. Comprometer-se pelo bem comum é, por um lado, cuidar e, por outro, valer-se daquele conjunto de instituições que estruturam jurídica, civil, política e culturalmente a vida social, que deste modo toma a forma de *pólis*, cidade. Ama-se tanto mais eficazmente o próximo quanto mais se trabalha em prol de um bem comum que dê resposta também às suas necessidades reais. Todo cristão é chamado a esta caridade, conforme a sua vocação e segundo as possibilidades que tem de incidência na *pólis*. Este é o caminho institucional – podemos mesmo dizer político – da caridade, não menos qualificado e incisivo do que o é a caridade que vai diretamente ao encontro do próximo, fora das mediações institucionais da *pólis*. Quando o empenho pelo bem comum é animado pela caridade, tem uma valência superior à do empenho simplesmente secular e político.

Bento XVI, Encíclica *Caritas in veritate* (2009), 7

Evangelii gaudium

Construir pontes para o próximo

O individualismo pós-moderno e globalizado favorece um estilo de vida que debilita o desenvolvimento e a estabilidade dos vínculos entre as pessoas e distorce os vínculos familiares. A ação pastoral deve mostrar ainda melhor que a relação com o nosso Pai exige e incentiva uma comunhão que cura, promove e fortalece os vínculos interpessoais. Enquanto no mundo, especialmente em alguns países, se reacendem várias formas de guerras e conflitos, nós, cristãos, insistimos na proposta de reconhecer o outro, de curar as feridas, de construir pontes, de estreitar laços e de nos ajudarmos "a carregar as cargas uns dos outros" (GL 6,2). Além disso, vemos hoje surgir muitas formas de agregação para a defesa de direitos e a consecução de nobres objetivos. Deste modo se manifesta uma sede de participação de numerosos cidadãos, que querem ser construtores do desenvolvimento social e cultural.

FRANCISCO, Exortação Apostólica *Evangelii gaudium* (2013), 67

Evangelii gaudium

Os bens devem servir ao bem comum

A solidariedade é uma reação espontânea de quem reconhece a função social da propriedade e o destino universal dos bens como realidades anteriores à propriedade privada. A posse privada dos bens justifica-se para cuidar deles e aumentá-los de modo a servirem melhor ao bem comum, pelo que a solidariedade deve ser vivida como a decisão de devolver ao pobre o que lhe corresponde. Estas convicções e práticas de solidariedade, quando encarnam, abrem caminho a outras transformações estruturais e tornam-nas possíveis. Uma mudança nas estruturas, sem gerar novas convicções e atitudes, fará com que essas mesmas estruturas, mais cedo ou mais tarde, se tornem corruptas, pesadas e ineficazes.

FRANCISCO, Exortação Apostólica *Evangelii gaudium* (2013), 189

Evangelii gaudium

Cultura antissolidária

Respeitando a independência e a cultura de cada nação, é preciso recordar-se sempre de que o planeta é de toda a humanidade e para toda a humanidade, e que o simples fato de ter nascido num lugar com menores recursos ou menor desenvolvimento não justifica que algumas pessoas vivam menos dignamente.

FRANCISCO, Exortação Apostólica *Evangelii gaudium* (2013), 190

5

QUESTÕES
112-133

A base da sociedade

A FAMÍLIA

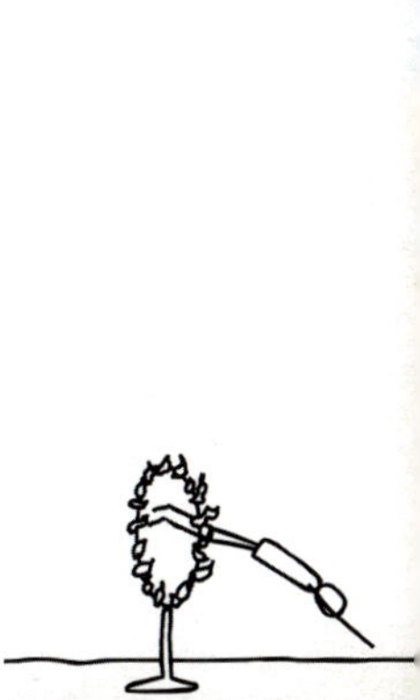

Não é bom que o homem esteja sozinho

GN 2,18

112 *Por que é que Deus quer que nós vivamos em família?*

Porque Deus não queria que cada homem vivesse sozinho para si, criou-nos como seres comunitários. Portanto, os homens são naturalmente criados para a comunidade, para a família. Isto é claro desde as primeiras páginas da Bíblia, no relato da criação: Adão recebe de Deus Eva, como companheira colocada ao seu lado. "O homem deu então um nome a todos os animais, às aves do céu e a todas as feras. Mas o homem não encontrou uma auxiliar que lhe fosse semelhante. [...] Depois, da costela que tinha retirado do homem, o Senhor Deus modelou uma mulher e apresentou-a ao homem. Então o homem exclamou: "Esta, sim, é osso dos meus ossos e carne da minha carne" (GN 2,20.22-23a).

→ 209 → 1877-1880 → 321

O sentido da palavra inglesa *"FAMILY"*

Pai **F**ather
e **A**nd
mãe, **M**other,
eu **I**
amo- **L**ove
-vos. **Y**ou.

DESCONHECIDO

113 *Que significado tem a família na Bíblia?*

A Bíblia refere muitas vezes a vida na família. No Antigo Testamento, os pais devem passar aos filhos as experiências do amor e da fidelidade de Deus, e transmitir-lhes as primeiras e mais importantes sabedorias da vida. O Novo Testamento relata que também Jesus nasceu numa família concreta. Os seus pais deram-lhe afeto, amor e educação. Porque Deus procurou para si uma família totalmente "normal" para nela nascer como homem e nela crescer, fez da família um lugar muito especial e deu-lhe como comunidade um valor único.

→ **210** → **531-534** → **68**

114 *Como é que a Igreja vê a família?*

A Igreja vê a família como a primeira e a mais importante comunidade natural. A família tem direitos especiais e está no centro de toda a vida social. Ela é nomeadamente o lugar onde se origina a vida humana e o lugar onde crescem as primeiras relações inter-humanas. A família forma o fundamento da vida, dela surgem todas as ordens sociais. Por causa deste enorme significado é que a Igreja vê a família como uma instituição divina.

→ **211** → **2207, 2226-2227** → **271, 273**

115 *O que há de especial na família?*

Eu sou amado incondicionalmente – esta é a experiência insubstituível que os homens fazem numa boa família. Diversas gerações vivem juntas e experimentam afeição, solidariedade, estima, compromisso desinteressado, ajuda e justiça. Cada membro da família é reconhecido pelos outros na sua dignidade, aceito e respeitado, sem para isso ter de prestar nenhum serviço. Cada qual é amado tal como é. Cada uma das pessoas não é um meio para alguma coisa, mas fim

Nazaré faz-nos recordar o que a família é, o que é a comunidade de amor, a sua beleza rigorosa e simples, o seu caráter santo e inviolável; permite-nos reconhecer como é doce e insubstituível a educação na família; ensina-nos a sua função natural no interior da ordem social.

PAULO VI, discurso em Nazaré, 1964

Deus abençoou-os e disse-lhes: "Sede fecundos, multiplicai-vos, enchei e submetei a terra".

GN 1,28

A família é a primeira coisa que o homem encontra na vida, a última para a qual ele estende a mão, o que há de mais precioso que ele possui na vida.

ADOLPH KOLPING (1813-1865), padre católico alemão e defensor dos direitos dos operários e dos artesãos

A Igreja não é uma associação cultural, mas a família de Jesus.

FRANCISCO, 1.6.2013

> A vida dos pais é o livro pelo qual os filhos leem.
>
> **SANTO AGOSTINHO**

> Amar significa dar e receber aquilo que não se pode comprar nem vender, mas apenas livre e reciprocamente oferecer.
>
> **JOÃO PAULO II**, Carta às famílias, 1994, 11

em si mesma. Por isso surge na família uma cultura da vida que atualmente já não é assim tão evidente. Muitas vezes do que se trata hoje é do que cada um pode ou dá (por exemplo, em dinheiro). Frequentemente, predomina nos nossos dias uma ênfase naquilo que é material. Temos aqui uma mentalidade que desafia as famílias e até muitas vezes as destrói.

→ 221 → 2207-2208 → 369

> A minha família estava tão intimamente unida que às vezes tive a sensação de sermos uma única pessoa formada por quatro partes.
>
> **HENRY FORD** (1863-1947)

> A família está em ordem se pudermos tranquilamente vender o papagaio.
>
> **WILLIAM ROGERS** (1879-1935), humorista e ator americano

116 *A "família" ainda tem lugar na sociedade moderna?*

Sim. Nas sociedades modernas, muitas vezes já não há convicções morais nem religiosas que sejam partilhadas por todos. Além disso, o mundo tornou-se extremamente complexo. Cada domínio da realidade funciona segundo regras próprias. Isso atinge também as famílias. Para a Igreja, do que se trata é do bem-estar e da dignidade de cada uma das pessoas. Isso envolve todos os domínios. Em parte nenhuma estão as pessoas em melhores mãos do que numa cultura da vida norteada por elevados ideais e boas relações familiares. Aqui é possível mostrar e aprender que o respeito mútuo, a justiça, o diálogo e o amor são mais importantes do que tudo para uma convivência bem conseguida. Por isso, a família não é apenas uma instituição entre outras na sociedade moderna, mas é o lugar central da integração humana. É aqui que têm origem os pressupostos sociais e humanos necessários para o Estado e para os diferentes domínios sociais (por exemplo, econômicos, políticos, culturais).

222, 223 2207, 2208 369

Relegar a família para um papel subalterno e secundário, excluindo-a da posição que lhe compete na sociedade, significa causar um grave dano ao crescimento autêntico do corpo social inteiro.

JOÃO PAULO II, Carta às famílias, 1994, 17

117 *O que é que a família faz por cada pessoa individualmente?*

Pessoas saudáveis precisam de uma infância feliz.

ASTRID LINDGREN (1907-2002), autora sueca de livros para crianças

Fazer a experiência familiar é extraordinariamente importante para cada indivíduo. É na família que o homem faz pela primeira vez a experiência de comunidade com os outros que, por natureza, se encontram com ele, querendo-lhe bem, e o amam e aceitam sem reservas. Numa atmosfera tão positiva, pode cada membro da família desenvolver as suas capacidades e preparar-se para o confronto com todos os que há de encontrar na vida e preparar-se para isso. É justamente isso que também pretende uma educação cristã do homem. Ao mesmo tempo, as pessoas individualmente na família fazem a experiência do que significa assumir responsabilidades, pois cada membro da família não pode simplesmente viver apenas para si mesmo. De cada papel, o dos pais, dos avós ou dos filhos, resultam sempre também deveres para com os outros membros da família.

O jogo das crianças deveria ser considerado como a sua mais importante ocupação.

MICHEL DE MONTAIGNE (1533-1592), filósofo e ensaísta francês

212, 221 2224-2230 371, 372

Honra o teu pai e a tua mãe: deste modo, prolongarás a tua vida na terra que o Senhor teu Deus te dá.

Ex 20,12

A família é a resposta ao grande desafio do nosso mundo: a fragmentação e a massificação. [...] A família é a resposta, porque representa a célula de uma sociedade que equilibra as dimensões pessoal e comunitária [...], que contém no seu interior os dois princípios-base da civilização humana sobre a terra: o princípio de comunhão e o princípio de fecundidade.

FRANCISCO, audiência-geral, 30.9.2015

118 *A família traz também algo para a sociedade?*

Sim, pois tudo o que a família faz, a nível interior, para si mesma e para cada um dos seus membros, é também relevante para a sociedade. De fato, uma sociedade só pode ter sucesso se cada um dos seus membros estiver bem, quando se sente amado e aceite. Na família pode fazer-se a experiência de que, antes da lógica da troca e do mercado, há outra lógica, do dom e da aceitação. Porque cada um aprende também em família o que significam responsabilidade social e solidariedade, isso reverte igualmente em benefício da sociedade no seu conjunto: quem se mostra responsável e solidário nas "coisas pequenas" fará o mesmo nas "grandes". Onde é que alguém pode aprender a prestar atenção aos pobres, aos doentes ou aos idosos a não ser na família? Onde é que se pode compreender melhor as pessoas que duvidam, que se sentem sós ou abandonadas? Onde é que alguém se tornará sensível pelas situações penosas das estruturas sociais se antes não as tiver vivido em família? Por isso é que a família dá um contributo insubstituível para a "humanização da sociedade" (C. Kissling). Os meios que uma sociedade investe na família não serão necessários em centros de acolhimento temporário, centros educativos ou terapia de drogas.

As crianças são hóspedes que pedem conselhos.

MARIA MONTESSORI (1870-1952), reformadora educacional italiana

A mãe é a única pessoa no mundo que já te ama ainda antes de te conhecer.

JOHANN HEINRICH PESTALOZZI (1746-1827), pedagogo suíço

Não há dúvida de que os filhos devem respeitar os pais, mas também não há dúvida de que os pais também devem respeitar os seus filhos e nunca podem abusar da sua natural superioridade. Violência nunca mais!

ASTRID LINDGREN

→ 213, 246 → 2207-2211 → 369, 370

119 *O que é que a família faz pela sociedade?*

Antes de mais, a família é o lugar onde é assegurada a sobrevivência da sociedade. Em segundo lugar, a família assume a tarefa específica da socialização e da educação dos filhos. Nela são transmitidas virtudes, valores e tradições culturais, éticas, sociais, espirituais e religiosas que são fundamentais para cada pessoa consciente de que é livre e responsável. Munidos com esta armadura da educação familiar, os homens podem assumir toda a espécie de tarefas na sociedade. Uma

terceira tarefa da família consiste em cuidar do sustento de cada um dos seus membros e em lhes oferecer um espaço pessoal de proteção, de desenvolvimento e de descanso. Em quarto lugar (sobretudo em sociedades envelhecidas), torna-se cada vez mais importante que membros do agregado familiar doentes e incapacitados, e que já não são capazes de trabalhar, sejam afetuosamente tratados em família. Aqui, o olhar alarga-se do núcleo familiar para a geração que vem a seguir, o que pode criar uma profunda solidariedade e ao mesmo tempo identidade.

→ 213, 229, 232 → 2207-2209 → 370

> A tarefa principal consiste em inserir a mulher no trabalho de produção social, retirá-la da escravatura doméstica, libertá-la da sua subordinação opressiva no eterno e exclusivo mundo da cozinha e do quarto das crianças.
>
> A dissolução da representação clássica da família foi fortemente conduzida pelos comunistas, particularmente por **VLADIMIR I. LENIN** (1879-1924), político russo e revolucionário, *Sobre as tarefas do movimento proletário das mulheres* (1919)

> A primeira e fundamental estrutura a favor da "ecologia humana" é a família, no seio da qual o ser humano recebe as primeiras e determinantes noções acerca da verdade e do bem, aprende o que significa amar e ser amado e, consequentemente, o que quer dizer, concretamente, ser uma pessoa.
>
> **JOÃO PAULO II,** CA, 39

> Duas coisas deveriam os filhos receber dos pais: raízes e asas.
>
> **JOHANN WOLFGANG VON GOETHE** (1749-1832), poeta alemão

120 *A educação é uma missão exclusiva da família?*

Não, certamente não. Uma família não é um sistema fechado que existe só para si. Todavia, deve primeiro assegurar-se que os pais têm prioritariamente o direito e o dever de serem eles os primeiros educadores dos seus filhos e de lhes darem uma formação integral. Só Estados totalitários lhes retiram este direito. Nesta questão, o pai e a mãe, na sua diferença, são aqui igualmente importantes. Já e apenas deste ponto de vista é altamente problemático o direito de adoção por casais homossexuais. Além disso, a dimensão social do homem exige que as crianças não sejam educadas apenas pelos pais, mas que a sua educação seja dada de um modo abrangente, na medida em que a família e diversas instâncias, antes de mais a escola, mas também a comunidade eclesial ou uma associação desportiva, colaboram umas com as outras neste sentido. O fim de uma educação integral é que as crianças sejam conduzidas para o diálogo, para o encontro, para a sociabilidade, para o respeito das leis, para a solidariedade e para a paz, na medida em que aprendem a exercitar a justiça e o amor. Para isso não ajudam apenas as palavras, mas sobretudo exemplos e modelos vivos.

➔ **240, 242** ➔ **2223, 2226, 2229**

121 *Qual o papel dos mais velhos na família?*

A presença de pessoas mais velhas na família pode revelar-se muito valiosa. Elas são um exemplo para a ligação entre as gerações e, graças à riqueza da sua experiência, podem contribuir decididamente para o bem-estar da família e da sociedade em geral. Elas podem transmitir valores e tradições e apoiar os mais jovens. Deste modo, estes aprendem a não se preocupar apenas consigo mesmos, mas também a olhar para os outros. Quando os mais idosos estão doentes ou necessitam de ajuda, não estão dependentes ape-

> Os homens da Antiguidade, quando quiseram ser um exemplo de virtude para todo o reino, primeiro puseram em ordem o próprio principado. Quando quiseram pôr o seu principado em ordem, começaram por pôr em ordem a sua família. Quando quiseram pôr em ordem a sua família, começaram por cultivar o seu caráter. Quando quiseram cultivar o seu caráter, começaram por purificar o seu coração.
>
> **CONFÚCIO**

> O apelo ao Estado leva à penetração do poder público nesta esfera privada e protegida, conduz a longa distância a uma socialização da comunidade familiar.
>
> **UDO DI FABIO** (*1954), juiz constitucional alemão

> Incontestável e inconfundivelmente a família é a primeira forma social fundante de todas as outras.
>
> **OSWALD VON NELL-BREUNING, SJ** (1890-1991), *Justiça e liberdade* (1980)

> Não vale a pena educar as crianças, porque elas imitam tudo.
>
> Mote humorístico

nas de cuidados médicos e das respectivas atenções, mas igualmente de um ambiente e de um tratamento amoroso.

→ 222 → 2212, 2218 → 371

Os idosos não devem ser tratados nas nossas famílias como "proscritos". As pessoas idosas são um tesouro para a sociedade.

FRANCISCO, 25.2.2014

Não me rejeites agora que estou na velhice, não me abandones quando me faltam as forças. **Sl 71,9**

122 *Por que é que as crianças precisam de particular proteção?*

As crianças têm de ser em todos os sentidos fortalecidas e defendidas. "A criança é o maior dom de Deus para a família, para um povo e para o mundo" (Santa Teresa de Calcutá). As crianças são o futuro da humanidade. Elas são, por natureza, carentes de ajuda. Além disso, crescem frequentemente em condições exteriores, que bradam ao céu. Em muitos lugares do mundo há falta de cuidados médicos, de uma alimentação adequada, de um mínimo de oferta de formação escolar ou até mesmo de habitação. Por outro lado, há permanentes escândalos como tráfico de crianças, trabalho infantil, o fenômeno das "crianças de rua", o recrutamento de crianças para a guerra, o casamento e o abuso (sexual) de crianças. Por isso, deve lutar-se decididamente em âmbito nacional e internacional contra o atentado à dignidade de rapazes e de moças que acontece através da exploração sexual e de todas as formas de violência, e pelo respeito pela dignidade e pelos direitos de cada criança.

→ 244, 245 → 435

123 *O que é o casamento?*

O casamento é a união entre o homem e a mulher. Uma característica essencial do casamento é, além disso, a promessa recíproca de ambos os cônjuges se amarem incondicionalmente, serem fiéis e aceitarem,

Retira do mundo a experiência e a capacidade de discernimento das pessoas acima dos cinquenta anos, e pouco restará que possa garantir a sua existência.

HENRY FORD

Cada criança traz consigo a mensagem para o mundo de que Deus ainda não perdeu a coragem a respeito da humanidade.

RABINDRANATH TAGORE (1861-1941), indiano, Prémio Nobel da Literatura

A herança que o Senhor concede são os filhos, o seu salário é o fruto do ventre.

Sl 127,3

Não há nenhuma grande descoberta e progresso enquanto houver sobre a terra uma criança infeliz.

ALBERT EINSTEIN (1879-1955), Prêmio Nobel da física

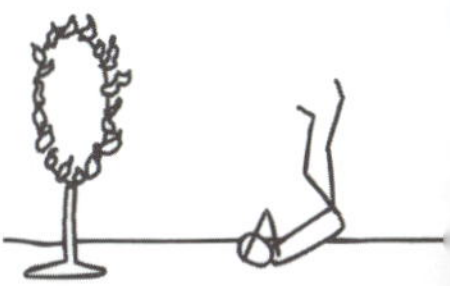

O que Deus uniu, o homem não deve separar.

Mt 19,6

Vós que seguis o caminho do matrimônio, estais decididos a amar-vos e a respeitar-vos, ao longo de toda a vossa vida?

Estais dispostos a receber amorosamente os filhos como dom de Deus e a educá-los segundo a lei de Cristo e da sua Igreja?

Perguntas do celebrante aos noivos

Não nos podemos emancipar da natureza.

ROBERT SPAEMANN

sem reservas, os filhos que Deus lhes der. Outro aspecto do casamento é a sua indissolubilidade: durante toda a vida, os esposos devem amar-se e respeitar-se, e em todas as situações da vida – "na alegria e na tristeza, na saúde e na doença" – ajudar-se e apoiar-se mutuamente, tal como prometeram um ao outro no dia do seu casamento. Só com a morte de um dos cônjuges é que termina o casamento.

→ **217, 223** → **2360-2361** → **416**

124 *O que significa casar-se?*

Casar-se significa dar-se totalmente a alguém: o homem e a mulher devem, com tudo o que constitui as suas pessoas, corporal e espiritualmente, viver e dar-se totalmente um ao outro. O casamento envolve todos os domínios da vida. No casal, no qual o encontro sexual tem o seu lugar próprio, o amor entre um homem e uma mulher torna-se fecundo. Quer dizer que o casamento está fundamentalmente orientado para se expandir na família com filhos. A partir de todos estes aspectos, vê-se como não é possível um discurso sobre um casamento homossexual. Não obstante, os cristãos devem abster-se de discriminar pessoas que se tenham decidido por uma convivência com alguém do mesmo sexo.

→ **217, 218** → **2362-2363** → **416**

125 *Que sentido tem o casamento para a família?*

O casamento é a base fundamental da família. Ainda antes de ser um sacramento (e por isso um grande si-

nal da salvação que vem de Deus), de acordo com a convicção e a experiência da Igreja, o casamento constitui a melhor base para a convivência do homem, da mulher e dos filhos. Somente aqui está garantida uma incondicional confiança que não é relativizada por reservas temporais ou outras limitações. É assim que o casamento oferece a todos os membros da família o espaço necessário e humanamente adequado de proteção e de crescimento.

→ 225 → 1655-1657 → 271

O matrimônio é também um trabalho para realizar em cada dia, poderia dizer um trabalho artesanal, uma obra de ourivesaria, uma vez que o marido tem a tarefa de fazer com que a sua esposa seja mais mulher, e a esposa tem o dever de fazer com que o marido seja mais homem. [...] E assim, penso que um dia caminharás pela rua da tua cidade e as pessoas te dirão: "Mas olha como é bonita aquela mulher, como é exemplar!..." "Com o marido que tem, compreende-se!". E também a ti: "Olha como ele é!" "Com a esposa que tem, compreende-se!" [...] E os filhos receberão esta herança de ter tido um pai e uma mãe que cresceram juntos, fazendo-se – reciprocamente – mais homem e mais mulher!

FRANCISCO, discurso a noivos que se preparam para o matrimônio, 14.2.2014

Se as pessoas pedem um conselho para um casal com dificuldades na sua relação, dou-lhes sempre como resposta: rezai e perdoai. Também digo aos jovens que têm relações familiares difíceis: rezai e perdoai. E o mesmo vale para a mãe que ficou sozinha, que não tem nenhum apoio da família: rezar e perdoar.

SANTA TERESA DE CALCUTÁ

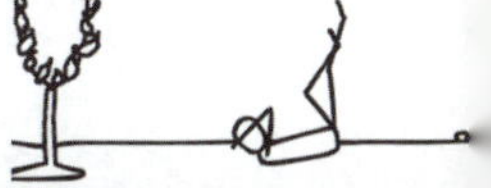

126 *Então como se devem avaliar as outras formas de convivência?*

A Igreja considera claramente o casamento e a família como a vocação que corresponde ao anseio mais profundo do homem e da mulher. É nisto que ela insiste fortemente na atual discussão face à crescente dissolução da ligação estreita entre a sexualidade e os laços interpessoais, entre emoção e responsabilidade, entre sexualidade e procriação, entre convivência e família. Todavia, a Igreja volta-se com afeto para aqueles que vivem juntos de outro modo e procura transformar estas situações em oportunidades para um caminho de conversão para a plenitude da vocação do matrimônio.

→ 227-228 → 2390-2391 → 425

> Devemos sentir a dor do fracasso, acompanhar as pessoas que viveram o fracasso do próprio amor, mas não as julgar. [...] Por trás da sutileza, do pensamento casuístico esconde-se sempre uma armadilha. Sempre! Contra o ser humano, contra nós e contra Deus.
>
> **FRANCISCO,** 28.2.2014

> Governar uma nação é mais fácil do que educar quatro filhos.
>
> **WINSTON CHURCHILL** (1874-1965), primeiro-ministro britânico

127 *O desejo de ter filhos também pertence ao casamento?*

Em rigor, sim. Assim como o casamento pertence à família, assim a família pertence ao casamento. Ambos estão intimamente ligados. De um modo muito simples poderia dizer-se: “Nenhuma família sem casamento e nenhum casamento sem família”. O casamento está orientado para a família, o que quer dizer que está destinado à geração e à educação dos filhos e à vida com eles. Casais de noivos que desejem celebrar catolicamente o seu matrimônio não podem rejeitar os filhos desde o início do seu casa-

> Hoje há a tendência de muitos pais de renunciarem ao seu papel para assumirem aquele de simples amigos dos filhos, abstendo-se de admoestações e correções, mesmo quando seria necessário proceder assim para educar na verdade, sem renunciar a todo o afeto e ternura. Consequentemente, é oportuno sublinhar que a educação dos filhos constitui um dever sagrado e uma tarefa solidária dos pais, tanto do pai como da mãe: exige a amabilidade, a proximidade, o diálogo e o exemplo. Os pais são chamados a representar no lar o bom Pai dos céus, o único modelo perfeito em que se inspirar.
>
> **JOÃO PAULO II,** discurso, 4.6.1999

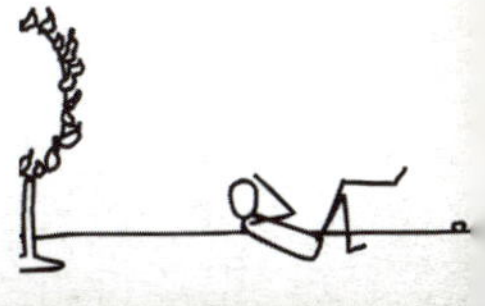

As legítimas aspirações genitoriais do casal que se encontra numa condição de infertilidade devem obter, com a ajuda da ciência, uma resposta que respeite plenamente a sua dignidade de pessoas e de esposos.

BENTO XVI, discurso, 25.2.2012

A família atravessa uma crise cultural profunda, como todas as comunidades e vínculos sociais. No caso da família, a fragilidade dos vínculos reveste-se de especial gravidade, porque se trata da célula básica da sociedade, o espaço onde se aprende a conviver na diferença e a pertencer aos outros e onde os pais transmitem a fé aos seus filhos.
O matrimônio tende a ser visto como mera forma de gratificação afetiva, que se pode constituir de qualquer maneira e modificar-se de acordo com a sensibilidade de cada um. Mas a contribuição indispensável do matrimônio para a sociedade supera o nível da afetividade e das necessidades ocasionais do casal.

FRANCISCO, EG, 66

mento: "Estais dispostos a receber amorosamente os filhos como dom de Deus e a educá-los segundo a lei de Cristo e da sua Igreja?". A esta pergunta formulada pelo sacerdote no casamento católico devem os noivos responder positivamente, e só depois é que podem celebrar o casamento.

→ 218 → 2373, 2378 → 418, 419

128 *Mas o que acontece com os esposos que não podem ter filhos?*

O seu casamento não é de modo nenhum menos "valioso", porque a fecundidade não é o único nem o fim exclusivo do matrimônio. O caráter indissolúvel do matrimônio e o seu valor como comunhão permanecem mesmo quando a vida conjugal não pode ser plenamente consumada com filhos, muitas vezes ardentemente desejados. Neste caso, o casal pode adotar crianças ou cuidar delas de outra forma (por exemplo, filhos de familiares ou de amigos). Um casamento pode tornar-se "fecundo" quando um casal sem filhos se abre a pessoas que vivem sozinhas, se empenha socialmente ou pratica a hospitalidade.

→ 218 → 2374, 2379 → 422, 423

129 *Quando é possível ter filhos, quantos devem ser?*

Os casais devem aceitar os filhos que Deus lhes quiser dar. Mas isso não quer dizer que cada casal deva receber impensadamente (muitos) filhos. De acordo com as mais recentes declarações do Magistério, os casais devem antes decidir-se pela maternidade/paternidade responsavelmente, tendo em consideração o seu estado de espírito, a sua saúde e a sua situação econômica. Neste caso, devem aprender a linguagem dos seus corpos, pondo em prática os métodos naturais de controle da natalidade. A decisão sobre o espaço de tempo entre os nascimentos e sobre o número de filhos é uma questão que só ao casal diz

respeito. Trata-se de um direito inalienável seu que eles mesmos exercem perante Deus e considerando os seus deveres para com os filhos eventualmente já nascidos, a sua família e a sociedade.

→ 218, 234 → 2368-2370 → 419, 420, 421

130 *A política familiar pode tentar influenciar a decisão do casal?*

Sim. A → POLÍTICA FAMILIAR pode em última instância tentar convencer as pessoas no sentido de terem mais ou menos filhos quando isso parece importante, tendo em atenção a sociedade e o seu bem-estar. No entanto, isso deve acontecer no respeito pelas pessoas e pela liberdade dos casais. A política pode – e deveria mesmo – informar-se sobre a situação da população e tomar medidas que, por exemplo, ofereçam vantagens (nomeadamente econômicas) para famílias com filhos. Podem assim criar-se incentivos. No entanto, a decisão final sobre o número de filhos deve permanecer confiada aos próprios casais. Ninguém lhes pode retirar esta liberdade de decisão.

→ 234, 235

131 *Por que é que o Estado e a sociedade devem fazer alguma coisa pela família?*

O fato de a família oferecer à sociedade importantes contributos – muitas vezes de um modo totalmente

> A família, como elemento fundamental da sociedade, tem direito à proteção da sociedade e do Estado.
>
> CONSTITUIÇÃO DA REPÚBLICA PORTUGUESA, art. 67, 1

POLÍTICA FAMILIAR
são todas as medidas com as quais um Estado melhora as condições da vida familiar. Segundo a concepção católica, o Estado tem o dever de apoiar subsidiariamente, com todas as forças, as famílias (uma comunidade de vida permanente constituída por pai, mãe e filhos). Todas as tentativas do Estado para instrumentalizar a família, para a desestabilizar ou a redefinir por razões ideológicas ("família é onde houver crianças") contradiz a Doutrina Social Católica e até mesmo os fundamentos do direito natural.

> Do que as famílias mais precisam não é de esmolas, nem de sobrecargas, nem de conselhos para a vida, mas de um código fiscal equitativo, que lhes permita educar os seus filhos com os próprios rendimentos auferidos.
>
> **JÜRGEN BORCHERT** (* 1949), juiz alemão

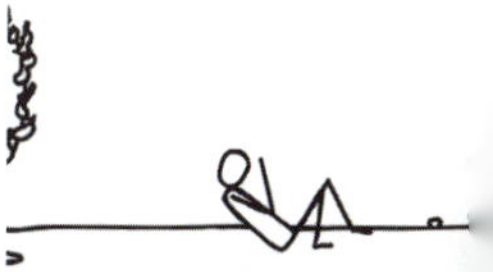

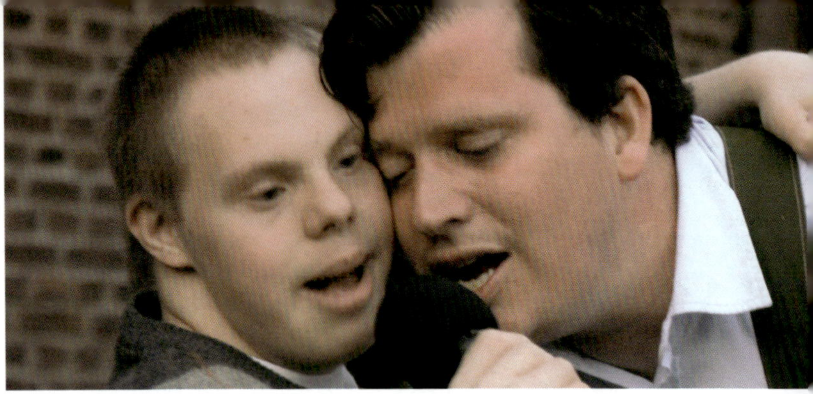

despercebido e sem experimentar a correspondente dignificação – encontra-se fundamentado na sua singularidade. Mas que também a sociedade e o Estado devam fazer algo pela família resulta do fato de a família ser a menor e insubstituível unidade da sociedade. É aqui que se constitui a política familiar do Estado. Um Estado livre necessariamente depende de potenciais pais decidirem ter filhos; mas o Estado não pode de modo nenhum obrigar a esta decisão. Ela deve ser tomada livremente pelos cidadãos. Portanto, o Estado coloca o seu próprio futuro nas mãos dos cidadãos livres de pleno direito (Paul Kirchhof). Nos inquéritos, os cidadãos confirmam cada vez mais e principalmente a elevadíssima estima pela família; mas para que, nas atuais condições sociais e políticas, eles possam realmente decidir-se pela fundação de uma família, a política familiar do Estado tenta possibilitá-la com uma correspondente criação das condições básicas.

> A sociedade humana é comparável a uma abóbada que desabaria se cada uma das pedras não se apoiasse mutuamente.
>
> **LUCIUS ANNAEUS SENECA**

→ 238

> Não se trata de dizer: Estado, vem em minha ajuda, apoia-me e ajuda-me, mas o contrário: não te preocupes, Estado, com as minhas coisas, dá-me tanta liberdade e deixa-me tanto do meu ganho, de modo que eu próprio esteja em condições de formar a minha existência, o meu destino e o da minha família.
>
> **LUDWIG ERHARD**
> (1897-1977), chanceler alemão

132 *O que é que o Estado e a sociedade podem fazer pela família?*

Em primeiro lugar, é importante que a sociedade e também o Estado reconheçam a família como algo especial e central e então a protejam e apoiem na sua especificidade. Isso começa pelo fortalecimento da coabitação pacífica no interior da família, mas inclui também o respeito pela vida humana em cada uma

das suas fases, especialmente pela vida por nascer. Quando se fala de proteção e de apoio da família pelo Estado, nunca se pode tratar de a sociedade ou o Estado, por razões econômicas ou ideológicas, assumir tarefas próprias da família ou até mesmo totalmente as retirar e assim diminuir a sua dimensão social; pelo contrário, o objetivo das medidas de política familiar deve ser permitir, precisamente no sentido do princípio de subsidiariedade, que as famílias realizem adequadamente as suas próprias tarefas.

→ 252, 253, 254 → 2211 → 323, 370

133 *O que significa concretamente "política familiar" no sentido do princípio de subsidiariedade?*

O princípio de subsidiariedade significa, por exemplo, que o Estado não pode retirar aos pais a educação dos filhos, porque esta é a sua tarefa fundamental. No entanto, dadas as condições de vida, de trabalho e de ensino, deveriam ser-lhes facultadas todas as ajudas necessárias. Trata-se de uma real liberdade de escolha que os pais deveriam ter no sentido de juntos poderem resolver o problema decorrente da tensão entre trabalho familiar e trabalho profissional. Até a função especial da família, no que diz respeito à transmissão dos conhecimentos e à formação dos filhos, não pode ser substituída por jardins de infância, nem por escolas ou por grupos sociais, embora estas instituições possam ser um apoio útil e complemento à educação dos pais. O princípio de subsidiariedade acentua também a responsabilidade própria de cada pessoa e das famílias. Isto significa que as famílias, adicionalmente, podem e devem empenhar-se e unir-se em organizações políticas e sociais para defenderem e fortalecerem os seus direitos.

→ 247 → 2211, 2252 → 323

> A democratização da família não quer dizer, todavia, que seja sobre ela votado quem seja o pai.
>
> **WILLY BRANDT** (1913-1992), chanceler alemão

> As famílias têm o direito de formar associações com outras famílias e instituições, a fim de realizarem as suas missões de um modo mais adequado e eficaz, bem como protegerem os seus direitos, promover o seu bem-estar e defender os seus interesses. No plano econômico, social, jurídico e cultural, deve ser reconhecido o legítimo papel da família e das associações familiares para o planeamento e desenvolvimento de programas que digam respeito à vida das famílias.
>
> **SANTA SÉ**, *Carta das famílias*, 1983

> A família é o elemento natural e fundamental da sociedade, e tem direito à proteção desta e do Estado.
>
> DECLARAÇÃO UNIVERSAL DOS DIREITOS DO HOMEM, Artigo 16º, 3

Trechos de documentos da Igreja

5

A FAMÍLIA

Rerum novarum

O direito fundamental à família

Nenhuma lei humana poderia apagar de qualquer forma o direito natural e primordial de todo o ser humano ao casamento, nem circunscrever o fim principal para que ele foi estabelecido desde a origem: "Crescei e multiplicai-vos". Eis, pois, a família, isto é, a sociedade doméstica, sociedade muito pequena, certamente, mas real e anterior a toda a sociedade civil, à qual, desde logo, será forçosamente necessário atribuir certos direitos e certos deveres absolutamente independentes do Estado.

LEÃO XIII, Encíclica *Rerum novarum* (1891), 6

Pacem in Terris

O direito à família

A família, baseada no matrimônio livremente contraído, unitário e indissolúvel, há de ser considerada como o núcleo fundamental e natural da sociedade humana. Merece, pois, especiais medidas, tanto de natureza econômica e social como cultural e moral, que contribuam para consolidar e amparar no desempenho da sua função. Aos pais, portanto, compete a prioridade de direito em questão de sustento e educação dos próprios filhos.

JOÃO XXIII, Encíclica *Pacem in Terris* (1963), 16

Familiaris consortio

As famílias hoje

Por um lado, de fato, existe uma consciência mais viva da liberdade pessoal e uma maior atenção à qualidade das relações interpessoais no matrimônio, à promoção da dignidade da mulher, à procriação responsável, à educação dos filhos; há, além disso, a consciência da necessidade de que se desenvolvam relações entre as famílias por uma ajuda recíproca espiritual e material, a descoberta de novo da missão eclesial própria da família e da sua responsabilidade na construção de uma sociedade mais justa. Por outro lado, contudo, não faltam sinais de degradação preocupante de alguns valores fundamentais: uma errada concepção teórica e prática da independência dos cônjuges entre si; as graves ambiguidades acerca da relação de autoridade entre pais e filhos; as dificuldades concretas, que a família muitas vezes experimenta, na transmissão dos valores; o número crescente dos divórcios; a praga do aborto; o recurso cada vez mais frequente à esterilização; a instauração de uma verdadeira e própria mentalidade contraceptiva.

JOÃO PAULO II, Exortação Apostólica *Familiaris consortio* (1981), 6

Centesimus annus

Ecologia humana e família

A primeira e fundamental estrutura a favor da "ecologia humana" é a família, no seio da qual o ser humano recebe as primeiras e determinantes noções acerca da verdade e do bem, aprende o que significa amar e ser amado e, consequentemente, o que quer dizer, concretamente, ser uma pessoa. Pensa-se aqui na família fundada sobre o matrimônio, onde a doação recíproca de si mesmo, por parte do homem e da mulher, cria um ambiente vital onde a criança pode nascer e desenvolver as suas potencialidades.

JOÃO PAULO II, Encíclica *Centesimus annus* (1991), 39

Centesimus annus

Vencer o individualismo

Para superar a mentalidade individualista hoje difundida, requer-se *um concreto empenho de solidariedade e caridade* que tem início no seio da família, com o apoio mútuo dos esposos, e depois com os cuidados que uma geração presta à outra. Assim, a família qualifica-se como comunidade de trabalho e de solidariedade. Acontece, porém, que, quando ela se decide a corresponder plenamente à própria vocação, se pode encontrar privada do apoio necessário por parte do Estado, e não dispõe de recursos suficientes. É urgente promover não apenas políticas para a família, mas também políticas sociais, que tenham como principal objetivo a própria família, ajudando-a, mediante a atribuição de recursos adequados e de instrumentos eficazes de apoio quer na educação dos filhos quer no cuidado dos anciãos, evitando o seu afastamento do núcleo familiar e reforçando os laços entre as gerações.

JOÃO PAULO II, Encíclica *Centesimus annus* (1991), 49

Laudato si

Família – o lugar de uma formação integral

Na família cultivam-se os primeiros hábitos de amor e cuidado da vida, como, por exemplo, o uso correto das coisas, a ordem e a limpeza, o respeito pelo ecossistema local e a proteção de todas as criaturas. A família é o lugar da formação integral onde se desenvolvem os distintos aspectos, intimamente relacionados entre si, do amadurecimento pessoal. Na família aprende-se a pedir licença sem servilismo, a dizer "obrigado" como expressão de uma sentida avaliação das coisas que recebemos, a dominar a agressividade ou a ganância e a pedir desculpa quando fazemos algo de mal. Estes pequenos gestos de sincera cortesia ajudam a construir uma cultura da vida compartilhada e do respeito pelo que nos rodeia.

FRANCISCO, *Laudato si* (2015), 213

6

QUESTÕES
134-157

Vocação e profissão

O TRABALHO HUMANO

Escolhe uma profissão de que gostes e já não vais precisar trabalhar em nenhum dia da tua vida.

Provérbio asiático

Um bom trabalho contribui para o desenvolvimento das nossas capacidades e, deste modo, para uma vida com dignidade. O trabalho dá-nos sentido, une-nos aos outros homens, forma a nossa identidade. Com razão, muitas pessoas se definem a partir da sua profissão, que por boas razões escolheram, para a qual possivelmente durante muito tempo se prepararam. Percebe-se bem o que o trabalho significa para as pessoas, quando de repente o perdem.

THOMAS VAŠEK (*1968), filósofo austríaco

No princípio do trabalho humano está o mistério da Criação.

JOÃO PAULO II, LE, 12

O trabalho enobrece o homem.

OSWALD VON NELL-BREUNING, SJ

134 *Qual o sentido do trabalho para o homem?*

Poder trabalhar, ter um trabalho, poder realizar alguma coisa para si e para os outros é para muitos homens uma grande felicidade. Estar sem trabalho não poder ser útil, tira a dignidade ao ser humano. Pelo trabalho, o homem desenvolve os seus investimentos e as suas capacidades, e participa no progresso econômico, social e cultural. O trabalho desempenha um grande papel no plano de Deus. Deus confiou ao homem a missão de dominar a terra (Gn 1,28), de a povoar e de cuidar dela. O trabalho pode ser um serviço valioso ao próximo. Mais ainda: gerir a terra de um modo sustentável, desenvolver as suas possibilidades criadoras torna os homens semelhantes ao seu Criador. Fazer bem trabalhos simples liga-nos igualmente a Jesus, ele que também foi um operário.

→ 275, 287 → 2427-2428 → 444

135 *O trabalho é um castigo de Deus?*

Podemos ler com frequência que o trabalho é um castigo de Deus por causa do pecado original de Adão. Mas isso não corresponde totalmente à verdade.

Segundo o relato bíblico da criação, o trabalho pertence muito mais à condição criatural do homem. Em Gn 2,15, o homem recebe instruções para cultivar e guardar o Éden. Mas depois de Adão e Eva violarem o mandamento de Deus que os proibia de comer "da árvore do conhecimento do bem e do mal" (Gn 2,17), portanto, depois do pecado original, Deus amaldiçoa a terra que o homem tinha de trabalhar. A partir de então, a terra é pobre e o homem tem de trabalhar duramente para se alimentar a si e à sua família. Na perspectiva bíblica, não é propriamente o trabalho, mas sim a fadiga do trabalho que é um castigo de Deus por causa do pecado original.

→ 255 s. → 307 → 50, 66

136 *Há uma obrigação de trabalhar?*

Deus criou a terra e deu-a ao homem como dom precioso. O trabalho humano é, a partir da Bíblia, a resposta adequada ou mesmo agradecida do homem a este dom. Então, quando os homens exercem a sua profissão e mesmo quando as crianças e os jovens na escola e mais tarde se preparam e se formam para trabalhar, não se trata apenas de poder ganhar os meios da própria subsistência. Pelo trabalho, os homens podem contribuir de algum modo para o bom desenvolvimento do mundo. Assim, o homem é de certo modo envolvido na obra divina da criação.

→ 264-266, 274 → 2427-2428, 2460 → 440

137 *Como é que Jesus viu o trabalho?*

Jesus foi "em tudo igual a nós, menos no pecado" (Concílio de Calcedônia, 451; cf. Hb 4,14; CCC, 467). Ele viveu no meio de pescadores, agricultores e artesãos e ele próprio se submeteu a uma formação profissional para trabalhar como carpinteiro na oficina de São José até os trinta anos. Nas suas parábolas, serve-

Perguntaram a três pedreiros o que estavam fazendo. O primeiro respondeu: "Eu estou cortando uma pedra." O segundo respondeu: "Eu estou fazendo um arco." O terceiro respondeu: "Eu estou construindo uma catedral."

Autor desconhecido

Se na vida te cabe varrer as ruas, então varre-as como Miguel Ângelo pintava quadros, como Beethoven compunha música, varre as ruas como Shakespeare compunha poemas. Varre as ruas tão bem que os exércitos do céu e da terra possam parar e dizer: "Aqui viveu um grande varredor de ruas que cumpriu perfeitamente a sua missão."

MARTIN LUTHER KING

A alma alimenta--se daquilo que a faz feliz.

SANTO AGOSTINHO

O trabalho é uma necessidade, faz parte do sentido da vida nesta terra, é caminho de maturação, desenvolvimento humano e realização pessoal.

FRANCISCO, LS, 128

-se de imagens retiradas da vida econômica. Na sua pregação, louva os servos que trabalham com os seus talentos, ao passo que condena o servo preguiçoso que enterrou na terra o seu talento (cf. Mt 25, 14-30). Na escola, na formação e na profissão, o trabalho aparece muitas vezes como um penoso dever. Jesus ensina-nos a segui-lo e a levar com ele a nossa cruz de todos os dias, ele que tomou sobre si a sua cruz para nos salvar.

→ **259, 263** → **2427** → **85, 494**

138 *Que relação existe entre trabalho, sucesso profissional e o autêntico fim da vida humana?*

O trabalho *faz* parte da vida, mas *não é* a vida do homem. Esta é uma distinção importante. Há atualmente muitos homens que, sobretudo nos países desenvolvidos, parece que vivem só para o trabalho. O trabalho é para eles como se fosse um vício, sendo por isso trabalho-dependentes. Jesus adverte as pessoas para que não se deixem escravizar pelo trabalho. A finalidade da vida humana não está em acumular dinheiro ou adquirir fama, mas sim em alcançar a vida eterna em Deus, através da oração, da vivência sacramental e da caridade fraterna, praticada todos os dias.

> O Senhor não olha tanto para a grandeza das obras, mas para o amor com que elas são feitas.
>
> **SANTA TERESA DE ÁVILA** (1515-1582), carmelita espanhola, mística e doutora da Igreja

> O trabalho é um bem do ser humano – é um bem da sua humanidade – porque, mediante o trabalho, o ser humano não somente transforma a natureza, adaptando-a às suas próprias necessidades, mas também se realiza a si mesmo como ser humano e até, num certo sentido, "se torna mais homem".
>
> **JOÃO PAULO II**, LE, 9

> Se o trabalho fosse tudo, não haveria sentido para a vida de pessoas com deficiência, para os idosos, nem para as crianças.
>
> **NORBERT BLÜM** (* 1935), político alemão

Enquanto o trabalho humano for subordinado a este fim, podemos dizer que faz parte de uma vida cristã. Mas quando o trabalho se torna um fim em si mesmo e obscurece o fim autêntico do nosso ser, transforma-se então num falso valor. Muitos homens devem, todavia, assumir vários empregos e trabalhar duramente, a fim de poderem sustentar a sua família. Neste caso, prestam um serviço à família, e fazem-no no sentido de Deus.

→ 260 → 2426-2428 → 47, 444

139 *O que é que o preceito do descanso dominical tem ver com o trabalho?*

O preceito do descanso dominical é o ponto culminante e o sentido mais refinado da doutrina bíblica sobre o trabalho. Com a interrupção do trabalho e a participação na santa missa ao domingo, o olhar do homem é orientado para o fim autêntico da sua vida. O mandamento do descanso sabático torna-se assim uma resistência contra a voluntária ou compulsiva escravidão do homem através do trabalho. A introdução da obrigação do descanso dominical deveria servir a estes dois objetivos: a libertação dos homens para a participação na celebração da missa, mas também e

> Cansa-nos o trabalho que deixamos por fazer, não o que fazemos.
>
> **MARIE VON EBNER-ESCHENBACH**

> Não acumuleis riquezas aqui na terra, onde a traça e a ferrugem corroem, e onde os ladrões assaltam e roubam. Acumulai riquezas no céu, onde nem a traça nem a ferrugem corroem, e onde os ladrões não assaltam nem roubam. De fato, onde está o teu tesouro, aí está também o teu coração.
>
> **Mt 6,19-21**

> O trabalho não foge quando tu mostras o arco-íris ao teu filho. Mas o arco-íris não espera até que tenhas terminado o teu trabalho.
>
> Da China

sobretudo a proteção dos pobres contra a exploração pelos seus patrões.

➔ 258 ➔ 2185-2188 ➔ 47

> Pediram forças de trabalho e vêm homens.
>
> **MAX FRISCH** (1911-1991), *Sobre o problema dos trabalhadores estrangeiros*

140 *O que é a "questão social"?*

A industrialização e a expansão da economia do mercado livre deu origem, no século XIX, a um rápido e até então nunca visto desenvolvimento técnico e econômico na Europa. Deu-se um fluxo enorme de pessoas que vinham das regiões pobres à procura de uma vida melhor nas cidades industriais em rápido crescimento, para trabalharem nas novas fábricas. Todavia, as suas esperanças foram muitas vezes frustradas. Na primeira fase da industrialização, muitos trabalhadores sofreram sob condições desumanas de salário e de trabalho. Eles e as suas famílias tinham muito pouco para viver, mas muito para morrer. Na época, ainda não havia segurança social para os casos de desemprego, de acidente ou de doença. Foi deste modo que surgiu uma nova classe ou camada social: o proletariado, que permaneceu excluído das bênçãos do bem-estar do povo economicamente em ascensão e ficou assim, do ponto de vista social, dependente da restante sociedade.

➔ 267 ➔ 2427-2428, 2460 ➔ 438-439

> Quanto nos custa o domingo? A própria pergunta já é o ataque decisivo ao domingo. O domingo é domingo precisamente porque não custa e – em sentido econômico – não traz nada. A pergunta "o que é que custa a sua proteção como dia santo" pressupõe que no pensamento praticamente já transformamos o domingo num dia de trabalho.
>
> **ROBERT SPAEMANN**, *Limites para uma dimensão ética da ação* (2001)

> Temos a firme convicção de que se cometeu um enorme erro do ponto de vista cristão e social por durante algum tempo não nos termos preocupado com os trabalhadores ou o termos feito de modo totalmente errado.
>
> **ADOLPH KOLPING**

141 *Como surgiu a Doutrina Social da Igreja?*

Com o desenvolvimento da Doutrina Social, a Igreja procurou reagir aos desafios provocados pela questão social. Já desde a primeira fase da industrialização houve pessoas que se ocuparam individualmente com este problema, como o bispo de Mainz, Wilhelm Emmanuel von Ketteler (1811-1877). Na primeira encíclica social, a *Rerum novarum*, de 1891, o Papa Leão XIII denunciou a divisão da sociedade em classes e criticou as condições de salário e de emprego que dominavam na primeira fase da industrialização como violação da dignidade humana e dos direitos sociais do homem. O Papa exigiu que se desse aos trabalhadores a parte que lhes era devida no crescente bem-estar econômico e advertia insistentemente para o perigo de um conflito social.

→ **267, 268** → **2419-2423** → **438-439**

A questão social toca o *depositum fidei.*

WILHELM EMMANUEL VON KETTELER (1811-1877), bispo alemão (*Depositum fidei* = as verdades essenciais da fé)

O erro capital na questão social é crer que as duas classes [dos trabalhadores pobres e dos proprietários] são inimigas natas uma da outra, como se a natureza tivesse armado os ricos e os pobres para se combaterem mutuamente num duelo obstinado. [...] É necessário colocar a verdade numa doutrina contrariamente oposta.

LEÃO XIII, RN, 9

142 *Em que consiste a diferença entre a Doutrina Social da Igreja e o marxismo?*

Também Karl Marx (1818-1883) desenvolveu a sua doutrina comunista como reação à questão dos trabalhadores. No entanto, para ele, a resposta consistia na necessidade de uma luta de classes entre o proletariado e a burguesia. A burguesia deveria ser violentamente expropriada e ser instaurada a ditadura do proletariado. A ideologia comunista provocou no século XX um sofrimento incrível à humanidade. A Igreja denunciou desde o princípio os perigos do comunismo e condenou claramente a doutrina da luta de classes. A Doutrina Social da Igreja e o movimento social cristão, pelo contrário, empenharam-se e empenham-se

O ópio do povo não é a religião, mas a revolução.

SIMONE WEIL

O sentimento social parece ao sentimento religioso confusamente semelhante.

SIMONE WEIL

por um justo equilíbrio de interesses entre os diferentes agentes econômicos e sociais.

88-90 2424-2425 439

143 Qual é a diferença entre a dimensão "objetiva" e "subjetiva" do trabalho?

Os economistas falam da produtividade em relação ao trabalho de uma empresa ou mesmo de um indivíduo. Desta dimensão econômica "objetiva" do trabalho a Doutrina Social da Igreja distingue a sua dimensão "subjetiva". Trata-se da dignidade inerente a cada trabalho, porque realizado por uma pessoa. Esta visão do homem com a sua dignidade inalienável como *sujeito do trabalho* é designada por São João Paulo II como o "núcleo permanente e fundamental da doutrina cristã sobre o trabalho humano" (LE, 6.4). Por isso, nunca temos o direito de nos dirigir com arrogância àqueles que alegadamente realizam trabalhos "mais baixos", para os quais não é exigida nenhuma formação especial, nem uma particular qualificação.

270-271

144 O que significa o princípio "trabalho antes do capital"?

Da dimensão subjetiva do trabalho resulta também o "princípio da precedência do trabalho sobre o capital" (LE, 12). De fato, o homem possui o capital como um objeto que lhe é exterior, ao passo que o trabalho não se pode separar do homem que o realiza, nem da sua dignidade. Nenhuma referência aos interesses do capital, às exigências da concorrência ou às durezas da globalização pode justificar condições de trabalho e de salário indignas ou exploratórias.

277 2426 442, 445

As fontes da dignidade do trabalho devem ser procuradas sobretudo não na sua dimensão objetiva, mas sim na sua dimensão subjetiva.

JOÃO PAULO II, LE, 6

Não deves bater nos teus subordinados com palavras ameaçadoras como cacetes! Mistura antes as palavras da justiça com misericórdia e unge os homens com o temor de Deus.

SANTA HILDEGARDA DE BINGEN (1098-1179), abadessa alemã, mística e doutora da Igreja

A finalidade do trabalho, de todo e qualquer trabalho realizado pelo ser humano – ainda que seja o trabalho mais humilde de um "serviço" e o mais monótono na escala do modo comum de apreciação e até o mais marginalizador – permanece sempre o mesmo ser humano.

JOÃO PAULO II, LE, 6

Queria recordar a todos, sobretudo aos governantes que estão empenhados em dar um perfil renovado aos sistemas econômicos e sociais do mundo, que o primeiro capital a preservar e valorizar é o ser humano, a pessoa, na sua integridade.

BENTO XVI, CV, 25

145 ***O que entende a Doutrina Social da Igreja com a sua exigência de participação dos trabalhadores?***

O núcleo da questão laboral na Europa foi a falta de participação social dos trabalhadores no bem-estar econômico alcançado através da industrialização e da economia de mercado. Na primeira fase da industrialização, os operários foram tratados como "máquinas humanas". Foram obrigados a ficar à margem da sociedade. A mesma situação encontramo-la hoje em muitos países em vias de desenvolvimento e mercados emergentes. Uma das exigências centrais da Doutrina Social da Igreja era e ainda é, neste pano de fundo, a participação autêntica dos trabalhadores. Neste ponto trata-se, por um lado, da participação na empresa; os trabalhadores devem poder ter uma palavra a dizer no seu local de trabalho. Mas, por outro lado, trata-se de uma participação na sociedade e no Estado. Os trabalhadores devem poder viver como cidadãos de pleno direito, com todos os direitos e deveres.

→ 281 → 2423

O problema social não tem limites.

VICTOR HUGO (1802-1885), escritor francês

A posse dos meios de produção, tanto no campo industrial como no agrícola, é justa e legítima se serve a um trabalho útil; pelo contrário, torna-se ilegítima quando não é valorizada ou serve para impedir o trabalho dos outros, para obter um ganho que não provém da expansão global do trabalho humano e da riqueza social, mas da sua repressão, da ilícita exploração, da especulação e da ruptura da solidariedade no mundo do trabalho. Semelhante propriedade não tem qualquer justificação e constitui um abuso diante de Deus e dos homens.

JOÃO PAULO II, CA, 43

A exclusão do trabalho por muito tempo ou então uma prolongada dependência da assistência pública ou privada corroem a liberdade e a criatividade da pessoa e as suas relações familiares e sociais, causando enormes sofrimentos do ponto de vista psicológico e espiritual.

BENTO XVI, CV, 25

O trabalho faz parte da vida humana; está ligado ao reconhecimento e à participação. E por isso o desemprego em massa não é só um problema econômico, mas também social, um escândalo inadmissível.

CARDEAL REINHARD MARX (* 1953), *O capital* (2008)

Renunciar ao investimento nas pessoas para se obter maior receita imediata é um péssimo negócio para a sociedade.

FRANCISCO, LS, 128

146 *Como deve ser a relação entre trabalho e propriedade privada?*

Karl Marx e Friedrich Engels escreveram no seu *Manifesto Comunista* de 1848 que o programa do comunismo podia ser resumido numa expressão: "A abolição da propriedade privada". Pelo contrário, na sua Doutrina Social, a Igreja sempre defendeu o direito à propriedade privada. Mas ao mesmo tempo sempre sublinhou que Deus criou a terra e os seus bens para que todos os homens deles beneficiem. A Doutrina Social designa isto como "o sentido comum de todos os bens da terra". Daqui resulta o princípio da *obrigatoriedade social da propriedade privada*. Quer dizer: ninguém pode servir-se dos seus bens de um modo puramente egoísta, mas deve empenhar-se para que eles estejam ao serviço do bem-estar da comunidade. Mas isto vale também e sobretudo para o que se refere à relação entre propriedade privada e trabalho: os investimentos devem servir-se para a criação de novos postos de trabalho e para a melhoria do bem-estar comum.

→ **282** → **2402-2406** → **426-427**

147 *Há um direito ao trabalho?*

O emprego remunerado é, para a maior parte das pessoas, a mais importante e muitas vezes a única fonte de rendimento. Mas não só: o trabalho é uma dimensão essencial da autorrealização humana e da participação social. Em sentido inverso, o desemprego significa também mais do que a perda material de rendimento. Desemprego significa muitas vezes isolamento, falta de confiança em si mesmo, desconsideração social e doença. Por isso é que a Doutrina Social fala de um direito *moral* ao trabalho. Todas as forças sociais – empresas, sindicatos, políticos – têm a obrigação de concretizar este direito ao trabalho e ter como objetivo a plena ocupação.

→ **155-156, 268** → **2433-2434** → **444**

148 *O que acontece àqueles que se encontram em situação de trabalho precário?*

Os cristãos são convidados a tratar os outros homens como o próprio Cristo. Onde hoje, por causa de trabalho precário ou "*working poor*" (por insuficiente vencimento em segmentos inferiores), os trabalhadores são colocados à margem da sociedade, aí estamos na presença de uma autêntica necessidade. É trabalho precário se o salário é claramente inferior ao salário médio geral, quando os homens já não podem planejar o seu futuro e os seus direitos de propriedade como trabalhadores estão limitados. As pessoas têm, no entanto, direito ao trabalho e a um salário justo. Isso vale também quer para os trabalhadores contratados, quer para os migrantes. Quando o mercado dispensa pessoas por causa de pisos salariais para as substituir por trabalho precário, estamos perante um problema que a todos interessa. O Estado pode e deve providenciar, através de condições básicas, para que os empresários ofereçam trabalho, através, por exemplo, da criação de um "segundo mercado de trabalho" no qual o necessário trabalho social seja realizado para além do mercado. Todas estas medidas devem, porém, acontecer de um modo subsidiário; devem ser um estágio de passagem para o primeiro mercado de trabalho, e não uma concorrência com ele.

→ **273, 274** → **1940, 2434** → **444, 447**

149 *Como se relacionam o trabalho e a vida familiar?*

Frequentemente, parece que as pretensões do mundo laboral e as da família se encontram numa recíproca e irreconciliável oposição. No entanto, também o trabalho contribui para criar as bases materiais e morais para a vida da família. O salário assegura o sustento da família, e os pais que trabalham são um importante exemplo para a educação dos filhos. Em todo o caso,

> O que nos parece iminente é a perspectiva de um mercado de trabalho do qual o trabalho desapareceu, portanto, a única atividade a partir da qual ele se compreende. O que é que poderia ser mais desastroso?
>
> **HANNAH ARENDT**

> A precariedade tem profundas consequências em quem a padece. Na medida em que deixa o futuro incerto, nega ao atingido qualquer antecipação racional do futuro e sobretudo aquele mínimo de esperança e de fé no futuro que é necessário para uma coletiva rebelião contra um presente tão insuportável.
>
> **PIERRE BOURDIEU** (1930-2002), filósofo social francês

> O meu "obrigado" às mulheres converte-se num premente apelo a que, da parte de todos, particularmente dos Estados e das instituições internacionais, se faça o que for preciso para devolver à mulher o pleno respeito da sua dignidade e do seu papel.
>
> **JOÃO PAULO II**, *Carta às mulheres*, 1995, 6

> Temos de melhorar as condições para que os homens possam realizar a sua vontade de ter filhos. Isso inclui a melhor organização da compatibilidade entre família e profissão. Isto quer dizer melhor apoio na educação e na garantia de retomar o lugar de trabalho.
>
> **PAUL KIRCHHOF** (* 1943), juiz constitucional

conciliar a família e a profissão não representa uma tarefa fácil para muitas pessoas. Isto é sobretudo importante quando tanto o pai como a mãe querem ou mesmo devem seguir a sua própria profissão. Empregadores, sindicatos e políticos devem por isso esforçar-se para desenvolver modelos novos e flexíveis de trabalho remunerado que possibilitem uma melhor harmonia entre profissão e família.

→ 294

150 *O que é que a Doutrina Social diz sobre a participação da mulher no mundo do trabalho?*

> Não há libertação do homem sem independência social e igualdade entre os sexos.
>
> **AUGUST BEBEL** (1840-1913), político alemão e precursor do movimento social dos trabalhadores

Precisamente nos países altamente desenvolvidos do mundo ocidental, a emancipação da mulher deu passos muito grandes que a Igreja saúda e apoia. Em todos os domínios da vida social, as mulheres devem desempenhar um papel com direitos iguais aos dos homens,

no pressuposto, porém, de que seja respeitada e tida em consideração a situação específica das mulheres. Sobretudo as mulheres grávidas e as mães precisam de uma proteção especial através de uma ordem jurídica e de toda a sociedade. Isto vale especialmente no que diz respeito ao mundo laboral. Em várias partes do mundo, isto ainda não acontece. Em muitos lugares, as mulheres estão expostas a uma indigna discriminação e exploração. A esta injustiça devem o Estado, a sociedade e a Igreja opor-se com energia.

→ 295 → 2433

> Não herdamos esta terra dos nossos antepassados para dela fazermos o que quisermos. Recebemo-la emprestada dos nossos filhos e devemos lidar com ela no seu interesse como se nos pertencesse.
>
> **MOSES HENRY CASS** (* 1927), político australiano

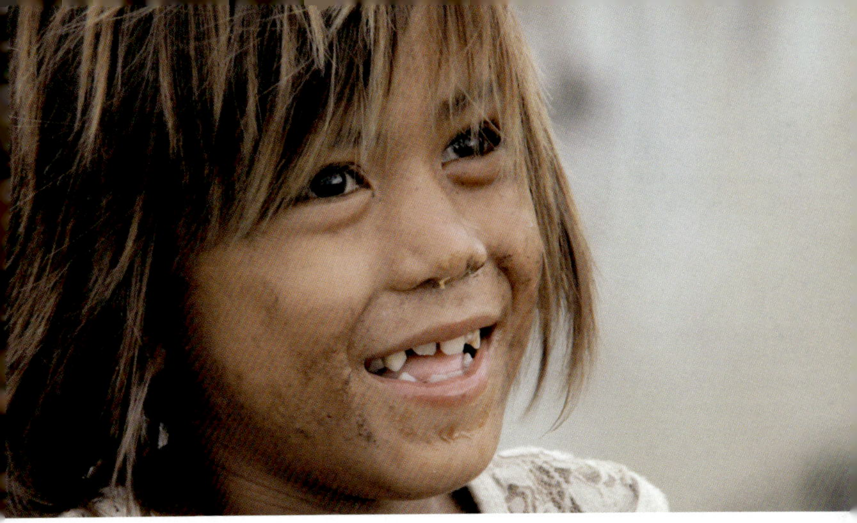

Quem escandalizar um destes pequeninos que acreditam em mim, melhor seria para ele pendurar uma pedra de moinho ao pescoço e ser lançado ao fundo do mar. **Mt 18,6**

151 *O que é que a Doutrina Social da Igreja diz sobre o trabalho infantil?*

Na primeira fase da industrialização, a exploração das crianças através do trabalho infantil foi um dos maiores escândalos na América e na Europa. Ainda hoje, nos países de economia emergente ou em vias de desenvolvimento, o trabalho infantil está muito espalhado. Frequentemente, é a simples necessidade da existência que obriga as famílias a atirar também os seus filhos para um trabalho remunerado. O objetivo será então criar por todo o mundo relações sociais que ofereçam a todas as famílias uma existência segura, sem que as crianças tenham de contribuir com os rendimentos auferidos no seu trabalho. Em nenhuma circunstância se pode tolerar um trabalho infantil que venha a provocar danos no desenvolvimento espiritual ou corporal das crianças. A exploração ou escravidão de crianças é um pecado que brada aos céus.

→ 296

Pela privação da educação, não é só a juventude fabril que perde um meio econômico de proteção para o seu futuro, mas a própria humanidade será abatida nestes jovens escravos que a indústria fabril negligencia, porque nunca se poderá erguer no espaço mais livre de um desenvolvimento espiritual.

FRANZ JOSEPH VON BUSS (1803-1878), 1837, onze anos antes da aparição do livro *O capital* de Karl Marx, von Bus proferiu o discurso que ficou conhecido como *Fabrikrede*

Os migrantes não infringem tão frequentemente a lei, como muito mais as leis não respeitam os migrantes.

HERNANDO DE SOTO (*1941), economista peruano

Ele ama o imigrante, dando-lhe pão e roupa. Portanto, amai o imigrante, porque fostes imigrantes no Egito.

Dt 10,18-19

O trabalho dos campos reveste-se de não leves dificuldades, como sejam o esforço físico contínuo e por vezes extenuante, o pouco apreço em que é tido socialmente, a ponto de criar nos seres humanos que se dedicam à agricultura a sensação de serem socialmente marginalizados e de incentivar no meio deles o fenômeno da fuga em massa do campo para as cidades e, infelizmente, para condições de vida ainda mais desumanas.

JOÃO PAULO II, LE, 21

152 *Como justificar o fenômeno da migração laboral?*

No mundo atual, há um grande desequilíbrio entre nações e regiões pobres e ricas. Por isso, muitos homens deixam hoje a sua casa para procurar trabalho e salário noutras terras. São os trabalhadores migrantes. Quando um país se decide a receber trabalhadores migrantes, estes não devem ser tratados como forças de trabalho de segunda classe. Os trabalhadores migrantes não devem de modo nenhum ser explorados, mas na vida laboral devem ter os mesmos direitos e o mesmo salário que os trabalhadores desse país. Devem, além disso, ser respeitados como pessoas que por isso não são apenas forças de produção. Muito particularmente, deve ser dada atenção ao direito de reunificação das famílias dos trabalhadores migrantes. O Estado, a economia e a sociedade têm o dever de se esforçar pela integração abrangente dos trabalhadores migrantes na sociedade.

→ 297 s. → 2241

Há uma grande variedade de sistemas alimentares rurais de pequena escala que continuam a alimentar a maior parte da população mundial, utilizando uma porção reduzida de terreno e de água e produzindo menos resíduos, quer em pequenas parcelas agrícolas e hortas, quer na caça e recolha de produtos silvestres, quer na pesca artesanal. [...]
As autoridades têm o direito e a responsabilidade de adotar medidas de apoio claro e firme aos pequenos produtores e à diversificação da produção.

FRANCISCO, LS, 129

153 *Como reage a Doutrina Social à turbulência global no setor agrícola?*

Mais do que qualquer outro setor da economia, a agricultura marca o espaço natural e cultural de uma sociedade. Por isso é importante, mesmo para os países altamente desenvolvidos, a conservação de uma agricultura viável. Na maior parte dos países do mundo, o setor agrícola é ainda o ramo mais importante da economia. Nele trabalha quase a maior parte das pessoas. É o caso sobretudo dos países e regiões mais pobres da terra. Muitas vezes, o problema fundamental consiste em que o terreno agrário se encontra nas mãos de uns poucos proprietários. Onde a grande propriedade leva à exploração dos camponeses, danifica o bem comum e impede um positivo desenvolvimento econômico do povo, a Doutrina Social da Igreja é a fa-

vor de uma reforma agrária e de uma redistribuição da terra. Tais medidas devem acontecer de uma forma juridicamente ordenada. Velhas injustiças não podem ser combatidas com novas injustiças.

→ 299 s.

> Devíamos deixar uma terra na qual também os que vierem depois de nós pudessem viver... A terra, de fato, não consiste apenas em caminhos de comboio e em estradas, mas também em campos etc. Deve assim haver um equilíbrio entre as necessidades dos camponeses e as daqueles que constroem estradas. Deve haver justiça entre os utentes do país.
>
> **CARDEAL PETER TURKSON** (*1948), presidente do Conselho Pontifício Justiça e Paz, entrevista a 24.1.2013

> São sempre os mais fracos que procuram o direito e a igualdade, os mais fortes não se preocupam com isso.
>
> **ARISTÓTELES**

154 *Por que é que deve haver um direito do trabalho?*

Numa economia de mercado, só se dá um real equilíbrio entre as duas partes de um contrato (e assim um espaço para o acordo) se ambas as partes têm as mesmas informações e as mesmas forças econômicas, o que não é o caso na maior parte dos acordos de trabalho. Em regra, é o empregador a parte economicamente superior e mais bem informada. Por isso, os legítimos interesses dos trabalhadores devem ser protegidos por um direito especial, o direito do trabalho. É o caso da proteção contra o →*DUMPING* SALARIAL, o direito ao descanso dominical e às férias ou a reivindicação de apoio em caso de desemprego ou de doença; a proteção à maternidade já foi mencionada anteriormente.

→ 301 → 2430, 2433

! DUMPING SALARIAL Redução deliberada da remuneração salarial. O *dumping* salarial pode pôr em perigo a existência do trabalhador.

> Não amordaces o boi que debulha o grão.
>
> **DT 25,4**

> Não pago bons salários porque tenho muito dinheiro, mas tenho muito dinheiro porque pago bons salários.
>
> **ROBERT BOSCH** (1861-1942), industrial alemão e inventor do conceito de empregador modelo

> Entre os deveres principais do patrão, é necessário colocar, em primeiro lugar, o de dar a cada um o salário justo. Certamente, para fixar a justa medida do salário, há numerosos pontos de vista a considerar. De uma maneira geral, recordem-se o rico e o patrão de que explorar a pobreza e a miséria e especular com a indigência são coisas igualmente reprovadas pelas leis divinas e humanas; que cometeria um crime de clamar vingança ao céu quem defraudasse a qualquer um no preço dos seus labores.
>
> **LEÃO XIII**, RN, 10

> O gerente americano médio ainda acredita que o sindicato deve ser o seu inimigo mortal natural. Isto é um modo ultrapassado de pensar. Gostaria que o operariado compreendesse a engrenagem interna da empresa.
>
> **LEE IACOCCA** (* 1924), alto responsável americano da indústria automotiva

> Aquilo que um só não é capaz, é conseguido por muitos.
>
> **FRIEDRICH WILHELM RAIFFEISEN** (1818-1888), político agrário alemão, fundador da associação RAIFFEISEN

155 *Quando é que um salário é justo?*

Desde o princípio, a Doutrina Social da Igreja tem exigido que o salário do trabalhador deve bastar para garantir o seu sustento e o da sua família. A exigência atualmente é que o salário deve ser suficientemente alto para permitir ao trabalhador a plena participação na vida social. Todavia, é difícil especificar a grandeza exata do salário justo. É preciso considerar a atividade e a eficiência de cada um, mas também a do empregador. Além disso, é preciso ter em consideração o contexto social e econômico. Salários demasiado elevados podem ameaçar a eficiência econômica geral e assim prejudicar o bem comum. Em todo o caso, devem existir procedimentos equitativos para a determinação dos salários. Neste ponto, os sindicatos desempenham um papel importante. Subsidiariamente, o Estado deve garantir um salário mínimo. Também a estrutura salarial em geral deve ser justa. Em vista da paz social, não deveria existir uma flagrante defasagem entre o salário de um simples trabalhador e o vencimento dos quadros superiores.

→ 302 s. → 2434 → 332

> Uma greve que não exerça uma pressão econômica não é uma greve, mas um peditório coletivo.
>
> **JÜRGEN PETERS**, presidente da IG-Metall

156 *Que significado têm os sindicatos?*

Precisamente porque a maioria das vezes se dá um desequilíbrio de forças entre os empregadores e os empregados, estes são aconselhados a unirem as suas forças em sindicatos. Deste modo podem em conjunto e solidariamente garantir os seus interesses. O direito de fundar sindicatos é um direito

humano. Ninguém pode sofrer desvantagens por ser membro de um sindicato ou por estar comprometido sindicalmente.

→ 305-307

> A desobediência civil torna-se um dever sagrado quando o Estado abandona o terreno do Direito.
>
> **MAHATMA GANDHI**

157 *Os trabalhadores podem fazer greve?*

Trabalhadores e empregadores seguem em parte interesses opostos, como quando se trata do montante do salário ou da duração do tempo de trabalho. Para regular estas questões de um modo satisfatório para ambas as partes, são necessárias negociações entre ambos os lados. Os trabalhadores são entãorepresentados pelos seus sindicatos. A greve é um importante meio que os sindicatos têm para colocar sob pressão o lado dos patrões nestas negociações. Este meio é legítimo se for pacífico e somente usado para a melhoria dos salários e das condições de trabalho. A greve não deve, portanto, estar em contradição com o bem comum. Serviços necessários para a convivência das pessoas (por exemplo, a polícia, os bombeiros, assistência aos doentes) nunca deveriam ser prejudicados por greves.

→ 307 → 2435

> A greve pode ainda constituir, mesmo nas atuais circunstâncias, um meio necessário, embora extremo, para defender os próprios direitos e alcançar as justas reivindicações dos trabalhadores.
>
> **CONCÍLIO VATICANO II**, GS, 68

> Dependendo das circunstâncias, pode ser apropriada uma demonstração, uma marcha de protesto, uma greve ou uma desobediência civil.
>
> **NELSON MANDELA**, artigo em jornal, fevereiro de 1958

Trechos de documentos da Igreja

6

O TRABALHO HUMANO

Rerum novarum

Salário e propriedade

De fato, como é fácil compreender, a razão intrínseca do trabalho empreendido por quem exerce uma arte lucrativa, o fim imediato visado pelo trabalhador, é conquistar um bem que possuirá como próprio e como lhe pertencendo; porque, se põe à disposição de outrem as suas forças e a sua indústria, não é, evidentemente, por outro motivo senão para conseguir com que possa prover ao seu sustento e às necessidades da vida, e espera do seu trabalho, não só o direito ao salário, mas ainda um direito estrito e rigoroso para usar dele como entender. Portanto, se, reduzindo as suas despesas, chegou a fazer algumas economias, e se, para assegurar a sua conservação, as emprega, por exemplo, num campo, torna-se evidente que esse campo não é outra coisa senão o salário transformado: o terreno assim adquirido será propriedade do artista com o mesmo título que a remuneração do seu trabalho. Mas quem não vê que é precisamente nisso que consiste o direito da propriedade mobiliária e imobiliária? Assim, esta conversão da propriedade particular em propriedade coletiva, tão preconizada pelo socialismo, não teria outro efeito senão tornar a situação dos operários mais precária, retirando-lhes a livre disposição do seu salário e roubando-lhes, por isso mesmo, toda a esperança e toda a possibilidade de engrandecerem o seu patrimônio e melhorarem a sua situação.

Leão XIII, Encíclica *Rerum novarum* (1891), 4

Rerum novarum

Nada de comum entre proprietários e aqueles que nada têm?

O erro capital na questão presente é crer que as duas classes são inimigas natas uma da outra, como se a natureza tivesse armado os ricos e os pobres para se combaterem mutuamente num duelo obstinado. Isto é uma aberração tal que é necessário colocar a verdade numa doutrina contrariamente oposta, porque, assim como no corpo humano os membros, apesar da sua diversidade, se adaptam maravilhosamente uns aos outros, de modo que formam um todo exatamente proporcionado e que se poderá chamar simétrico, assim também, na sociedade, as duas classes estão destinadas pela natureza a unir-se harmoniosamente e a conservar-se mutuamente em perfeito equilíbrio. Elas têm imperiosa necessidade uma da outra.

Leão XIII, Encíclica *Rerum novarum* (1891), 9

Rerum novarum

Os operários não são escravos

Entre estes deveres, eis os que dizem respeito [...] aos ricos e aos patrões, não devem tratar o operário como escravo, mas respeitar nele a dignidade do ser humano, realçada ainda pela do cristão. O trabalho do corpo, pelo testemunho comum da razão e da filosofia cristã, longe de ser um objeto de vergonha, honra o ser humano, porque lhe fornece um nobre meio de sustentar a sua vida. O que é vergonhoso e desumano é usar dos seres humanos como de vis instrumentos de lucro e não os estimar senão na proporção do vigor dos seus braços. O cristianismo, além disso, prescreve que se tenham em consideração os interesses espirituais do operário e o bem da sua alma. Aos patrões compete velar para que a isto seja dada plena satisfação, para que o operário não seja entregue à sedução e às solicitações corruptoras, que nada venha enfraquecer o espírito de família, nem os hábitos de economia. Proíbe também aos patrões que imponham aos seus subordinados um trabalho superior às suas forças ou em desarmonia com a sua idade ou o seu sexo.

Leão XIII, Encíclica *Rerum novarum* (1891), 10

Rerum novarum

Injustiça que brada ao céu

De uma maneira geral, recordem-se o rico e o patrão de que explorar a pobreza e a miséria e especular com a indigência são coisas igualmente reprovadas pelas leis divinas e humanas e cometeria um crime de clamar vingança ao céu quem defraudasse a qualquer um no preço dos seus labores.

Leão XIII, Encíclica *Rerum novarum* (1891), 10

Rerum novarum

Jesus como operário

Quanto aos deserdados da fortuna, aprendam da Igreja que, segundo o juízo do próprio Deus, a pobreza não é um opróbrio e que não é vergonha ter de ganhar o pão com o suor do próprio rosto. É o que Jesus Cristo Nosso Senhor confirmou com o seu exemplo. Ele, que "de muito rico que era se fez pobre" para a salvação dos homens; que, Filho de Deus e Deus ele mesmo, quis passar aos olhos do mundo por filho de um carpinteiro; que chegou até a consumir uma grande parte da sua vida em trabalho corporal.

Leão XIII, Encíclica *Rerum novarum* (1891), 13

Mater et magistra

Trabalho e pessoa

O trabalho deve ser considerado, em teoria e na prática, não mercadoria, mas um modo de expressão direta da pessoa humana. Para a grande maioria dos seres humanos, o trabalho é a única fonte aos meios de subsistência. Por isso, a sua remuneração não se pode deixar à mercê do jogo automático das leis do mercado; pelo contrário, deve ser estabelecida segundo as normas da justiça e da equidade.

João XXIII, Encíclica *Mater et magistra* (1961), 18

Gaudium et spes

Trabalho e desenvolvimento pessoal

Tendo em consideração as funções e produtividade de cada um, bem como a situação da empresa e o bem comum, o trabalho deve ser remunerado de maneira a dar ao ser humano a possibilidade de cultivar dignamente a própria vida material, social, cultural e espiritual e a dos seus.

Concílio Vaticano II, *Gaudium et spes* (1965), 67

Laborem exercens

O trabalho – fundamental para o ser humano

A Igreja está convencida de que o trabalho constitui uma dimensão fundamental da existência do ser humano sobre a terra. E ela radica-se nesta convicção também ao considerar todo o patrimônio das múltiplas ciências centralizadas no ser humano: a antropologia, a paleontologia, a história, a sociologia, a psicologia etc.: todas elas parecem testemunhar de modo irrefutável essa realidade. A Igreja, porém, vai haurir esta sua convicção sobretudo na fonte da Palavra de Deus revelada e, por conseguinte, aquilo que para ela *é uma convicção da inteligência* adquire ao mesmo tempo o caráter de uma *convicção de fé*. A razão está em que a Igreja – vale a pena acentuá-lo desde já – acredita no ser humano. Ela pensa no ser humano e encara-o *não apenas* à luz da experiência histórica, não apenas com os subsídios dos multíplices métodos do conhecimento científico, mas sim e em primeiro lugar à luz da Palavra revelada de Deus vivo.

João Paulo II, Encíclica *Laborem exercens* (1981), 4

Laborem exercens

O ser humano como sujeito do trabalho

O ser humano deve submeter a terra, deve dominá-la, porque, como "imagem de Deus", é uma pessoa; isto é, um ser dotado de subjetividade, capaz de agir de maneira programada e racional, capaz de decidir de si mesmo e tendente a realizar-se a si mesmo.

João Paulo II, *Laborem exercens* (1981), 6

Laborem exercens

O trabalho é para o ser humano

Embora seja verdade que o homem está destinado e é chamado ao trabalho, contudo, antes de mais nada o trabalho é "para o homem" e não o homem "para o trabalho". [...] Partindo deste modo de entender as coisas e supondo que diversos trabalhos realizados pelos homens podem ter um maior ou menor valor objetivo, procuramos todavia pôr em evidência que cada um deles se mede sobretudo *pelo padrão da dignidade* do mesmo sujeito do trabalho, isto é, da pessoa, *do ser humano que o executa*. Por outro lado, independentemente do trabalho que faz cada um dos homens e supondo que ele constitui uma finalidade – por vezes muito absorvente – do seu agir, tal finalidade não possui por si mesma um significado definitivo. De fato, em última análise, a *finalidade do trabalho*, de todo e qualquer trabalho realizado pelo homem – ainda que seja o trabalho mais humilde de um "serviço" e o mais monótono na escala do modo comum de apreciação e até o mais marginalizador –, permanece sempre o mesmo homem.

João Paulo II, Encíclica *Laborem exercens* (1981), 6

Laborem exercens

Trabalho e profissão

Confirmada deste modo a dimensão pessoal do trabalho humano, deve-se passar depois para a segunda *esfera de valores*, que com ele anda necessariamente unida. O trabalho constitui o fundamento sobre o qual se edifica a *vida familiar*, que é um direito fundamental e uma vocação do ser humano. Estas duas esferas de valores – uma conjunta ao trabalho e a outra derivante do caráter familiar da vida humana – devem unir-se entre si e compenetrar-se de um modo correto. O trabalho, de alguma maneira, é a condição que torna possível a fundação de uma família, uma vez que a família exige os meios de subsistência que o homem obtém normalmente mediante o trabalho. Assim, trabalho e laboriosidade condicionam também o *processar-se da educação* na família, precisamente pela razão de que cada um "se torna homem" mediante o trabalho, entre outras coisas, e que o fato de se tornar homem exprime exatamente a finalidade principal de todo o processo educativo.

JOÃO PAULO II, Encíclica *Laborem exercens* (1981), 10

Laborem exercens

O salário como peça elementar da justiça

Em todo e qualquer sistema, independentemente das relações fundamentais existentes entre o capital e o trabalho, o salário, isto é, a *remuneração do trabalho*, permanece um *meio concreto* pelo qual a grande maioria dos seres humanos pode ter acesso àqueles bens que estão destinados ao uso comum, quer se trate dos bens da natureza, quer dos bens que são fruto da produção. Uns e outros tornam-se acessíveis ao homem do trabalho graças ao salário, que ele recebe como remuneração do seu trabalho. Daqui vem que o justo salário se torna em todos os casos a *verificação concreta da justiça* de cada sistema socioeconômico e, em qualquer hipótese, do seu justo funcionamento.

JOÃO PAULO II, Encíclica *Laborem exercens* (1981), 19

Centesimus annus

Elogio aos sindicatos

Por último, é necessário garantir o respeito de horários "humanos" de trabalho e de repouso, bem como o direito de exprimir a própria personalidade no lugar de trabalho, sem serem violados seja de que modo for na própria consciência ou dignidade. Faz-se apelo de novo aqui ao papel dos sindicatos não só como instrumentos de contratação, mas também como "lugares" de expressão da personalidade dos trabalhadores: aqueles servem para o desenvolvimento de uma autêntica cultura do trabalho e ajudam os trabalhadores a participarem de modo plenamente humano na vida da empresa.

JOÃO PAULO II, Encíclica *Centesimus annus* (1991), 15

Evangelii gaudium

Desemprego como exclusão da sociedade

Atualmente, tudo entra no jogo da competitividade e da lei do mais forte, onde o poderoso engole o mais fraco. Em consequência desta situação, grandes massas da população veem-se excluídas e marginalizadas: sem trabalho, sem perspectivas, num beco sem saída. O ser humano é considerado, em si mesmo, como um bem de consumo que se pode usar e depois jogar fora. Assim teve início a cultura do "descartável", que aliás chega a ser promovida. Já não se trata simplesmente do fenômeno de exploração e opressão, mas de uma realidade nova: com a exclusão, fere-se, na própria raiz, a pertença à sociedade onde se vive, pois quem vive nas favelas, na periferia ou sem poder já não está nela, mas fora. Os excluídos não são "explorados", mas resíduos, "sobras".

FRANCISCO, Exortação apostólica *Evangelii gaudium* (2013), 53

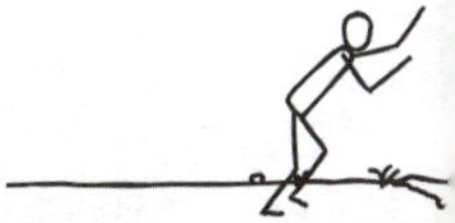

7

QUESTÕES
158-194

Bem-estar e justiça para todos

A ECONOMIA

”

Também na vida econômica e social se deve respeitar e promover a dignidade e a vocação integral da pessoa e o bem de toda a sociedade. Com efeito, o homem é o protagonista, o centro e o fim de toda a vida econômica e social.

CONCÍLIO VATICANO II, GS, 63

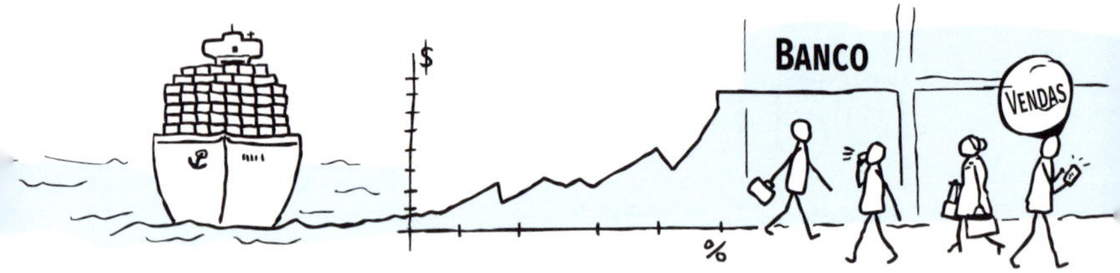

158 *Que entendemos por "economia"?*

! ECONOMIA
É... o conjunto das instalações e dos processos para a cobertura planificada, permanente e segura das necessidades humanas naqueles bens e serviços que permitem o desenvolvimento querido por Deus a respeito dos indivíduos e das estruturas sociais.
CARDEAL JOSEPH HÖFFNER

Por →ECONOMIA entendemos aquele domínio da realidade social no qual os homens satisfazem as suas necessidades materiais e as dos seus semelhantes. Na economia trata-se também da produção, da distribuição e do consumo dos bens e dos serviços.

→ 332 → 2426, 2427

159 *Qual é o objetivo da economia?*

O objetivo da economia é o abastecimento material de tudo aquilo que precisamos para viver. Para esse efeito, os recursos para isso – matérias-primas, máquinas, bens de raiz, força de trabalho humano – são escassos. Devemos, por isso, construir uma ordem econômica, ou seja, organizar de tal modo a economia que estes escassos recursos sejam usados do modo mais eficiente e racional possível. O protagonista, o centro e o fim de toda a atividade econômica é o homem livre. Onde quer que seja que atuemos socialmente, no centro deve estar a dignidade da pessoa e o desenvolvimento do bem comum (cf. *Gaudium et spes*, 63).

→ 334, 346, 375 → 2426 → 442

160 *Como se relacionam entre si economia e ética?*

A economia funciona segundo leis próprias. Por todo o mundo impõe-se cada vez mais a economia de mercado. É como na praça de um mercado real: fornecedores e clientes encontram-se e negociam livremente entre si os preços, a quantidade e a qualidade dos produtos. A economia de mercado tem-se mostrado muito eficiente, mas só é eticamente aceitável se for uma economia de mercado social e controlada segundo as regras de um Estado de direito. Por isso é necessário que haja, em primeiro lugar, regras claras garantidas pelo Estado, e, em segundo lugar, é preciso cuidar daqueles que nada têm para oferecer a este mercado, porque não têm nem trabalho, nem dinheiro. Além disso, há domínios humanos que não é possível satisfazer com a lógica do mercado: o sofrimento, a doença e deficiências, por exemplo. Que a economia funcione com as suas próprias leis não significa que as leis do mercado não devam também submeter-se às leis e aos mandamentos de Deus. A ética é uma componente essencial de uma boa economia. Uma ação que não respeite a ética torna-se também falsa com o passar do tempo. Mas também vale o contrário: um comportamento que não respeite a economia, como o desperdício dos recursos, também não é ético.

→ 330-333 → 2426, 2431 → 442-443

Se alguém confia em alguém, não é necessário um acordo. Mas se não pode confiar, é inútil um acordo.

Expressão atribuída a **Jean Paul Getty** (1892-1976), americano, industrial de petróleo e mecenas das artes, considerado no seu tempo o homem mais rico do mundo.

Os romanos construíram pontes estáveis, porque os seus arquitetos tinham de ficar debaixo delas quando os exércitos as atravessavam pela primeira vez.

PREM WATSA (* 1950), investidor canadense

Existem numerosas carências humanas sem acesso ao mercado. É estrito dever de justiça e verdade impedir que necessidades humanas fundamentais permaneçam insatisfeitas e que pereçam os seres humanos por elas oprimidos.

JOÃO PAULO II, CA, 34

Uma moral que pensa poder passar por cima do conhecimento objetivo das leis econômicas não é moral, mas moralismo, portanto, o contrário da moral.

CARDEAL JOSEPH RATZINGER (Bento XVI), *Economia de Mercado e ética* (1986)

161 *O bem-estar não é ético?*

Não. A melhoria do bem-estar é mesmo um objetivo altamente ético. Mas este objetivo só é moralmente bom se estiver orientado para o *desenvolvimento global e solidário* de todos os homens e se não for aproveitado apenas por alguns. Progresso quer dizer desenvolvimento total e abrangente do homem. Dele fazem parte a fé e a família, a educação e a saúde e muitos outros valores. Não se pode tratar sempre e apenas de aumento do consumo. O "consumismo" torna mesmo o homem de certo modo mais pobre.

→ 334 → 2426

Sem formas internas de solidariedade e de confiança recíproca, o mercado não pode cumprir plenamente a própria função econômica.

BENTO XVI, CV, 35

162 *A Igreja é crítica a respeito da economia?*

A atitude da Igreja perante a economia é fundamentalmente positiva. Ela só é crítica a respeito da economia onde esta se constitui de um modo absoluto. Isso acontece, por exemplo, onde a mão de obra é explorada e totalmente coletada ou onde é negligenciado o uso sustentável dos recursos da terra. A Igreja coloca-se ao lado da economia quando os homens, através dela, podem desfrutar pelo menos de um modesto bem-estar e não têm de temer a pobreza. A

Doutrina Social Católica quer que todos os homens participem ativamente na condução do progresso econômico, na melhoria da produção e na sua distribuição (cf. GS, 63, 65).

> Assim como o mandamento "não matar" põe um limite claro para assegurar o valor da vida humana, assim também hoje devemos dizer "não a uma economia da exclusão e da desigualdade social". Esta economia mata.
>
> **FRANCISCO,** EG, 53

→ 373-374 → 2423-2425 → 442

163 *A atividade econômica pode considerar-se uma vocação?*

Sim. Trabalhar no comércio e na economia pode ser uma autêntica vocação: as pessoas que se colocam ao serviço do próximo e da sociedade nos respectivos domínios de responsabilidade são uma bênção para

todos. Deus confiou-nos a terra para que a "cultivemos e guardemos". Podemos seguir a vontade de Deus em nosso trabalho e contribuir num pequeno domínio para a perfeição da Criação (cf. Gn 2,15s.). Quando agimos de um modo correto e amistoso, pomos a render as coisas boas da terra e os nossos próprios talentos em favor do bem-estar do nosso próximo que nos foi confiado (Mt 25,14-30; Lc 19,12-27).

> A caridade é a via mestra da Doutrina Social da Igreja. As diversas responsabilidades e compromissos por ela delineados derivam da caridade.
>
> **BENTO XVI,** CV, 2

→ 326 → 2427-2428 → 442

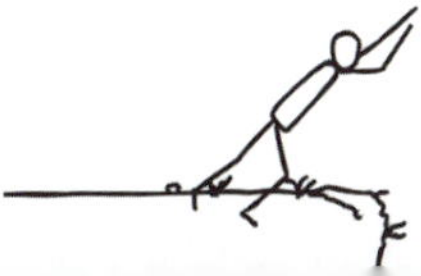

> És pobre: precisas de pessoas que te deem: precisas de pessoas a quem tu dês.
>
> **LUDWIG BÖRNE** (1786-1837), jornalista alemão

> Devemos dar enquanto tivermos; porque também nós temos um doador magnânimo.
>
> **SANTA BRÍGIDA DA SUÉCIA** (1303-1373), mística e padroeira da Europa

> Podemos montar uma empresa que sirva os pobres e na qual o lucro é um subproduto, não é o fim.
>
> **MUHAMMAD YUNUS** (*1940), economista e reformador social de Bangladesh Prêmio Nobel da Paz 2006

> Dar apenas dinheiro aos outros retira toda a iniciativa para autoajuda, toda a criatividade.
>
> **MUHAMMAD YUNUS**

> Peço-te duas coisas, ó Deus. Não me negues isto antes de eu morrer: afasta de mim a falsidade e a mentira. Não me dês riqueza nem pobreza. Concede-me apenas o meu pedaço de pão, para que, saciado, eu não te renegue, dizendo: "Quem é o Senhor?" Ou então, reduzido à miséria, chegue a roubar e profanar o nome do meu Deus.
>
> **PR 30,7-9**

164 *Que a Bíblia diz sobre a pobreza e a riqueza?*

Quem segue Jesus, nunca deve esquecer que devemos nos tornar ricos sobretudo diante de Deus (Lc 12, 21). Tornar-se rico materialmente não constitui um objetivo especial da vida cristã. E ser rico materialmente não é nenhum sinal seguro de uma graça especial de Deus. Jesus ensina-nos a rezar: "O pão nosso de cada dia nos dai hoje" (MT 6,11). Com estas palavras pedimos ao Pai tudo aquilo de que precisamos para a nossa vida terrena. Não procuramos o luxo, mas sim aqueles bens que são requeridos para uma vida feliz num bem-estar moderado, para o sustento da família, para a caridade e para a participação na cultura e na educação bem como para o desenvolvimento.

→ 323, 326 → 2443-2446 → 449

165 *A pobreza é sempre má?*

Quando "pobreza" significa necessidade involuntária e falta de meios necessários para a vida, então a pobreza é uma desgraça. A realidade de que uma parte da humanidade passa fome e uma outra joga fora alimentos em abundância é um escândalo e um pecado que brada aos céus. É difícil dizer, em países ricos, onde passam realmente as fronteiras da pobreza material, ou seja, o que se deve considerar como um mínimo para a existência. A pobreza relativa – portanto não viver na abundância – não deve ser só negativa. Pode levar as pessoas a reconhecer as suas verdadeiras necessidades e a chegar a uma atitude de abertura orante e cheia de confiança perante Deus. Onde os cristãos levam a sério o Evangelho, há sempre a renúncia consciente e livre à riqueza material: as pessoas podem servir a Deus com o coração livre. Em geral, vale o princípio: quem quiser seguir Jesus tem de ser pobre perante Deus, isto é, estar interiormente desprendido da posse dos bens (Mt 5,3). Nada deve ser anteposto ao amor a Deus.

→ 324 → 2437-2440 → 448

> Muitas pessoas gastam dinheiro que não têm em coisas que não precisam para impressionar pessoas de quem não gostam.
>
> **DANNY KAYE** (1911-1987), artista americano

166 *O bem-estar é sempre bom?*

Poder viver sem preocupações materiais é uma enorme vantagem pela qual se devia agradecer a Deus todos os dias. Quem assim vive pode ajudar aqueles aos quais, por qualquer motivo, a vida não lhes corre bem. Mas a riqueza também pode levar a uma saturação espiritual, à arrogância e à presunção. De um modo diferente do pobre, o rico é tentado a atribuir ao próprio mérito as condições da sua vida feliz. Quando o ter se torna uma ganância, junta-se-lhe com frequência a

> A raiz de todos os males é o amor ao dinheiro. Por causa dessa ânsia de dinheiro, alguns afastaram-se da fé e afligem-se a si mesmos com muitos tormentos.
>
> **1Tm 6,10**

> Todos os crimes e iniquidades têm origem na ganância.
>
> **CÍCERO** (106-43 a.C.), político romano

dureza do coração. Para aqueles que se fixam apenas na riqueza material vale a advertência de Jesus: "Louco! Nesta mesma noite vais ter de devolver a tua vida" (Lc 12,20).

→ 325 → 2402-2404

> Tu não podes ter tudo. Onde é que o haverias de acomodar?
>
> **STEVEN WRIGHT** (* 1955), comediante americano

167 *Por que Jesus nos diz que não devemos nos preocupar com o dia de amanhã? (Mt 6,34)*

Jesus não queria com isso desacreditar o cuidado diligente. Noutro lugar, ele louva mesmo o administrador esperto e o trabalho no qual se pode confiar, mesmo

As obras de misericórdia

quando aparenta pouco valor. Além disso, o próprio Jesus viveu como carpinteiro e trabalhou para outros. Pelo contrário, uma exagerada apreensão para com o futuro não é compatível com a confiança fundamental de um cristão.

→ **523**

168 *Como reage um cristão perante a própria pobreza?*

Fará tudo para se libertar, a si e à sua família, da pobreza, através de trabalho concentrado e sustentável. Muitas vezes, numa interação comum com outros, têm de ser superadas estruturas "más" e forças injustas que impedem o acesso dos pobres à propriedade, ao autossustento e ao progresso material.

→ **325** → **2443-2446** → **449-450**

169 *Como eu próprio lido com a pobreza alheia?*

Porque Deus ama cada homem "até a morte de cruz", os cristãos veem o seu próximo com olhos novos. Mesmo nos mais pobres dos pobres reconhecem Cristo, seu Senhor. Por isso, os cristãos estão profundamente motivados para fazer tudo para aliviar o sofrimento alheio. Por isso é que eles se orientam segundo as →OBRAS DE MISERICÓRDIA. A ajuda pode acontecer de homem para homem. Mas também é possível ajudar indiretamente através de doações, de modo que os pobres possam sobreviver e viver com dignidade. Mais importante, porém, é a *ajuda para a autoajuda*, uma ajuda, portanto, que capacite os pobres para se libertarem a si mesmos da pobreza, por exemplo, na medida em que se consiga um trabalho para eles ou se lhes ofereça uma melhor formação. Em todo o caso, ninguém deve sentir-se sobrecarregado, ninguém deve sentir-se facilmente desculpado. Os empresários dão um importante contributo na luta contra a pobreza

O grande desafio que temos diante de nós [...] é mostrar que, nas relações comerciais, o princípio de gratuitidade e a lógica do dom como expressão da fraternidade podem e devem encontrar lugar dentro da atividade econômica normal.

BENTO XVI, CV, 36

A responsabilidade é uma carga removível que é fácil atribuir a Deus, ao destino ou ao próximo. Nos tempos da astrologia, era comum atribuí-la a uma estrela.

AMBROSE BIERCE
(1842-1914), escritor americano

Já não podemos confiar nas forças cegas e na mão invisível do mercado.
O crescimento equitativo exige algo mais do que o crescimento econômico, embora o pressuponha; requer decisões, programas, mecanismos e processos especificamente orientados para uma melhor distribuição dos rendimentos, para a criação de oportunidades de trabalho, para uma promoção integral dos pobres que supere o mero assistencialismo.

FRANCISCO, EG, 204

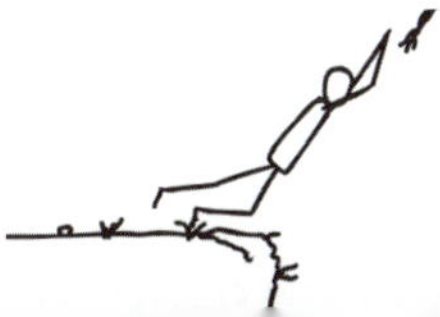

através da criação de postos de trabalho e de condições humanamente dignas.

329 2447 449-450

170 *Podemos realizar o "Reino de Deus" através do progresso material?*

Quando nos empenhamos com paixão e perseverança no desenvolvimento integral do homem e pela preservação da criação, podemos conseguir muita coisa, mas não o Paraíso. Jesus diz: "O meu Reino não é deste mundo" (Jo 18,36). O Reino de Deus não deve por isso ser confundido com o progresso material ou terreno. No entanto, o progresso econômico tem "um grande significado para o Reino de Deus na medida em que pode contribuir para uma melhor ordem da sociedade humana" (GS, 39).

55, 323-326 2419-2420, 2426

171 *O capitalismo é conciliável com a dignidade humana?*

Sob a impressão do colapso da economia centralmente planificada do sistema soviético, escreveu São João Paulo II: "Se por 'capitalismo' se indica um sistema econômico que reconhece o papel fundamental e positivo da empresa, do mercado, da propriedade privada e da consequente responsabilidade pelos meios de produção, da livre criatividade humana no setor da economia, a resposta é certamente positiva, embora talvez fosse mais apropriado falar de "economia de empresa", ou de "economia de mercado", ou simplesmente de "economia livre". Mas se por "capitalismo" se entende um sistema onde a liberdade no setor da economia não está enquadrada num sólido contexto jurídico que a coloque integralmente ao serviço da liberdade humana e a considere como uma particular dimensão desta liberdade, cujo centro seja ético e

[...] o talento e a habilidade privados dos seus estímulos, e, como consequência necessária, as riquezas estancadas na sua fonte; enfim, em lugar dessa igualdade tão sonhada, a igualdade na nudez, na indigência e na miséria.

LEÃO XIII, RN, 12

É mediante o trabalho que o ser humano, usando da inteligência e liberdade, consegue dominá-la [a terra] e estabelecer nela a sua digna morada. Deste modo, ele apropria-se de uma parte da terra, adquirida precisamente com o trabalho. Está aqui a origem da propriedade individual.

JOÃO PAULO II, CA, 31

A formação do capital deve ser impelida pelo interesse individual, não é com benevolência que se pode atrair riqueza.

WALTER BAGEHOT (1826-1877), economista inglês

Um capitalismo sem humanidade, sem solidariedade e sem justiça não tem moral nem futuro.

CARDEAL REINHARD MARX

religioso, então a resposta é sem dúvida negativa" (CA, 42).

→ 335 → 2425 → 442

172 *Haverá algum modelo cristão de economia?*

Não. A Igreja deve anunciar o Evangelho e não se envolver na concorrência sobre modelos econômicos ou soluções técnicas. Para a Igreja, a economia deve servir o homem e o bem-estar público. Trata-se de uma exigência da razão orientada para a dignidade humana.

→ 335 → 2420-2422 → 23

173 *Como se chega a uma ordem econômica que sirva o homem e o bem-estar público?*

Isso depende, em primeiro lugar, da integração dos fatores *justiça e amor ao próximo* no quotidiano da economia. Os cristãos têm a obrigação de melhorar as instituições e as condições de vida até que sejam humanas. Mas o cristão deve trabalhar sobre si mesmo antes de pretender melhorar os outros. Só a partir deste horizonte é que será credível o seu empenho na otimização das relações econômicas e das instituições sociais.

→ 42 → 1888 → 327-329

É verdade que atualmente alguns setores econômicos exercem mais poder do que os próprios Estados. Mas não se pode justificar uma economia sem política, porque seria incapaz de promover outra lógica para governar os vários aspectos da crise atual.

FRANCISCO, LS, 196

A adoração do antigo bezerro de ouro (cf. Ex 32,1-15) encontrou uma forma nova e impiedosa no fetichismo do dinheiro e na ditadura de uma economia sem rosto e sem um objetivo realmente humano.

FRANCISCO, EG, 55

Como é que poderíamos fazer bem ao próximo se todos nada possuíssem?

CLEMENTE DE ALEXANDRIA (cerca de 150-210)

Deus deu a terra a todo o gênero humano, para que ela sustente todos os seus membros sem excluir nem privilegiar ninguém. Está aqui a raiz do destino universal dos bens.

JOÃO PAULO II, CA, 31

174 *É injusta a propriedade privada empresarial?*

Não. Um empresário, tal como qualquer outro homem, tem o direito natural aos frutos do seu trabalho e aos meios para os alcançar (meios de produção). Só este direito é que produz aquela liberdade criativa e empreendedora da qual beneficiam todos os que participam no processo econômico. Conseguir bens próprios motiva a grandes esforços; clarifica o regime de propriedade e contribui deste modo para a paz (GS, 71). Por outro lado, grandes diferenças nas relações de propriedade são socialmente explosivas. E muitas vezes são também realmente injustas, onde, por exemplo, os trabalhadores não estão adequadamente envolvidos nos lucros. Em muitos países, a exploração está ainda na ordem do dia. O predomínio econômico de um condiciona a inferioridade e a desvantagem dos outros. Por isso, a propriedade privada encontra-se sob uma →HIPOTECA SOCIAL: a propriedade privada deve ser colocada ao serviço do bem geral de todos, pois Deus criou os bens materiais para todos. É tarefa do Estado regular com medidas juridicamente adequadas esta obrigação social da propriedade.

HIPOTECA (gr. = fundo, penhor, débito): é uma garantia real extrajudicial que incide sobre bens imóveis ou equiparados que pertençam ao devedor ou a terceiros.

O dinheiro só corrompe o caráter daquele que já antes não o tinha.

HANS-PETER ZIMMERMANN (*1957), autor suíço

→ **176-184, 328-329** → **2403, 2427-2430** → **443**

175 *O dinheiro em si é mau?*

Não. O dinheiro não é bom nem mau. O dinheiro é um meio de câmbio, uma medida de valor; uma reserva para o futuro; um meio para apoiar o bem, e algo que

Nunca é demasiado cedo para ensinar aos vossos filhos algo sobre o instrumento "dinheiro". Ensinai-lhes como é que se trabalha para o adquirir, e eles aprendem orgulho e autoestima. Ensinai-lhes como é que se poupa, e eles aprendem segurança e o próprio valor. Ensinai-lhes como é que se lida generosamente com ele, e eles aprendem o que é o amor.

JUDITH JAMISON (*1943), dançarina e coreógrafa americana

se pode retirar ao mal. O dinheiro nunca pode tornar-se fim em si mesmo. Jesus diz expressamente: "Não podeis servir a dois senhores, Deus e o →MAMMON (MT 6,24). O dinheiro pode tornar-se um ídolo e um objeto de vício. Quem ganančiosamente corre atrás do dinheiro torna-se escravo da sua ganância.

→ 328 → 2424, 2449 → 355

176 *Pode ter-se lucro?*

Sim. O lucro é o primeiro sinal para o sucesso de um negócio, mas não uma prova suficiente de que o negócio serve à sociedade. Para uma economia sustentada é preciso que a procura legítima do lucro esteja em harmonia com a indispensável proteção da dignidade da pessoa. É injusto o lucro com base na exploração, no prejuízo da justiça social e nos direitos dos trabalhadores.

→ 340 → 2443-2446 → 449

177 *Um "mercado livre" é algo de bom?*

Num mercado livre, os homens podem, dentro de um quadro jurídico e ético, oferecer e adquirir livremente bens e serviços. É o consumidor quem, em última análise, determina o que será produzido, a que preço e em que quantidade, a menos que monopólios e cartéis destruam a lei da oferta e da procura. O "mercado livre" tem demonstrado que pode pôr em marcha o desenvolvimento econômico e mantê-lo a longo prazo. Além disso, no mercado livre, os recursos são mais bem utilizados do que numa economia planificada. A eficiência não é tudo. Não raramente, o mercado livre conduz a que pessoas materialmente mais fracas sejam preteridas e exploradas pelas mais fortes, por exemplo através do "dumping salarial". Em tais casos devem os mais fracos ser ajudados, tanto pelo Estado, através das suas leis, como por organizações sociais, como os sindicatos. Uma economia de mercado livre

MAMMON (aram. = *mamona*): riqueza adquirida imoralmente ou ganho conseguido desonestamente. Depreciativo para dinheiro.

Muita gente considera a economia privada um lobo tinhoso. Outros consideram-na como uma vaca que podem ordenhar. Só um punhado a vê como aquilo que ela verdadeiramente é – o cavalo forte e disposto que puxa todo o carro.

SIR WINSTON CHURCHILL discurso, 29.10.1959

Os mercados são como os paraquedas; só funcionam quando estão abertos.

HELMUT SCHMIDT (1918-2015), antigo chanceler alemão

Tanto no âmbito de cada nação como no das relações internacionais, o livre mercado parece ser o instrumento mais eficaz para dinamizar os recursos e corresponder eficazmente às necessidades.

JOÃO PAULO II, CA, 34

De fato, assim como existem desigualdades sociais até os extremos da miséria em países ricos, assim, em contraposição, nos países menos desenvolvidos também se veem, frequentemente, manifestações de egoísmo e de ostentação de riqueza, tão desconcertantes quanto escandalosas.

JOÃO PAULO II, SRS, 14

só é aceitável se, ao mesmo tempo, for organizada como uma economia de mercado social. Mas também há "mercados" que não são éticos, como, por exemplo, o tráfico de drogas, o tráfico humano em todas as suas formas, o tráfico ilegal de armas etc.

→ **347** → **2425-2426** → **442**

178 *A concorrência num mercado livre não vai contra o amor ao próximo?*

Isso depende do carácter da concorrência. Se por "concorrência" entendermos a sistemática destruição do concorrente, nesse caso vai contra o amor ao próximo. Mas se, pelo contrário, a concorrência for uma tentativa desportiva para superar os contraentes, então torna-se um meio eficaz para alcançar importantes objetivos da justiça: os preços baixam, os empresários vão melhor ao encontro das necessidades dos consumidores, os recursos são usados mais cuidadosamente, o empenho empresarial e a habilidade inovadora são recompensados etc. Além disso, os cristãos têm encontrado em todo o mundo formas de cooperação que não se baseiam na competição, como por exemplo em → COOPERATIVAS, que unem fraternidade e eficiência.

COOPERATIVA União de pessoas que visam benefícios econômicos comuns.
As primeiras cooperativas foram fundadas em meados do século XIX.

→ **347** → **2423-2425, 2430** → **442**

À medida que as necessidades se multiplicam e a vida se torna mais dispendiosa, cada um quer e tem de ter mais, para existir à sua maneira, na mesma medida desce o crédito público, a grande confiança, explode a especulação e alarga-se o cerco da desonestidade e da fraude.

ADOLPH KOLPING

179 *Onde estão os limites do mercado livre?*

Muitos homens não têm nenhum acesso ao mercado e não podem satisfazer as suas necessidades fundamentais. São pobres, não têm nada para oferecer, não podem comprar nada. Aqui devemos deixar sempre claro que um homem *não só tem algo* como sobretudo é *alguém* – um nosso irmão ou irmã com uma dignidade inalienável. "É estrita obrigação da justiça e da verdade impedir que não sejam satisfeitas as necessidades humanas fundamentais e que por isso pereçam as pessoas afetadas" (CA, 34). Além disso, o livre mercado é limitado pelo

Uma mudança nos estilos de vida poderia chegar a exercer uma pressão salutar sobre os que detêm o poder político, econômico e social. [...] →

❞ Não são os direitos humanos que são feridos, mas os homens.

WALTER LUDIN (*1945), frade capuchinho e autor suíço

fato de que há inúmeros bens que não têm preço e que não estão, portanto, à venda: o próprio homem (prostituição, exploração, comércio humano), a sua saúde (industrialização e comércio da medicina), partes do corpo (comércio de órgãos), mas também a amizade, o perdão, relações familiares etc.

→ 349 → 2431 → 442

→ É um fato que, quando os hábitos da sociedade afetam os ganhos das empresas, estas se veem pressionadas a mudar a produção.

FRANCISCO, LS, 206

180 *Que significa a globalização para a economia?*

É cada vez mais em conjunto que o mundo cresce economicamente. A queda das fronteiras depois do fim da guerra fria, a melhoria das possibilidades de transporte bem como, sobretudo, a revolução digital levaram a que atualmente seja possível comunicar e produzir globalmente no mundo todo em tempo real. Fluxos de dinheiro movimentam-se com a velocidade da luz por todo o globo terrestre. Fábricas são deslocadas para

A globalização não pode constituir um novo tipo de colonialismo. Pelo contrário, deve respeitar a diversidade das culturas que, no âmbito da harmonia universal dos povos, são as chaves interpretativas da vida.

JOÃO PAULO II, discurso, 27.4.2001

lugares mais baratos. São continuamente abertos novos mercados etc.

→ 361 → 2438-2440 → 446-447

Não se descobre nenhuma nova parte da terra sem ter a coragem de perder de vista antigas costas.

ANDRÉ GIDE (1869-1951), escritor francês

Um projeto de futuro para a Igreja: dar uma alma à globalização.

RENÉ RÉMOND (1918-2007), historiador francês

181 *A globalização beneficia a economia?*

A globalização que envolve o mundo não seguiu propriamente um plano. Tanto do ponto de vista ético como do ponto de vista técnico, ainda não nos adaptamos de todo a esta nova realidade. Por um lado, ligada à globalização está a esperança de que virá um desenvolvimento mundial e a melhoria das condições materiais e culturais de vida. Por outro lado, estamos perante movimentos de migração em massa e de êxodo rural, com a consequente perda das identidades culturais. Megacidades transformam-se em aglomerados incontrolados onde quase não se pode viver, a desigualdade agudiza-se e a exploração dos pobres cresce em vez de decrescer. Numa época de globalização, é necessário viver com maior intensidade a solidariedade entre os povos e as gerações.

→ 362-366 → 2438-2440 → 446-447

O desafio é assegurar uma globalização na *solidariedade*, uma globalização *sem marginalização*.

JOÃO PAULO II, Mensagem para o Dia Mundial da Paz, 1998

A atividade econômica, particularmente a da economia de mercado, não se pode realizar num vazio institucional, jurídico e político. Pelo contrário, supõe segurança em relação às garantias da liberdade individual e da propriedade, além de uma moeda estável e serviços públicos eficientes.

JOÃO PAULO II, CA, 48

182 *Que papel é atribuído ao Estado na economia?*

O Estado e a comunidade internacional criam as condições para a economia. Mas aqui o Estado deve orientar-se antes de mais pelo princípio de subsidiariedade (ver questões 93-98 ss.) e os participantes na economia devem prestar a *ajuda para a autoajuda*. O que as organizações econômicas podem fazer não deve ser organizado pelo Estado (palavra-chave: *privatização*). Onde uma ajuda para a autoajuda não é possível deve então o Estado intervir segundo o *princípio*

É preciso realizar o possível para poder tocar no impossível.

SIMONE WEIL

da solidariedade: os desempregados não podem cair no nada, os pensionistas e os que necessitam de cuidados especiais devem ser ajudados. Trata-se antes de mais de proteger os mais fracos. A intervenção do Estado deve ser equilibrada: nem demasiado intrusiva (*dirigismo*) nem demasiado cautelosa (*deixar andar*). A tarefa principal do Estado no domínio econômico é estabelecer o quadro jurídico e fiscal, além de que um Estado social deve cuidar daqueles que não são capazes de, pelas suas próprias forças, ganhar o seu sustento.

→ 351-355 → 2430-2431 → 447-448

A política não deve submeter-se à economia, e esta não deve submeter-se aos ditames e ao paradigma eficientista da tecnocracia. Pensando no bem comum, atualmente precisamos imperiosamente que a política e a economia, em diálogo, se coloquem decididamente ao serviço da vida, especialmente da vida humana.

FRANCISCO, LS, 189

183 *Que papel desempenham grupos, clubes, fundações, associações?*

Há instituições sem fins lucrativos, fundadas por pessoas particulares, mas que visam objetivos de interesse geral: clubes desportivos, associações de patrimônio, grupos ambientalistas etc. Trata-se de formas de uma vida econômica solidária, cujo terreno fértil se encontra na sociedade civil. Fomentam a solidariedade e são muito importantes para a sociedade. Devem ser jurídica e fiscalmente promovidas e protegidas pelo Estado.

→ 357 → 2429-2433 → 447-448

A proliferação e o crescimento de associações e movimentos predominantemente juvenis podem ser interpretados como uma ação do Espírito que abre caminhos novos em sintonia com as suas expectativas e a busca de espiritualidade profunda e de um sentido mais concreto de pertença.

FRANCISCO, EG, 105

Criem uma ocupação secundária, inexpressiva, talvez secreta. Abram os olhos e procurem onde alguém ou uma obra dedicada às pessoas precise de um pouco de tempo, de um pouco de amizade, de um pouco de participação, de um pouco de sociedade, de um pouco de tempo. Talvez seja um solitário, ou um amargurado, ou um doente, ou um estranho para o qual vocês possam ser alguma coisa. Ou uma boa obra precisa de voluntários que possam sacrificar uma noite livre ou dar uns passos... Também vocês devem estar preparados para as decepções. Mas não deixem perder uma ocupação secundária, na qual se ocupem como homem com os homens. Há uma reservada para vocês se quiserem verdadeiramente.

ALBERT SCHWEITZER

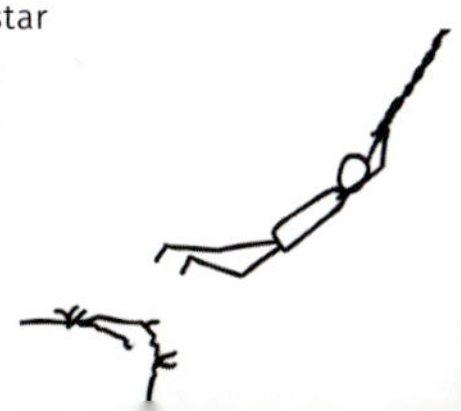

> Onde estaríamos hoje se tivessem dito a Colombo: Cristóvão, fique aqui! Espere pelas suas viagens de descoberta até que sejam resolvidos os nossos problemas mais importantes – guerra e fome, pobreza e criminalidade; poluição ambiental e doenças, analfabetismo e racismo...
>
> **BILL GATES** (*1955)

184 *Que é uma empresa?*

Uma empresa é uma unidade de produção para a qual são necessários dispositivos, espaços, dinheiro etc., e uma comunidade de pessoas (CA, 43). A empresa deve fornecer aos homens bens que sejam realmente bons e serviços que sirvam realmente. Para fundar uma empresa é necessária uma especial ousadia, criatividade inovadora e uma elevada consciência de responsabilidade.

→ 338 → 2426 → 443

> Depois de cuidadoso exame da sua invenção, que seguramente é uma interessante notícia, chegamos à conclusão de que não compensa comercialmente.
>
> Da resposta do banqueiro **J. P. MORGAN** a Alexander Graham Bell, depois de este lhe ter apresentado o telefone

185 *Que qualidades humanas promove uma boa empresa?*

Quando bem gerida, a empresa "promove ativamente a dignidade dos empregados e o desenvolvimento de virtudes, tais como a solidariedade, a sabedoria prática, a justiça, a disciplina e muitas outras. Se bem que a família seja a primeira escola da sociedade, as empresas, tal como muitas outras instituições sociais, continuam a educar as pessoas na virtude" (CONSELHO PONTIFÍCIO JUSTIÇA E PAZ, *A vocação do líder empresarial*, 3).

→ 331-335 → 2426-2428 → 443

> Tenho ainda de vender a outros clientes meus. Tenho de ganhar colaboradores. Tenho de convencer fornecedores de que sou o seu parceiro certo. Tenho, portanto, de poder vender as minhas coisas. Não deve montar uma empresa aquele para quem vender é um dano.
>
> **NORMAN RENTROP** (* 1957), empresário alemão e patrocinador principal de Bibel-TV

186 *Por que a economia é um lugar e uma escola de humanidade?*

Muitos empregados e muitos patrões trabalham bastante mais do que o dever exige. Fazem-no por sentido de responsabilidade e pelo amor ao seu trabalho e às pessoas que estão dependentes do seu serviço. Também os empresários trabalham nem sempre e apenas por causa do lucro: os investimentos representam com frequência um ato de generosidade, pois investir significa renunciar ao consumo imediato e empenhar meios para a criação de trabalho. Além disso, há cada vez mais pessoas que trabalham nas

chamadas organizações sem fins lucrativos que visam objetivos sociais com espírito empresarial. As atividades de voluntariado também são uma forma de trabalho feito por amor.

→ 365-367 → 2426-2428 → 443

187 *Quando uma empresa trabalha com sucesso?*

O sucesso consiste, antes de mais nada, em alcançar com eficiência o lucro, mas não só. Uma empresa é boa quando realiza algo de um modo sustentado, que é valioso tanto para as pessoas como para a sociedade. Neste aspecto, o Estado define o quadro jurídico. Não basta que uma empresa faça doações com os lucros alcançados, mas depende também do fato de, já no interior da atividade econômica, no núcleo da própria empresa e dos seus processos e objetivos, se proceder com justiça, com humanidade e com consciência social e ambiental.

→ 332, 340 → 2426-2427 → 443

188 *Como se procede com justiça na economia?*

Na vida econômica, procede-se com justiça quando se dá ao outro aquilo a que ele tem direito. Consiste sobretudo no fiel cumprimento dos contratos, na observância dos acordos, na entrega pontual dos produtos, e em boas condições, e no pagamento dentro dos prazos combinados. Para que sejam justos, os contratos devem ser livremente contraídos, ou seja, sem estratagemas, sem medo nem compulsão. Também se comporta injustamente quem, por ser o parceiro mais forte da negociação, impõe ao outro as suas condições.

→ 340 → 2411 → 430

A Doutrina Social da Igreja considera possível viver relações autenticamente humanas de amizade e camaradagem, de solidariedade e reciprocidade, mesmo no âmbito da atividade econômica e não apenas fora dela ou "depois" dela.

BENTO XVI, CV, 36

Quando alguém tem sede já é tarde para escavar uma fonte.

Ditado popular

O líder empresarial cristão serve [...] através da criação de bens que sejam verdadeiramente bons e serviços que verdadeiramente sirvam.

CONSELHO PONTIFÍCIO JUSTIÇA E PAZ, *A vocação do líder empresarial*, 41

Tanto o mercado como a política precisam de homens que estejam prontos para se entregarem uns aos outros.

BENTO XVI, CV, 39

Quem tem os benefícios deve também aceitar os danos. Os investimentos serão tanto mais cuidadosamente feitos quanto mais o responsável a eles aderir.

WALTER EUCKEN (1891-1950), economista alemão

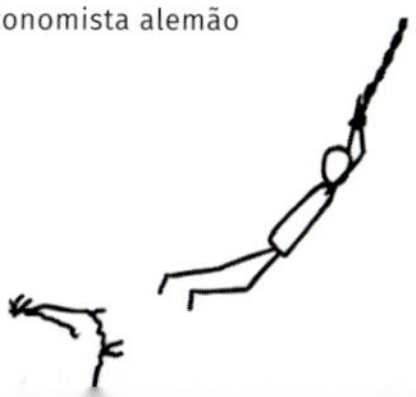

> Do que a terra precisa é de uma humanidade que já não se considere como um supermercado, mas como um lar.
>
> **YANN ARTHUS-BERTRAND** (* 1946), ativista ambiental francês

> Sabem qual é a diferença entre pobres e ricos? Os pobres vendem drogas para comprar Nikes, e os ricos vendem Nikes para comprar drogas.
>
> **FRÉDÉRIC BEIGBEDER** (* 1965), escritor francês

> Não é vergonha ser rico, mas é pecado morrer rico.
>
> Provérbio americano

189 *Que é um preço justo?*

Fundamentalmente, um preço justo é aquele que, numa livre negociação, for acordado através da interação da oferta e da procura. No entanto, muitos fatores podem distorcer este acordo livre: fraude, falta de informação, um monopólio dos vendedores ou dos compradores, uma situação de emergência de um dos parceiros etc. Usura e exploração são um pecado contra a justiça e a caridade.

→ **340** → **2414, 2434, 2436**

190 *Quais são os "pecados" da economia?*

Infelizmente, na vida econômica há muita mentira, muita intriga, muita fraude e muito engano. Proceder assim é destruir o autêntico capital da empresa: a confiança. Sem confiança, a economia não funciona. A pessoa deve poder confiar na palavra dada, no contrato assinado. A confiança consegue-se através da confiabilidade e ganha-se pelo comportamento virtuoso. Na economia é preciso precaver-se contra a cobiça,

a corrupção, toda a forma de injustiça, como roubo, fraude, usura, exploração etc.

→ 343 → 2408-2414 → 428,430

191 ***O mercado financeiro especulativo não está em si mesmo pecaminosamente estruturado?***

Não, não fundamentalmente. Quando está orientado para o bem-estar público, o mercado financeiro e os bancos prestam um importante serviço: eles põem à disposição o capital financeiro requerido para as empresas e para a economia. O devedor deve pagar juros como preço para a liquidez autorizada. Mesmo o instrumento da especulação é em si mesmo bom, porque mantém o equilíbrio entre quantidade e preço entre regiões e tempos com déficit ou com excesso. É verdade que estes instrumentos têm sido fatalmente mal usados nos últimos tempos. O mercado financeiro foi inflacionado. Houve (e há) especulação sem que o dinheiro fosse coberto com reais valores. Em poucos segundos, somas incríveis foram ganhas ou perdidas sem terem por trás trabalho real (palavra-chave: mentalidade de cassino).

→ 368 → 2426

Para os países pobres, as prioridades devem ser a erradicação da miséria e o desenvolvimento social dos seus habitantes; ao mesmo tempo devem examinar o nível escandaloso de consumo de alguns setores privilegiados da sua população e controlar melhor a corrupção.

FRANCISCO, LS, 172

As crises financeiras disparam quando [...] os agentes econômicos perdem a confiança nos processos econômicos e no sistema financeiro. Finanças, comércio e sistemas de produção são todavia criados pelo ser humano e dele dependentes. Se confiarmos cegamente neles, eles já transportam em si as raízes para as suas falhas. A sua base →

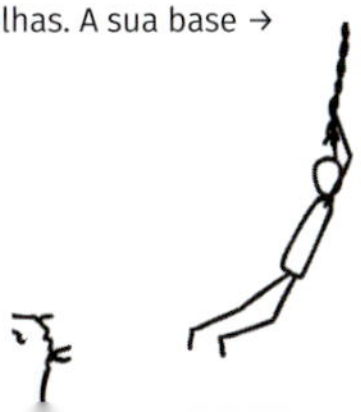

→ verdadeira e sólida é a confiança nos seres humanos. Por isso, todas as medidas que forem tomadas para conter a crise devem ser orientadas para dar segurança às famílias e estabilidade aos empregados e restaurar a ética no mundo financeiro através de correspondentes regulamentações e controle.

BENTO XVI, 30.3.2009

A salvação dos bancos a todo o custo, fazendo pagar o preço à população, sem a firme decisão de rever e reformar o sistema inteiro, reafirma um domínio absoluto da finança que não tem futuro e só poderá gerar novas crises, depois de uma longa, difícil e aparente cura.

FRANCISCO, LS, 189

Aumentar o sentido de Deus e o conhecimento de si mesmo está na base de todo o desenvolvimento completo da sociedade humana.

CCC 2441

192 *Como o mercado financeiro pode recuperar a confiança?*

Para retirar os bancos e o domínio financeiro da maior crise da sua história, ao lado da auto-obrigação de princípios éticos, o meio mais eficaz é a maior transparência possível nas transações. Além disso, o mercado financeiro internacional deve ser regulado no interior de um quadro jurídico único e obrigatório. Para a aplicação destas determinações é necessária uma autoridade mundial com competências específicas.

→ 369-372 → 2430-2432 → 430

193 *Por que "desenvolvimento" é mais do que "crescimento econômico"?*

Desenvolvimento é um conceito mais abrangente do que *crescimento econômico*. Ao lado da atenção colocada no bem-estar e na segurança, os homens precisam de uma perspectiva de desenvolvimento global: na família, na fé, através da educação, de bons cuidados médicos. Nos países ricos, muitos ainda sonham com uma ilha de prosperidade. No entanto, já nenhum Estado pode equacionar sozinho os problemas nem resolvê-los sozinho. Uma das tarefas da economia internacional é a realização de um desenvolvimento global e solidário para a humanidade, isto é, para cada homem e para o homem todo. Isto é benéfico também para os países ricos. Não é verdade que os ricos devam ser sempre mais ricos e que os pobres devam ser sempre mais pobres. Num sistema econômico que respeite a dignidade humana, o crescimento econômico de uns conduz também à melhoria da situação dos outros.

→ 373-374 → 2426-2433 → 443-444, 446-448

194 *Que é a corrupção e que se pode fazer para lutar contra ela?*

A corrupção – o abuso do poder e dos meios confiados em benefício próprio – é um dos flagelos que mina a sociedade por dentro. Aqueles que não estão na posse do poder são obrigados a pagar por serviços que por direito lhe pertencem, tais como a segurança, a formação, a saúde, o trabalho, o progresso na carreira. Muitas vezes, os corrompidos tornam-se por sua vez corruptos quando conseguem alcançar um pouco de poder. À corrupção pertencem o suborno, a apropriação indevida e abusiva de bens confiados, considerar a administração pública como lugar sem justiça e muitas outras coisas mais. A corrupção está bastante espalhada e tem consequências devastadoras. Mesmo as instituições eclesiais não estão livres do "doce veneno da corrupção" (Papa Francisco). A corrupção contradiz todos os princípios da Doutrina Social; atraiçoa as pessoas nos seus direitos naturais; fere a comunidade e espezinha a dignidade da pessoa. Combater a corrupção é uma responsabilidade de todos, mas muito especialmente dos políticos. Um primeiro meio contra a corrupção é o controle social através da máxima transparência no momento da distribuição de direitos e de meios. Cristãos e comunidades incorruptíveis, que se compreendem como espaços livres de corrupção no meio de sociedades corruptas, podem ser o fermento de uma renovação da sociedade em geral.

→ 411 → 2407-2414 → 428

> Em cada momento posso promover no mundo um desenvolvimento salutar, facilitá-lo – ou ser contra, impedi-lo. Tudo o que for semeado, cresce.
>
> **RUTH PFAU** (* 1929), religiosa e médica de leprosos

> Há poucas coisas mais difíceis do que abrir uma brecha num coração corrupto.
>
> **FRANCISCO**, discurso, 23.10.2014

> Do mesmo modo que cheira mal um animal morto, também cheira mal a corrupção, também cheira mal uma sociedade corrompida. Também cheira mal um cristão que se deixa penetrar pela corrupção.
>
> **FRANCISCO**, 21.3.2015

> A corrupção tornou-se natural, a ponto de chegar a constituir um estado pessoal e social ligado ao costume, uma prática habitual nas transações comerciais e financeiras, nas empreitadas públicas, em cada negociação que envolva agentes do Estado. É a vitória das aparências sobre a realidade e do descaramento impudico sobre a discrição honrada. Contudo, o Senhor não se cansa de bater à porta dos corruptos.
>
> **FRANCISCO**, discurso, 23.10.2014

Trechos de documentos da Igreja

7

A ECONOMIA

Rerum novarum

Advertência aos ricos

Assim, os afortunados deste mundo são advertidos de que as riquezas não os isentam da dor; que elas não são de nenhuma utilidade para a vida eterna, mas antes um obstáculo; que eles devem tremer diante das ameaças severas que Jesus Cristo profere contra os ricos; que, enfim, virá um dia em que deverão prestar a Deus, seu juiz, rigorosíssimas contas do uso que tenham feito da sua fortuna.

LEÃO XIII, Encíclica *Rerum novarum* (1891), 11

Rerum novarum

A riqueza é para todos

O ser humano não deve ter as coisas exteriores por particulares, mas sim por comuns, de tal sorte que facilmente dê parte delas aos outros nas suas necessidades. É por isso que o Apóstolo disse: "Ordena aos ricos do século [...] dar facilmente, comunicar as suas riquezas." Ninguém certamente é obrigado a aliviar o próximo privando-se do seu necessário ou do da sua família; nem mesmo a nada suprimir do que as conveniências ou decência impõem à sua pessoa. [...] É um dever, não de estrita justiça, exceto nos casos de extrema necessidade, mas de caridade cristã, um dever, por consequência, cujo cumprimento não se pode conseguir pelas vias da justiça humana.

LEÃO XIII, Encíclica *Rerum novarum* (1891), 12

Centesimus annus

Os limites do Estado-Providência

Ao intervir diretamente, irresponsabilizando a sociedade, o Estado assistencial provoca a perda de energias humanas e o aumento exagerado do setor estatal, dominado mais por lógicas burocráticas do que pela preocupação de servir os usuários com um acréscimo enorme das despesas.

JOÃO PAULO II, Encíclica *Centesimus annus* (1991), 48

Vida humanamente digna e cooperação no bem-estar comum

Devem ser criadas estruturas que permitam aos indivíduos uma participação responsável na vida social e econômica. Um deles é, ao lado dos direitos de participação política, o acesso às possibilidades de trabalho e de emprego que permitem uma vida digna comparável com a maioria da população e uma efetiva colaboração para o bem-estar público.

***Por um futuro em solidariedade e justiça* (1997), Discurso do Conselho da Igreja Evangélica na Alemanha e da Conferência Episcopal Alemã sobre a situação econômica e social na Alemanha, 113**

A essência da social-democracia

É essencial para a democracia [...] a participação representativa dos cidadãos na regulação de todas as coisas que lhes dizem respeito. A caracterização "social" da democracia acentua que esta participação de todos os cidadãos deve ser assegurada não apenas formalmente pelo Estado de direito mas também socialmente pelo Estado social.

***Para um futuro na solidariedade e na justiça* (1997), Discurso do Conselho da Igreja Evangélica na Alemanha e da Conferência Episcopal Alemã sobre a situação econômica e social na Alemanha, 137**

Caritas in veritate

Os perigos da globalização

O mercado, à medida que se foi tornando global, estimulou antes de mais nada, por parte de países ricos, a procura de áreas para onde deslocar as atividades produtivas a baixo custo a fim de reduzir os preços de muitos bens, aumentar o poder de compra e deste modo acelerar o índice de desenvolvimento centrado sobre um maior consumo pelo próprio mercado interno. Consequentemente, o mercado motivou novas formas de competição entre Estados procurando atrair centros produtivos de empresas estrangeiras através de variados instrumentos tais como impostos favoráveis e a desregulamentação do mundo do trabalho. Estes processos implicaram a *redução das redes de segurança social* em troca de maiores vantagens competitivas no mercado global, acarretando grave perigo para os direitos dos trabalhadores, os direitos fundamentais do ser humano e a solidariedade realizada nas formas tradicionais do Estado social. Os sistemas de segurança social podem perder a capacidade de desempenhar a sua função, quer nos países emergentes, quer nos desenvolvidos há mais tempo, quer naturalmente nos países pobres. Aqui, as políticas relativas ao orçamento com os seus cortes na despesa social, muitas vezes fomentados pelas próprias instituições financeiras internacionais, podem deixar os cidadãos impotentes diante de riscos antigos e novos; e tal impotência torna-se ainda maior devido à falta de proteção eficaz por parte das associações dos trabalhadores. O conjunto das mudanças sociais e econômicas faz com que as *organizações sindicais* sintam maiores dificuldades no desempenho do seu dever de representar os interesses dos trabalhadores, inclusive pelo fato de os governos, por razões de utilidade econômica, muitas vezes limitarem as liberdades sindicais ou a capacidade negociadora dos próprios sindicatos. Assim, as redes tradicionais de solidariedade encontram obstáculos cada vez maiores a superar.

BENTO XVI, Encíclica *Caritas in veritate* (2009), 25

Caritas in veritate

O princípio da gratuidade e a lógica do dom

O grande desafio que temos diante de nós – resultante das problemáticas do desenvolvimento neste tempo de globalização, mas revestindo-se de maior exigência com a crise econômico-financeira – é mostrar, no âmbito tanto de pensamento como de comportamentos, que não só não podem ser transcurados ou atenuados os princípios tradicionais da ética social, como a transparência, a honestidade e a responsabili-

dade, mas também que, *nas relações comerciais, o princípio de gratuidade* e a lógica do dom como expressão da fraternidade podem e devem *encontrar lugar dentro da atividade econômica normal.* Isto é uma exigência não só do ser humano no tempo atual, mas também da própria razão econômica. Trata-se de uma exigência simultaneamente da caridade e da verdade.

Bento XVI, Encíclica *Caritas in veritate* (2009), 36

Caritas in veritate

Os pobres e a vida opulenta

Atualmente, muitas pessoas tendem a alimentar a pretensão de que não devem nada a ninguém a não ser a si mesmas. Considerando-se titulares só de direitos, frequentemente deparam com fortes obstáculos para maturar uma responsabilidade no âmbito do desenvolvimento integral próprio e alheio. [...] Assiste-se atualmente a uma grave contradição: enquanto, por um lado, se reivindicam presumíveis direitos, de caráter arbitrário e libertino, querendo vê-los reconhecidos e promovidos pelas estruturas públicas, por outro existem direitos elementares e fundamentais violados e negados a boa parte da humanidade. Aparece com frequência assinalada uma relação entre a reivindicação do direito ao supérfluo, bem como à transgressão e ao vício, nas sociedades opulentas, e a falta de alimento, água potável, instrução básica, cuidados médicos elementares em certas regiões do mundo do subdesenvolvimento e também nas periferias de grandes metrópoles.

Bento XVI, Encíclica *Caritas in veritate* (2009), 43

Evangelii gaudium

Ditadura de uma economia sem rosto

Uma das causas desta situação está na relação estabelecida com o dinheiro, porque aceitamos pacificamente o seu domínio sobre nós e as nossas sociedades. A crise financeira que atravessamos faz-nos esquecer que, na sua origem, há uma crise antropológica profunda: a negação da primazia do ser humano. Criamos novos ídolos. A adoração do antigo bezerro de ouro (cf. Ex 32,1-35) encontrou uma nova e cruel versão no fetichismo do dinheiro e na ditadura de uma economia sem rosto e sem um objetivo verdadeiramente humano. A crise mundial, que investe as finanças e a economia, põe a descoberto os seus próprios desequilíbrios e sobretudo a grave carência de uma orientação antropológica que reduz o ser humano apenas a uma das suas necessidades: o consumo.

Francisco, Exortação Apostólica *Evangelii gaudium* (2013), 55

Evangelii gaudium

Bem-estar para todos

Enquanto os lucros de poucos crescem exponencialmente, os da maioria situam-se cada vez mais longe do bem-estar daquela minoria feliz. Tal desequilíbrio provém de ideologias que defendem a autonomia absoluta dos mercados e a especulação financeira. Por isso, negam o direito de controle dos Estados, encarregados de velar pela tutela do bem comum. Instaura-se uma nova tirania invisível, às vezes virtual, que impõe, de forma unilateral e implacável, as suas leis e as suas regras. Além disso, a dívida e os respectivos juros afastam os países das possibilidades viáveis da sua economia, e os cidadãos do seu real poder de compra. A tudo isto vem juntar-se uma corrupção ramificada e uma evasão fiscal egoísta, que assumiram dimensões mundiais. A ambição do poder e do ter não conhece limites. Neste sistema que tende a absorver tudo para aumentar os benefícios, qualquer realidade que seja frágil, como o meio ambiente, fica indefesa diante dos interesses do mercado divinizado, transformados em regra absoluta.

FRANCISCO, Exortação Apostólica *Evangelii gaudium* (2013), 56

O homem no centro da economia

As medidas a longo prazo necessárias para criar um quadro legal adequado para o conjunto da atividade econômica, e também as urgentes medidas comuns para resolver a crise econômica global devem ser norteadas pela ética da verdade que inclui, antes de tudo, o respeito pela verdade acerca do ser humano, que não é um elemento adicional da economia, nem um bem descartável, mas é dotado de uma natureza e de uma dignidade que não podem ser reduzidas a um simples cálculo econômico. Por esta razão, o cuidado pelo fundamental bem-estar material e espiritual de cada pessoa constitui o ponto de partida para qualquer solução política e econômica assim como a medida derradeira da sua eficácia e da sua validade ética. Além disso, a finalidade da economia e da política é servir a humanidade, a começar pelos mais pobres e mais vulneráveis, onde quer que se encontrem, mesmo que seja no ventre da própria mãe. Cada teoria ou decisão econômica e política deve procurar oferecer a cada habitante da terra aquele bem-estar mínimo que lhe permita viver dignamente, na liberdade, com a possibilidade de sustentar uma família, de educar os seus filhos, de louvar a Deus e de desenvolver as próprias capacidades humanas. Isto é fundamental! Sem esta visão, nenhuma atividade econômica tem significado. Neste sentido, os vários e graves desafios econômicos e políticos que o mundo contemporâneo enfrenta exigem uma corajosa mudança de atitude, que restitua ao fim (a pessoa humana) e aos meios (a economia e a política) o lugar que lhes é próprio. O dinheiro e outros instrumentos políticos e econômicos devem servir, e não governar, tendo presente que a solidariedade gratuita e desinteressada é, de maneira aparentemente paradoxal, a chave do bom funcionamento econômico global. Pude compartilhar estes pensamentos com o senhor Primeiro-Ministro, com o desejo de contribuir para ressaltar o que está implícito em todas as instâncias políticas, mas que por vezes podemos esquecer: a importância primordial de colocar o ser humano, cada homem e cada mulher, no centro de todas as decisões políticas e econômicas nacionais e internacionais, uma vez que o ser humano é o recurso mais autêntico e profundo da política e da economia e, ao mesmo tempo, a sua finalidade última.

De uma carta do Papa Francisco a David Cameron, primeiro-ministro britânico, 15 de junho de 2013

8

QUESTÕES
195-228

Poder e Moral

A COMUNIDADE POLÍTICA

> É claro que o Estado é uma obra da natureza e que o homem é por natureza um ser que forma o Estado.
>
> **ARISTÓTELES**

> O orçamento do Estado deve ser equilibrado. As dívidas públicas devem ser reduzidas. A arrogância das autoridades moderada e controlada. Os pagamentos aos governos estrangeiros devem ser reduzidos se o Estado não quiser ir à falência.
>
> **MARCO TÚLIO CÍCERO**

195 *Que uma comunidade política?*

Uma comunidade política regula os negócios públicos de uma sociedade, a *res publica*, como os romanos a designavam, em contraste com os interesses privados. Na Antiguidade, era uma questão de honra interessar-se pelas coisas públicas como se fossem próprias. Segundo Aristóteles, o homem é um "ser político": então, alguém é verdadeiramente humano quando colabora na construção da vida pública, e portanto vive como *cidadão*.

→ **47, 68, 106** → **1880-1882, 1910** → **139**

> O serviço do Estado deve ser feito em benefício daqueles que o confiaram e não daqueles aos quais foi confiado.
>
> **MARCO TÚLIO CÍCERO**

196 *Como o homem é "político" no cristianismo?*

Em contraste com os autores antigos, o cristianismo sublinha, antes de tudo, o valor incondicional da pessoa, e isto independentemente do seu rendimento na vida pública e política. Mesmo um deficiente ou um idoso tem esta dignidade, de ser criado à imagem e semelhança de Deus. Por isso, todo o pensamento político no cristianismo toma como referência a dignidade do homem que lhe é dada por Deus. O homem é um ser *individual* e *social*. Ele vive num sistema de relações triangulares: 1. consigo mesmo; 2. com os outros e 3. com Deus. O homem é medida e fim da política.

→ **384, 388** → **1879, 1881** → **440**

197 *Em que medida a política é importante?*

Para os cristãos, o "Estado" vem sempre depois da pessoa, ou seja, da comunidade de pessoas que hoje designamos como "*sociedade civil*". Em primeiro lugar, o homem encontra-se a si mesmo e a sua dignidade na relação com Deus (→TRANSCENDÊNCIA), depois realiza-se na relação com os seus semelhantes (relação social). Estas duas dimensões estão intimamente relacionadas entre si. Em todo o caso, deve vir em primeiro lugar o direito da pessoa, a seguir a sociedade e, finalmente, a organização política do Estado.

→ **417-420** → **1883-1885** → **440**

198 *De quanto Estado o homem precisa?*

Apesar da primazia da pessoa, não se pode passar sem o Estado. Ele tem um sentido subsidiário – portanto, cuja finalidade é ajudar –, mas é indispensável para criar e garantir ordem na sociedade. Bom seria que os desejos e as exigências dos indivíduos e dos grupos sociais se organizassem automaticamente numa visão do bem-estar público. Mas a verdade é que a sociedade, num vaivém constante, é arrastada por altos interesses especiais. Há lutas ferozes, disputas, concorrência. O mais forte procura vencer o mais fraco. Quem deveria garantir a ordem a não ser o Estado? O seu instrumento mais importante é o *direito*. Sem reduzir de um modo arbitrário, ou mais ou menos do

> Por nascimento sou albanesa, por nacionalidade sou indiana; sou uma freira católica. Pela minha missão pertenço ao mundo inteiro, mas o meu coração pertence a Jesus.
>
> **SANTA TERESA DE CALCUTÁ**

> O mais importante ponto de vista do Estado deve ser o desenvolvimento das capacidades de cada cidadão na sua individualidade.
>
> **WILHELM VON HUMBOLDT** (1767-1835), intelectual e político alemão

! TRANSCENDÊNCIA Aquilo que excede o anterior, em última instância Deus, o qual excede tudo o que pode ser pensado.

> Não há duas espécies de decência, e o que um homem decente não pode, também um Estado decente não pode fazer.
>
> **THEODOR FONTANE** (1819-1898), escritor alemão

> A política significa um forte, lento furar com placas duras, com paixão e senso de proporção.
>
> **MAX WEBER** (1864-1920), sociólogo e economista alemão

> Até onde povos unidos num Estado podem viver da garantia da liberdade de cada um sem um vínculo de unidade que preceda esta liberdade?
>
> **ERNST-WOLFGANG BÖCKENFÖRDE,** juiz constitucional alemão, 1991

> Não tenhas dúvida de que é um pequeno grupo de pessoas empenhadas que pode mudar o mundo. Na realidade sempre foram eles que o fizeram.
>
> **MARGARET MEAD** (1901-1978), etnóloga americana

que o necessário, a liberdade das pessoas, o Estado de direito cria um regulamento geral que está ao serviço do *bem-estar público*. Idealmente, o Estado é o espaço mais seguro no qual a pessoa pode desenvolver-se livremente.

→ 418 → 1880, 1882 → 326, 376-377

199 *Como a sociedade civil está estruturada?*

A sociedade civil não é, de modo nenhum, determinada apenas por mecanismos de concorrência e de mercado. Há também iniciativas sociais (como clubes, associações, fundações, comunidades de interesses) que não estão orientadas para fins lucrativos, mas que se sustentam de solidariedade e de voluntariado, e justamente por isso mantêm valores na sociedade que são indispensáveis para a sua coesão: calor, proximidade, humanidade, participação no destino dos fracos, fraternidade. Estes agrupamentos

> A grande definição do homem é servir mais do que dominar.
>
> **ALBERT EINSTEIN**

– para distinguir o setor público e privado do voluntariado – também são chamados *terceiro setor*. Um Estado só pode realmente ser "Estado" se puder contar com indivíduos empenhados e sociedades leais que o suportam ativamente.

> Quando, se não agora? Onde, se não aqui? Quem, se não nós?
>
> **JOHN F. KENNEDY**

→ 419, 420 → 1880 → 447

200 *Onde se encontram as raízes da compreensão cristã do Estado e do governo?*

A compreensão cristã do Estado, do governo e do poder tem as suas raízes no Antigo Testamento. No Antigo Testamento, o pensamento político girava em torno do eixo constituído por Deus e o "*seu povo*". Tratava-se de Deus e, portanto, de realizar a aliança. Que além disso houvesse um "rei", isso parecia uma divina concessão. Portanto, para o rei não se tratava de exercer o poder próprio, mas devia, pelo contrário, velar pela justiça social, dar sentenças justas, exercer um serviço em favor dos pobres, e assim por diante. As coisas

> Vou libertá-los das suas rebeldias que os levaram a pecar. Vou purificá-los; eles serão o meu povo e eu serei o seu Deus.
>
> **Ez 37,23b**

deviam ser reguladas de um modo agradável a Deus. A questão de como os assuntos públicos devem ser racionalmente organizados apareceu na filosofia grega a partir de Heródoto e de Platão. Jesus ensinou uma relação leal com o Estado: “Dai a César o que é de César, e a Deus o que é de Deus” (MT 22,21). A relação da Igreja com o Estado só foi pensada de um modo mais direto depois da viragem constantiniana e com Santo Agostinho.

377, 378 1897, 1900, 1904 140, 376

O que é que o Senhor teu Deus te pede? Somente isto: que temas o Senhor teu Deus. Que andes nos seus caminhos e o ames. Que sirvas o Senhor teu Deus com todo o teu coração e com toda a tua alma.

DT 10,12

201 *Quais são as raízes teológicas do bem comum?*

Desde o Antigo Israel até a Idade Média cristã, o *bonum commune* (= o bem comum) era um conceito mais teológico do que político. Para São Tomás de Aquino, o bem comum consistia, antes de tudo, na comunhão dos santos com Deus. A ordem divina e a ordem humana estão ordenadas uma para a outra. São Tomás parte aqui da realidade política, por exemplo, da definição do que é uma lei. A preocupação prática pela comunidade, que lentamente foi emergindo a partir das sombras da relação com Deus, procurava ordenamentos sociais nos quais a vida humana individual se pudesse realizar em comunhão com Deus. Como sempre vale a máxima: o “bem-estar” que a comunidade política deseja não pode estar em contradição com o “bem-estar” das pessoas, mas deve, pelo contrário, oferecer condições apropriadas para o seu desenvolvimento. A “comunidade política” tem neste sentido uma função de serviço à pessoa, ou seja, à sociedade civil.

389 1905-1912 296, 327-328

A política, tão denegrida, é uma sublime vocação, é uma das formas mais preciosas da caridade, porque busca o bem comum. [...] Rezo ao Senhor para que nos conceda mais políticos que tenham verdadeiramente a peito a sociedade, o povo, a vida dos pobres. É indispensável que os governantes e o poder financeiro levantem o olhar e alarguem as suas perspectivas, procurando que haja trabalho digno, instrução e cuidados de saúde para todos os cidadãos.

FRANCISCO, EG, 205

202 *A comunidade política está dependente de valores fundamentais?*

As democracias atuais já não se fundamentam no esforço de serem fiéis a Deus e à sua aliança. As democracias modernas religiosamente neutras vivem da atenção pela dignidade da pessoa e do direito da liberdade individual, que se baseia na liberdade de crença e de opinião. Mas os modernos governos não podem renunciar aos pressupostos morais que, em todo o caso, não são necessariamente suportados nem promovidos por convicções religiosas. A atual valorização da pessoa e das suas liberdades só se pôde desenvolver porque foi o cristianismo que libertou o homem da absoluta subordinação à comunidade política. No cristianismo espera-se do Estado que reconheça e proteja a pessoa no seu valor intrínseco. Espera-se igualmente do Estado que atue contra o →RELATIVISMO DE VALORES e assegure juridicamente os valores morais e religiosos.

→ 386,407 → 333

203 *Em que se baseia o poder político?*

Se a *pessoa* é o *valor basilar* da comunidade política, então também é a única legitimação para o poder político. Assim, o poder político não é a arbitrariedade individual de quem governa, que pensa que só é responsável perante si mesmo. Pelo contrário, é um poder legitimado pelo povo. Tanto quem detém o poder como aqueles que o legitimam são, graças à sua razão, capazes da verdade; podem com certeza conhecer a autenticidade dos valores e aquele que garante que o bem também é absolutamente bom: Deus. A Doutrina Social Católica rejeita um →CETICISMO geral que defende que, em última instância, o homem não pode conhecer nem a verdade, nem os valores morais.

→ 395-397 → 2236-2237

Nunca a humanidade teve tanto poder sobre si mesma, e nada garante que o utilizará bem, sobretudo se se considera a maneira como o está a fazer. [...] Nas mãos de quem está e pode chegar a estar tanto poder?

FRANCISCO, LS, 104

RELATIVISMO DE VALORES
A opinião segundo a qual não há valores absolutos e os valores são uma questão de acordo cultural ou social.

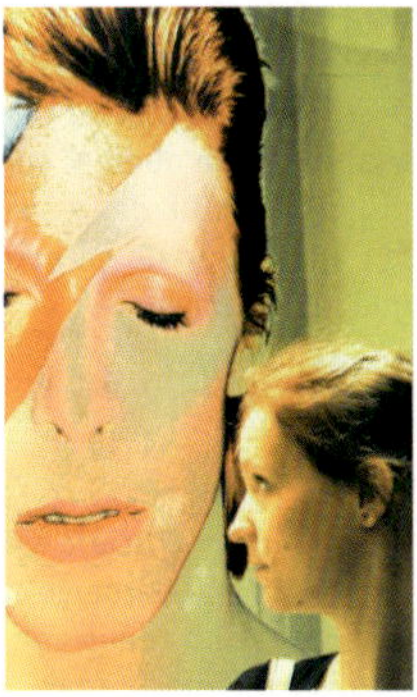

A liberdade não é poder fazer tudo o que se quer, mas o direito de poder fazer o que se deve.

LORD ACTON (1834-1902), historiador inglês

CETICISMO
A atitude espiritual que declara impossível o conhecimento último de verdades e de valores.

O que são em suma os ricos, se falta a justiça, senão um bando de criminosos?

SANTO AGOSTINHO

> O pensamento representativo significa, sem abdicar da própria identidade, assumir um padrão no mundo que não é o meu.
>
> **HANNAH ARENDT**

> A democracia é a pior forma de governo – exceto todas as outras formas tentadas de tempos a tempos.
>
> **SIR WINSTON CHURCHILL**

> As instituições democráticas são instalações de quarentena contra a antiga peste da ânsia dos tiranos: como tal muito útil e chata.
>
> **FRIEDRICH NIETZSCHE,** filósofo alemão

> Quando os homens se proclamam donos absolutos de si mesmos e únicos da criação, podem verdadeiramente construir uma sociedade onde reinem a liberdade, a justiça e a paz?
>
> **BENTO XVI,** homilia, 5.10.2008

204 *Quanto a democracia deve aos antigos gregos?*

Muito. Foram os antigos gregos que inventaram a palavra (*demos* = povo; *kratie* = governo). Todavia, a democracia é muitas vezes posta quase exclusivamente em relação com a antiga Grécia. Independentemente da questão do direito de voto se restringir a um quarto da população (os homens gregos "livres"), era todavia menos considerada por quase todos os filósofos gregos e pelos políticos do que a monarquia ou a aristocracia. Como ideal era colocado sobretudo o "rei filósofo" que podia conhecer melhor o bem comum político do que a "massa cega". O valor fundamental da pessoa ainda não determinava o pensamento político.

205 *A democracia é uma consequência do cristianismo?*

Em grande parte sim. Só no cristianismo é que foi radicalmente democratizado e reconhecido como elemento fundamental do ser humano aquilo cujo conhecimento entre os gregos era reservado a poucos: *a dignidade* que cada homem tem, independentemente da sua origem ou do seu nascimento. Cada homem individualmente encontra-se em direta relação com Deus. Isso o retira da total apropriação seja por que comunidade política for. A dignidade de cada ser humano individualmente é o fundamento ético autêntico para a democratização da participação política. Além disso, a democracia moderna baseia-se nos direitos humanos, os quais, por exemplo, garantem que a vida humana não seja destruída ou que minorias sejam oprimidas por decisões arbitrárias de maiorias.

→ 395-399 → 140

206 *Quem é a última instância: o Estado ou o cidadão individual?*

No cristianismo sempre foi enfatizado que, em última instância, a autoridade vinculativa é a consciência de cada pessoa. Não se deve obedecer às leis imorais, mesmo que um Estado a isso obrigue. Portanto, a democracia não é melhor do que a monarquia ou a aristocracia porque é mais eficiente, mas porque tem outro →ETHOS, o qual se baseia nos direitos humanos e representa um quadro regulamentar mais adequado para a realização da pessoa.

→ 398, 399, 1881, 1892 → 2242, 2288 → 322

207 *O cristianismo é uma "religião política"?*

Em nenhum momento Jesus se deixou prender politicamente. Não se deixou incluir nos zelotas, os políticos que pela força, queriam libertar Israel da opressão dos romanos. Jesus queria a salvação e a liberdade de todos os homens. Tratava-se para ele da restauração radical do homem na relação com o seu Criador. Por isso, o seu Evangelho é mais do que político, embora seja eminentemente político para o indivíduo e para a comunidade. Mas primeiro é preciso separar-se a dimensão política e a dimensão religiosa, tal como Jesus fez com a afirmação: "Dai a César o que é de César, e a Deus o que é de Deus" (MT 22,21). No mundo antigo, a distinção e a separação entre a religião e a política era muito difícil de se fazer – e ainda é hoje para uma elevada porcentagem do mundo islâmico.

→ 49-51 → 2244-2246 → 376

" Constrói-se mais facilmente uma cidade no ar do que um Estado sem Deus.

PLATÃO (427-348 a.C.) filósofo grego

! ***ETHOS*** Sistema de valores, modo de pensar marcado conscientemente por valores morais.

" A minha reverência perante a verdade conduziu-me na política; e posso, sem hesitação e com toda a humildade, dizer que um homem que afirme que a religião não tem nada a ver com a política não sabe o que a religião significa.

MAHATMA GANDHI

Ninguém pode pensar que se pode esconder atrás de Deus enquanto planeja e realiza assaltos! Ninguém tome a religião como desculpa para as suas ações contra a dignidade do homem e os seus direitos fundamentais, em primeiro lugar o direito de todos à vida e à liberdade religiosa.

FRANCISCO 21.9.2014, em Tirana, na Albânia

> Este homem ou era Filho de Deus ou um tolo, ou ainda pior. Podem desprezá-lo ou matá-lo como um demônio. Ou podem cair aos seus pés e chamá-lo Senhor e Deus. Mas não é possível, com paternal condescendência, caracterizá-lo como um grande mestre da humanidade. Isso nunca foi a sua intenção; essa possibilidade ele não no-la deixou em aberto.
>
> **C. S. LEWIS**

208 *Como é que Jesus "reinava"?*

O Antigo Testamento esperava o Messias como um salvador político. Quando o Messias finalmente chegou tomando a forma em que aparece em Jesus Cristo, o povo de Israel não viu alguém que se manifestava na forma de poder, mas antes um rei que, pelo seu exemplo e pela sua palavra, descobria a injustiça e que mostrava, pela entrega no seu próprio corpo, o que a tortura e a injustiça tanto política como religiosa provocam, como os homens poderão ser assim destruídos. Poder, riqueza, influência? Jesus reconverteu estas categorias de uma carreira política terrena: ele não veio para dominar, mas para servir. Deste modo, Jesus introduziu uma nova regra para todos aqueles que assumem responsabilidades: "Quem de vós quiser ser grande deve tornar-se o vosso servidor" (MT 20,26).

→ **13, 379, 382-383** → **450, 668, 840, 1884**

Toda a autoridade me foi dada no céu e sobre a terra.

MT 28,18

> Deus morreu.
>
> **FRIEDRICH NIETZSCHE**

> A religião é o ópio do povo.
>
> **KARL MARX**

> Marx morreu! Jesus vive!
>
> **NORBERT BLÜM** (1989)

PARADOXO
Uma proposição que é em si mesma uma contradição aparente e insolúvel.

209 *Jesus fracassou na cruz?*

Jesus foi pregado na cruz porque não o compreenderam nem política nem religiosamente. As autoridades judaicas viram-no como um blasfemo, ao passo que os romanos interpretaram politicamente a sua pretensão a respeito da realeza. Mas a crucifixão não foi o fracasso da sua missão, mas a sua realização. Jesus redefiniu as regras do exercício político do poder. No → PARADOXO da cruz – o poder de Deus mostra-se na impotência do seu filho torturado – são postas em causa todas as pretensões de poder mundano. É necessária uma ordem política que seja a garantia da paz, mas ela só é legítima se realmente fizer isto e proteger os seus cidadãos. Além disso, o exercício cristão do poder deverá realizar-se como amor e serviço.

→ **379, 410** → **439, 664, 711-714, 840** → **101**

210 *Que muda quando a política "serve"?*

A Doutrina Social Católica sublinha a *dimensão de serviço de todos os ministérios públicos*. Quem serve o bem comum não pensa em primeiro lugar no seu próprio bem-estar, mas no da comunidade política que lhe foi confiada e exerce a sua função segundo critérios éticos. Quem serve não se enriquece. Isso é decisivo no combate contra a corrupção. Quem serve tem, além disso, em vista a pessoa nas suas necessidades. Também a excessiva burocratização do Estado ou da comunidade internacional não serve o desenvolvimento livre e subsidiário das pessoas e das pequenas unidades sociais. São precisamente os mais simples os que têm de sofrer muitas vezes as consequências, por não serem capazes de lidar com as armadilhas dos processos burocráticos. Uma boa administração é um bem elevado; uma boa administração serve. Pelo contrário, a "buro-cracia" (= o domínio do escritório) desumaniza mesmo aqueles que a exercem, porque os "transforma em funcionários e simples rodas de uma máquina administrativa" (Hannah Arendt).

→ 411, 412 → 1888-1889 → 448

> Os partidos são para o povo e não para si mesmos.
>
> **KONRAD ADENAUER** (1876-1967), primeiro chanceler da República Federal da Alemanha

211 *Como servem e para que servem os partidos?*

O sentido dos partidos é organizar a formação da opinião política e ser instrumento da participação política de todos os cidadãos. Mas isso só funciona se os próprios partidos forem, em primeiro lugar, formados democraticamente e se, em segundo lugar, assumirem uma *função de serviço*, isto é, se têm em vista o bem comum. Para a Igreja, é muito importante que os fiéis se empenhem em partidos democráticos e que aí lutem pela realização dos valores cristãos. A ação cristã "deve ser independente de partidos e de ideologias.

> É significativo para a ciência política e social que, na essência de todo o aparelho do poder e talvez na natureza de cada burocracia, se faça das pessoas simples rodas da engrenagem administrativa e assim desumanizá-las, e pode longamente e com proveito discutir-se sobre o poder de ninguém, a verdadeira forma do poder da burocracia.
>
> **HANNAH ARENDT**

> O que faz do homem um ser político é a sua capacidade para negociar; e capacita-o para se unir aos seus semelhantes, fazer com eles coisas comuns, estabelecer objetivos e dedicar-se a empresas que ele nunca poderia ter sequer a ideia de fazer se não lhe fosse dado este dom: de começar algo de novo.
>
> **HANNAH ARENDT**

> A política pode não ser santa, mas também não pode de modo nenhum ser condenada como suja.
>
> **JOACHIM GAUCK** (* 1940), presidente alemão

Não é um meio para mudar o mundo de maneira ideológica, nem está ao serviço de estratégias mundanas, mas é atualização aqui e agora daquele amor de que o homem tem sempre necessidade" (DCE, 31b).

→ 413 → 898-900 → 447-448

Neste tempo em que as redes e demais instrumentos da comunicação humana alcançaram progressos inauditos, sentimos o desafio de descobrir e transmitir a "mística" de viver juntos, de nos misturarmos, de nos encontrarmos, de darmos o braço, de nos apoiarmos, de participarmos nesta maré um pouco caótica que se pode transformar numa verdadeira experiência de fraternidade, numa caravana solidária, numa peregrinação sagrada. Assim, as maiores possibilidades de comunicação traduzir-se-ão em novas oportunidades de encontro e solidariedade entre todos. Como seria bom, salutar, libertador, esperançoso, se pudéssemos trilhar este caminho!

FRANCISCO, EG, 87

212 *Por que a informação política deve seguir critérios éticos?*

Uma formação de opinião autenticamente democrática só é garantida quando a informação é objetiva e livre. Quando é o poder político que dirige a informação e a usa para fins ideológicos ou propagandísticos, é lesado um direito fundamental da pessoa, nomeadamente o seu direito inalienável à participação. Informação política independente é uma parte essencial do bem comum, e isto não apenas porque, de outro modo a política não funciona, mas também porque o homem como pessoa está orientado para a verdade. Além disso, é também importante que todos os grupos da sociedade, mesmo as minorias, sejam considerados na comunicação pública.

→ 414-416 → 2494 → 459

213 *Quando os cristãos defendem a essência da democracia não estão prejudicando a si mesmos?*

A democracia é aquele ordenamento no qual os princípios cristãos são mais bem guardados. Aliás, na sua ética política, o cristianismo não defende nenhuma opinião religiosa especial, mas princípios gerais do Estado racionalmente fundados: “Irmãos, ocupai-vos com tudo o que é verdadeiro, nobre, justo, puro, amável, honroso, virtuoso, ou que de algum modo mereça louvor” (Fl 4,8). Isto vale também para quando os cristãos se encontram numa situação aparentemente contraditória. Por um lado, desejam a máxima aplicação dos valores fundamentais, entre os quais precisamente a liberdade de crença e de consciência. Por outro lado, deverão ter o cuidado para que, na medida do possível, uma maioria não pense, não atue nem decida de um modo que não seja orientado por valores. Só através de um paciente trabalho de persuasão é que os cristãos conseguem mover o próximo para outro modo de pensar.

→ **421-423** → **2105 ss.** → **440**

214 *O que diz o princípio da laicidade?*

A Igreja vê criticamente o →LAICISMO, porque quer excluir a religião da vida pública. Pelo contrário, a Igreja aprecia uma laicidade cooperativa que, distinguindo cuidadosamente as respectivas jurisdições entre o Estado e a Igreja, se empenha por uma positiva colaboração para o bem dos homens. Os cristãos têm a obrigação de se empenharem especialmente na defesa do direito fundamental da liberdade, da participação política, dos princípios fundamentais de um Estado social, da liberdade de consciência e da tolerância religiosa. Os laicistas estão continuamente lembrando que não raramente os princípios democráticos tiveram de enfrentar a resistência da Igreja. Em todo o caso, é preciso também recordar que o princípio da dignidade da pessoa, sobre o qual a democracia moderna se constrói, se baseia na visão cristã do homem.

→ **396, 421, 422** → **2105, 2442** → **440**

> Gostaria de dizer hoje três coisas. Primeiro: enquanto vocês dormiam esta noite, 30.000 crianças morreram de fome ou em consequência da subalimentação. Segundo: para a maior parte de vocês isso não vale uma merda. E o pior é o que vem em terceiro lugar, que a vocês incomoda mais eu ter dito ”merda” do que hoje terem morrido 30.000 crianças.
>
> **TONY CAMPOLO** (* 1935), sociólogo americano e pastor batista

LAICISMO
(gr. *Laos* = povo): uma orientação política que cultiva a estrita separação entre a Igreja e o Estado. A religião é apenas uma “questão privada” que não deve de modo nenhum ser promovida pelo Estado.

> Favorável à pacífica convivência entre religiões diversas é a laicidade do Estado que, sem assumir como própria qualquer posição confessional, respeita e valoriza a presença da dimensão religiosa na sociedade, favorecendo as suas expressões mais concretas.
>
> **FRANCISCO**, discurso, 27.7.2013

215 *Qual a preocupação da ética política?*

"A pessoa é a razão e o objetivo da convivência política" (CS, 384). Esta é a afirmação central da ética política cristã. Não há valores políticos nem ideológicos pelos quais o homem possa ser degradado a "meio" através do qual objetivos mais valiosos sejam alcançáveis. Em todos os totalitarismos do século XX, as pessoas foram sacrificadas pelas ideologias. Nem mesmo o próprio princípio da religiosidade está imune a abusos. Há inclusive ideologias e terrorismos motivados religiosamente, como sabemos desde 11.9.2001. A prioridade da pessoa deve ser sempre defendida.

→ 384 → 1881 → 322

O Estado é a sociedade humana que, no interior de uma determinada área [...], arroga (com sucesso) para si o monopólio legítimo do exercício da violência física.

MAX WEBER

Se o Estado não cumpre o seu papel numa região, alguns grupos econômicos podem apresentar-se como benfeitores e apropriar-se do poder real, sentindo-se autorizados a não observar certas normas, chegando-se até às diferentes formas de criminalidade organizada, tráfico de pessoas, narcotráfico e violência muito difícil de erradicar. Se a política não é capaz de romper uma lógica perversa e se perde também em discursos inconsistentes, continuaremos sem enfrentar os grandes problemas da humanidade.

FRANCISCO, LS, 197

216 *Como funciona uma autoridade autêntica?*

Sem autoridade, qualquer comunidade humana se desintegra. Em todo o caso, a autoridade não pode ser arbitrária; ela serve para, em liberdade, orientar os homens para o bem comum. Mas também o bem comum não pode consistir numa arbitrária fixação; ele deve antes ser algo para o qual todos tendem ou devem tender a partir dos próprios interesses razoáveis, porque é bom para todos. Se isto acontece, então os cristãos devem, em consciência, obedecer à autoridade. Toda a autoridade política existe na base da dignidade da consciência. Portanto, toda a política que se orienta por princípios éticos faz da consciência a categoria central do exercício do poder.

→ 393, 394 → 1897-1899 → 325

LEI MORAL NATURAL

A pressuposição de um conhecimento do bem e do mal presente em todos os homens de tal modo que pode ser demonstrada e fundamentada pelo simples conhecimento racional.

217 *A que a autoridade está ligada?*

Toda a autoridade está ligada à →LEI MORAL NATURAL, que exprime os valores éticos fundamentais, que são imediatamente compreensíveis pela razão. Se uma autoridade decreta leis ou ordenações que contradizem estes valores, cria um "direito" injusto – um direito que a ninguém obriga. Por causa da validade da lei moral natural, os criminosos de guerra nazistas não podiam, por exemplo, justificar-se dizendo que tinham apenas agido segundo a lei e cumpriam ordens de uma autoridade legalmente estabelecida. Atualmente, estas ideias são incrementadas no direito internacional.

→ 394-398, 407 → 1902 → 325-326

Existem, em todas as culturas, singulares e variadas convergências éticas, expressão de uma mesma natureza humana querida pelo criador e que a sabedoria ética da humanidade chama lei natural. Esta lei moral universal é um fundamento firme de todo o diálogo cultural, religioso e político e permite que o multiforme pluralismo das várias culturas não se desvie da busca comum da verdade, do bem e de Deus.

BENTO XVI, CV, 59

218 *Por que é legítima a resistência por razões de consciência?*

Nenhuma ordem legal ou política pode jamais pretender ter para si a responsabilidade última. A responsabilidade da consciência ultrapassa o horizonte do poder político. Ninguém pode ser obrigado a alguma coisa que contradiga diametralmente as suas convicções profundas. Isso começa na recusa do serviço militar e vai até a questão: É legítimo matar um governante formalmente eleito? Grandes autores cristãos, como Santo Agostinho e São Tomás, respondem afirmativamente, mesmo se com enormes reservas e sob cláusulas e condições extremas.

→ 399-401 → 2242 → 377

A sua consciência está limpa. Ele nunca a usa.

STANISLAW JERZY LEC (1909-1966), aforista polonês

A desconfiança perante uma piada é o início da tirania.

EDWARD ABBEY (1927-1989), escritor americano

A nossa democracia tem simplesmente um enorme defeito: não é democrática.

GILBERT KEITH CHESTERTON (1874-1936), escritor e jornalista inglês

219 *Pode alguém ser político e cristão ao mesmo tempo?*

É sempre uma honra para o cristão servir a sociedade, na medida em que se empenha na política. Em política, trata-se sempre do "factível", ou seja, daquilo que se pode fazer: mas nem sempre estão disponíveis

> Quando os homens se tornam ateus, os governos ficam desamparados, as mentiras sem limites, as reuniões sem efeito; o iluminismo torna-se insensato, os políticos ficam sem caráter, os cristãos negligentes, as Igrejas impotentes, os povos sem paz, os costumes não reprimidos, a moda sem vergonha, as conferências sem fim, as perspectivas tristes.
>
> **ANTOINE DE SAINT--EXUPÉRY**

> Por que seguem a maioria? Será porque tem razão? Não, mas porque é mais forte.
>
> **BLAISE PASCAL** (1623--1662), matemático e filósofo francês

> A democracia é um processo que garante que não somos mais bem governados do que merecemos.
>
> **GEORGE BERNARD SHAW**

> Não temos nenhuma receita secreta para o terceiro milênio, não temos de inventar nada de novo, mas apenas não deixarmos de anunciar a antiga mensagem, menos com palavras do que através do testemunho amoroso da vida.
>
> **CARDEAL FRANZ ÖNIG** (1905-2004), arcebispo de Viena

os meios para se fazer o que é necessário e às vezes não há maiorias que permitam que opções cristãs fundamentais possam ser traduzidas na política. Por isso não se deve censurar os políticos cristãos quando têm de se envolver em compromissos. No entanto, também há decisões que um político cristão, por razões de consciência, nunca pode apoiar. Os valores fundamentais da pessoa – vida, liberdade, dignidade – para um político cristão nunca estão em discussão. Por exemplo, nenhum político cristão pode considerar-se como tal e, ao mesmo tempo, colaborar de modo que sejam destruídos os recursos naturais do seu país.

→ **394-399, 407** → **899, 2242**

220 *A Igreja deve apoiar todas as decisões democráticas?*

Com a sua opção pela democracia não é dito que a Igreja deva apoiar todas as decisões que uma entidade democrática tome. No seu juízo ético, ela encontra-se muitas vezes até contra as decisões do legislador parlamentar. Por exemplo, a Igreja pode concordar com a legalização do aborto, com a pesquisa sobre embriões ou com a prática da pena de morte? A Igreja tem a missão de criticar tais desenvolvimentos, mas não tem nenhuma possibilidade de evitar estas decisões. É aqui que se exige o empenho prático dos cristãos na política, de darem a cara pelos valores da vida e pelos direitos do homem e de fazer com que sejam introduzidos nas decisões políticas.

→ **407** → **1922** → **441**

221 *Então a Igreja tem reservas a respeito da democracia?*

A Igreja reserva-se o direito da distância crítica a respeito de todas as formas de organização política. Ela favorece e apoia as formas democráticas de governo, mas não as idealiza. Também a democracia é

> Se reparas que pertences à maioria, é tempo de reveres a tua posição.
>
> **MARK TWAIN** (1835-1910), escritor americano

um sistema que não está imune a falhas e a erros. Na Doutrina Social Católica, trata-se de princípios éticos fundamentais da convivência e não de uma "questão técnica" de organização política.

→ 407 → 1920-1923

> O verdadeiro espírito de 1789 não consiste no pensamento de que uma causa é reta, porque o povo a quer, mas sim porque, sob certas condições, deveria corresponder melhor à vontade do povo do que a qualquer outra vontade.
>
> **SIMONE WEIL**

222 *Até onde vão os direitos da maioria em democracia?*

Se o valor fundamental de toda a comunidade política é a pessoa, também as maiorias democráticas, isto é, parlamentares, não podem tomar uma decisão política qualquer. A política está ligada ao direito e à lei, sobretudo aos direitos fundamentais das pessoas e dos cidadãos. Estes jamais podem ou devem ser negados

JUDICIAL (lat. *Ius* = direito): o poder judicial num Estado.

LEGISLATIVO (lat. *Lex* = Lei): o poder legislativo num Estado.

EXECUTIVO (lat. *Exercere* = exercer): o poder administrativo num Estado.

Deus nunca está do lado do poder, mas sempre e só do lado da verdade.

FIÓDOR M. DOSTOIÉVSKI

No tribunal, as leis devem falar e o governante calar.

FREDERICO, *o Grande* (1712-1786), rei da Prússia

Modernamente, é de bom-tom um certo efeito de tolerância que acaba em medo. Devia pensar-se que liberdade religiosa significasse que cada um é livre de discutir sobre religião. Na prática, porém, isso significa que quase ninguém pode mencionar a religião.

GILBERT KEITH CHESTERTON

às minorias. Naturalmente, daqui resultam também obrigações para as minorias, mesmo quando não se sentem representadas nas decisões políticas.

→ 387, 407

223 *Que diz a Igreja sobre a divisão do poder e sobre o Estado de direito?*

A Igreja é expressamente a favor do princípio da divisão do poder. Só quando o →poder JUDICIAL, o →poder LEGISLATIVO e o →poder EXECUTIVO são independentes uns dos outros é possível um Estado de direito, o qual é sempre o pressuposto para que os homens possam desenvolver a sua dignidade, por exemplo, na medida em que gozam da liberdade de consciência e de religião. Muito concretamente, a existência de uma justiça independente é considerada na Doutrina Social Católica a pedra de toque de uma ordem política eticamente justificável. Por isso, o princípio de um Estado de direito é de tal modo fundamental que a própria Igreja a ele se submete. A Doutrina Social Católica aceita que a liberdade religiosa não pode ser vista como um privilégio só para a Igreja católica, mas que a liberdade de religião deve ser garantida para todas as comunidades religiosas.

→ 408, 422

224 *O que liga e o que separa a Igreja e o Estado?*

Com a sua auto-ordenação no princípio do Estado de direito, a Igreja define-se como parte da sociedade civil. Ela já não está politicamente ligada ao Estado, como ainda era o caso nos tempos da "aliança entre o trono e o altar". Neste sentido são sublinhadas sobretudo a autonomia e a independência do Estado e da Igreja. O bem comum político e o bem comum espiritual podem permanecer separados, mesmo quando não são de excluir pontos de contato recíprocos. Por esta razão é acentuada a necessidade de uma

colaboração entre a Igreja e o Estado. Apesar do caráter obrigatório das leis, a Igreja reserva-se o direito de agir e de exercer a crítica onde vê feridos princípios éticos fundamentais.

→ 424, 425, 427 → 2244-2245 → 140

> Há menos Estados cristãos do que partidos.
>
> **FRIEDRICH DÜRRENMATT** (1921-1990), escritor suíço e dramaturgo

225 *Em que bases éticas se deve estabelecer a vida da Igreja num Estado?*

A Igreja exige o que está de acordo com o princípio geral da liberdade religiosa: liberdade de expressão e de ensino, liberdade de culto público e de auto-organização, liberdade para a nomeação dos seus ministros, liberdade para a edificação dos edifícios sagrados, direito de propriedade bem como liberdade de associação para diversos fins educativos, culturais, médicos e caritativos.

→ 426 → 2246

> Mesmo não sendo crente, tenho medo de uma sociedade sem Deus.
>
> **GREGOR GYSI** (* 1948), político alemão (Die Linke)

A Igreja deve abrir-se incessantemente às inquietações do mundo. [...] No desenvolvimento histórico da Igreja manifesta-se também uma tendência contrária, ou seja, a de uma Igreja que se estabelece neste mundo, que é autossuficiente e se adapta aos padrões do mundo. Assim, é frequente dar à organização e à institucionalização uma importância maior do que dá ao seu chamamento a permanecer aberta a Deus. [...] Liberta dos fardos e dos privilégios materiais e políticos, a Igreja pode dedicar-se melhor e de um modo verdadeiramente cristão ao mundo inteiro.

BENTO XVI, discurso em Friburgo, 25.9.2011

Como é possível que milhares e milhares estejam aborrecidos na Igreja? Como é que muitas vezes o cinema é realmente mais interessante, mais estimulante, mais humano, mais emocionante do que a Igreja? Isto é culpa só dos outros? Não é também nossa?

DIETRICH BONHOEFFER (1906–1945), teólogo evangélico, executado pelos nazistas num campo de concentração

Nenhum problema será resolvido se nós calmamente esperarmos que Deus se ocupe deles.

MARTIN LUTHER KING

226 *É suficiente o direito como enquadramento orientativo para a convivência social?*

Não. Para que as pessoas vivam bem umas com as outras e para que as instituições funcionem bem não é suficiente definir simplesmente a "justiça social" sobre princípios, direitos e deveres. É preciso também algo como "amizade cívica", "civilidade" ou "caridade social". Uma Doutrina Social Cristã digna deste nome não fica nos princípios, nos direitos ou nos deveres. Num movimento de procura do coração, ela volta-se concretamente para o próximo nos seus problemas e nas suas necessidades e segue deste modo o mandamento de Cristo de amar o próximo com a mesma intensidade do amor para com Deus.

→ 390 → 2212-2213 → 332

O amor não se consegue alcançar pela força.

BORIS PASTERNAK (1890-1960), Prêmio Nobel da Literatura de nacionalidade russa

227 *Como é que se mostra a "amizade cívica"?*

A amizade cívica consiste sobretudo em solidariedade vivida. Uma sociedade que se preocupa com a solidariedade apenas de um modo "abstrato" é fria e desumana. Já São Tomás de Aquino sabia que justiça sem caridade é em última instância cruel e desumana. A justiça olha nomeadamente apenas para o que é geral; não considera o homem na sua especificidade. Mas o que é o especificamente cristão é que os cristãos não devem julgar o seu próximo: o outro tem um nome, um rosto, uma história e também uma necessidade muito própria.

→ 390-392 → 2212-2213 → 327-329

228 *Como se deve lidar com aqueles que violaram a lei?*

Porque o homem é sempre pessoa, mesmo aos cidadãos que são arguidos de um crime não lhes pode ser negada a solidariedade. O castigo não deve humilhar nem degradar. As penas servem para proteger a ordem pública, para a correção do culpado, e são uma forma de reparação. A Igreja declara-se contra todas as ações dos Estados que não respeitam a dignidade humana dos réus, sobretudo a tortura e a pena de morte. Além disso, ela empenha-se a favor do encurtamento do tempo dos processos.

→ 402-405 → 2266-2267 → 331-332

"Estava na prisão, e fostes visitar-me." Então os justos perguntar-lhe-ão: "Senhor, quando estavas preso e te visitamos?" Então o rei responder-lhes-á e dir-lhes-á: "Eu vos garanto: todas as vezes que fizestes isto a um dos menores dos meus irmãos, foi a mim que o fizestes."

Cf. Mt 25,35-40

Trechos de documentos da Igreja

8

A COMUNIDADE POLÍTICA

Rerum novarum

O ser humano e o Estado

Foi preciso, portanto, para que ele pudesse realizar o seu direito em todo o tempo, que a natureza pusesse à sua disposição um elemento estável e permanente, capaz de lhe fornecer perpetuamente os meios. Ora, esse elemento só podia ser a terra, com os seus recursos sempre fecundos. E não se apele para a providência do Estado, porque o Estado é posterior ao ser humano, e antes que ele pudesse formar-se, já o ser humano tinha recebido da natureza o direito de viver e de proteger a sua existência.

Leão XIII, Encíclica *Rerum novarum* (1891), 5

Rerum novarum

A Igreja e o Estado: juntos pelo ser humano

A Igreja, que, por uma multidão de instituições eminentemente benéficas, tende a melhorar a sorte das classes pobres; a Igreja, que quer e deseja ardentemente que todas as classes empreguem em comum as suas luzes e as suas forças para dar à questão operária a melhor solução possível; a Igreja, enfim, julga que as leis e a autoridade pública devem levar a esta solução, sem dúvida com medida e com prudência, a sua parte do consenso.

Leão XIII, Encíclica *Rerum novarum* (1891), 8

Rerum novarum

O Estado é para todos

A razão formal de toda a sociedade é só uma e é comum a todos os seus membros, grandes e pequenos. Os pobres, com o mesmo título que os ricos, são, por direito natural, cidadãos; isto é, pertencem ao número das partes vivas de que se compõe, por intermédio das famílias, o corpo inteiro da nação, para não dizer que em todas as cidades são o grande número. Como, pois, seria desrazoável prover a uma classe de cidadãos e negligenciar outra, torna-se evidente que a autoridade pública deve também tomar as medidas necessárias para salvaguardar a salvação e os interesses da classe operária. Se ela faltar a isto, viola a estrita justiça que quer que a cada um seja dado o que lhe é devido. A esse respeito, São Tomás diz muito sabiamente: "Assim como a parte e o todo são em certo modo uma mesma coisa, assim o que pertence ao todo pertence de alguma sorte a cada parte." É por isso que, entre os graves e numerosos deveres dos governantes que querem prover, como convém, ao público, o principal dever, que domina todos os outros, consiste em cuidar igualmente de todas as classes de cidadãos, observando rigorosamente as leis da justiça, chamada distributiva.

Leão XIII, Encíclica *Rerum novarum* (1981), 18

Pacem in Terris

Como são obrigatórias as leis do Estado?

Já que a autoridade é exigência da ordem moral e promana de Deus, caso os governantes legislarem ou prescreverem algo contra essa ordem e, portanto, contra a vontade de Deus, essas leis e essas prescrições não podem obrigar a consciência dos cidadãos. “É preciso obedecer antes a Deus do que aos homens” (At 5,29). Neste caso, a própria autoridade deixa de existir, degenerando em abuso do poder; segundo a doutrina de São Tomás de Aquino: “A lei humana tem valor de lei enquanto está de acordo com a reta razão: derivando, portanto, da lei eterna. Se, porém, contradiz à razão, chama-se lei iníqua e, como tal, não tem valor de lei, mas é um ato de violência” (São Tomás de Aquino, *Summa Theologia* I/II, q. 93, a.3 ad 2).

João XXIII, Encíclica *Pacem in Terris* (1963), 30

Pacem in Terris

O que tem de ser objeto do cuidado do Estado?

É indispensável que os poderes públicos se empenhem para que ao desenvolvimento econômico corresponda o progresso social e, que, proporcionalmente à eficiência do sistema produtivo, se desenvolvam os serviços essenciais como a construção de estradas, os transportes, as comunicações, a água potável, a habitação, a assistência sanitária, a instrução, condições idôneas para a vida religiosa, meios recreativos. Também é necessário que se esforcem por proporcionar aos cidadãos um sistema de seguros e previdência, de modo a que não lhes venha a faltar o necessário para uma vida digna em caso de infortúnio, ou agravamento das responsabilidades familiares. Aos que sejam considerados idôneos para o trabalho seja oferecido um emprego correspondente à sua capacidade. A remuneração do trabalho obedeça às normas da justiça e da equidade. Nas empresas permita-se aos trabalhadores desenvolverem as atividades numa atitude de responsabilidade. Facilite-se a constituição de organismos intermediários que tornem mais orgânica e fecunda a vida social. Requer-se finalmente que todos possam participar nos bens da cultura de maneira proporcional às suas condições.

João XXIII, Encíclica *Pacem in Terris* (1963), 64

Centesimus annus

Política como religião

Com efeito, onde o interesse individual é violentamente suprimido, acaba por ser substituído por um pesado sistema de controle burocrático, que esteriliza as fontes da iniciativa e criatividade. Quando os seres humanos julgam possuir o segredo de uma organização social perfeita que torne o mal impossível, consideram também poder usar todos os meios, inclusive a violência e a mentira, para a realizar. A política torna-se então uma “religião secular”, que se ilude de poder construir o paraíso neste mundo. Mas qualquer sociedade política, que possui a sua própria autonomia e as suas próprias leis, nunca poderá ser confundida com o Reino de Deus.

João Paulo II, Encíclica *Centesimus annus* (1991), 25

CHICAGO
BULLS

9

QUESTÕES
229-255

Um mundo – uma Humanidade

A COMUNIDADE INTERNACIONAL

> O mundo experimenta intensamente a própria unidade e a interdependência mútua..
>
> **CONCÍLIO VATICANO II**, GS, 4

> Para que o bem comum universal se procure convenientemente e se alcance com eficácia, torna-se já necessário [...] que a comunidade dos povos se dê a si mesma uma estrutura à altura das tarefas atuais.
>
> **CONCÍLIO VATICANO II**, GS, 84

> Se a globalização é para ter sucesso, deve tê-lo tanto para o rico como para o pobre, deve trazer direitos não menos que riqueza, deve fornecer justiça social e equidade não menos que prosperidade econômica e aprimorada comunicação.
>
> **KOFI ANNAN** (*1938) secretário-geral da ONU de 1997 a 2006

229 *O que significa na realidade a "globalização"?*

Bastantes coisas se alteraram nos últimos cem anos. O mundo atual oferece a muitos de nós melhores condições de vida e, graças ao progresso técnico, cresceu no sentido de "um só mundo"; assim, no espaço de algumas horas podemos, por exemplo, viajar de avião por toda a parte e, por meio da Internet, comunicar com todo o mundo e quase sem custos. Mediante a transformação acelerada é possível à indústria colocar no mercado muito mais produtos e mais baratos. Assim, porque as vias de transporte são mais baratas e mais rápidas, vale a pena, por exemplo, na produção de *jeans*, cultivar o algodão nos EUA, depois tecê-lo na Índia, mandar fazer os *jeans* no Camboja e finalmente vendê-los na Europa. Deste modo, frequentemente, um simples objeto viaja um pouco por todo o mundo até que chegue até nós. Entretanto, tudo está cada vez mais relacionado e dependente de tudo.

→ 1911 → 446

230 *Que problemas sociais a globalização traz consigo?*

Todavia, a rápida globalização não significa que todos os países estejam igualmente desenvolvidos e que todos os homens possam aproveitar as suas redes, muito pelo contrário. Problemas como a pobreza, a fome, a deficiente formação ou os maus cuidados de saúde e o não respeito pelos direitos humanos são extremamente atuais. Acontece que a própria globalização contribui para que estes problemas sejam ainda maiores. Os países mais pobres estão muitas vezes extremamente dependentes do modo como os países mais desenvolvidos neles permitem produzir ou comprar. Ao mesmo tempo são extremamente baixos os salários pagos aos trabalhadores nos países pobres. Por exemplo, uma costureira em Bangladesh recebe somente dois ou três centavos para coser uma *t-shirt* que na Europa custa cerca de cinco euros. Surgem assim injustiças que frequentemente são responsáveis pelo fato de muitos serem privados dos *direitos humanos* fundamentais. Tudo isso é agravado pelas *alterações climáticas*, que tornam ainda mais difícil o problema nos países menos desenvolvidos do sul. Portanto, a globalização não traz somente vantagens, mas agudiza muitos problemas ou até está mesmo na sua origem.

→ 442 → 446

231 *A globalização é uma fatalidade?*

Não. A globalização não é nenhuma fatalidade. Ela é feita por homens e pode por isso também ser moldada por eles de acordo com medidas morais.

→ 448

Enquanto alguns vivem com um alto nível de vida, outros vivem em condições de escassez ou de miséria.

JOÃO XXIII, MM, 156

O maior problema no mundo é a pobreza relacionada com a falta de educação. Por isso, temos de garantir que a educação chegue a todos.

NELSON MANDELA

De várias maneiras, os povos em vias de desenvolvimento, onde se encontram as reservas mais importantes da biosfera, continuam a alimentar o progresso dos países mais ricos à custa do seu presente e do seu futuro. A terra dos pobres do sul é rica e pouco contaminada, mas o acesso à propriedade de bens e recursos para satisfazerem as suas carências vitais é-lhes vedado por um sistema de relações comerciais e de propriedade estruturalmente perverso.

FRANCISCO, LS, 52

A colaboração para o desenvolvimento do homem todo e de todos os homem é um *dever de todos para com todos.*

JOÃO PAULO II, SRS, 32

Experimentamos uma transformação da qual hão de emergir no próximo século novas formas de política e de economia. Então já não haverá produtos ou tecnologias nacionais, empresas nacionais, indústrias nacionais. É o fim da economia popular.

ROBERT B. REICH (*1946), político americano

Não há nenhum efeito na natureza sem uma razão. Se conheceres a razão, já não precisas da experiência.

LEONARDO DA VINCI (1452-1519), pintor, arquiteto e cientista italiano

Se a globalização for lida de maneira determinista, perdem-se os critérios para a avaliar e orientar. Trata-se de uma realidade humana que pode ter, na sua fonte, várias orientações culturais, sobre as quais é preciso fazer o discernimento.

BENTO XVI, CV, 42

A globalização não é um acontecimento natural. Ela é querida pelos homens e por eles feita. Por isso, os homens podem também alterá-la, formá-la e dirigi-la em boas pistas.

JOHANNES RAU, (1931-2006), presidente da Alemanha

232 *Participamos também na mudança do mundo?*

Pelo fato de que, num mundo globalizado, tudo está em relação com tudo, também as nossas ações quotidianas têm consequências que alcançam o mundo. Por exemplo, em cada compra que fazemos, entramos indiretamente em contato com aqueles que em algum lugar no mundo fabricaram o produto ou que o embalaram para o transporte. Com o pagamento de um produto, pagamos também o trabalho de todas estas pessoas. Deste modo, alarga-se o grupo das pessoas pelas quais somos responsáveis para lá do círculo dos nossos conhecidos, dos amigos e da nossa família. Graças a uma melhor informação sabemos muito mais uns dos outros. Podemos nós próprios informar-nos sobre vastos temas e opiniões. Problemas ambientais causados em alguma parte do mundo têm muitas vezes consequências para todo o mundo. Isso nos mostra cada vez mais como o nosso mundo não funciona apenas no interior das fronteiras da nossa terra, mas que vivemos juntos no mundo com muitas culturas e religiões diferentes.

→ **446, 447**

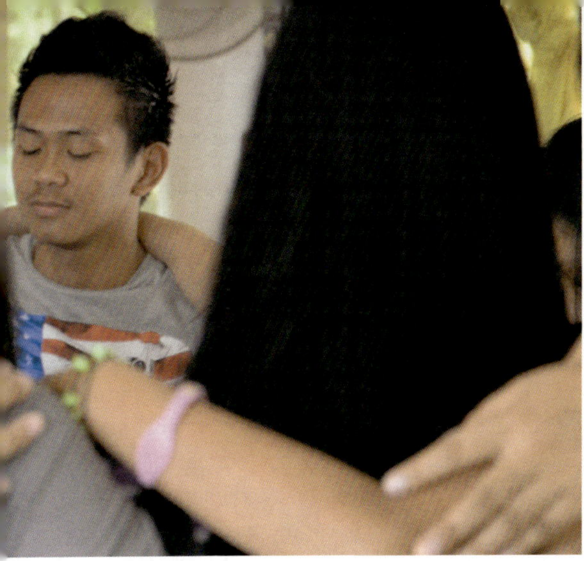

> A Igreja pode influenciar o pensamento – e isso também é tentado por nós. Em alguns dos fóruns mundiais procuramos ser advogados de uma transformação. Não podemos viajar para Nova York e dizer à ONU: isto tem de ser feito. Também não podemos fazer leis nem controlá-las. Mas esperamos conseguir junto daqueles que as fazem que tenham um quadro maior em mente e procuramos influenciar o legislador na direção dos nossos pontos de vista.
>
> **CARDEAL PETER TURKSON**

233 *A Igreja preocupa-se com estes problemas?*

A Igreja tem a missão de "investigar a todo o momento os sinais dos tempos e interpretá-los à luz do Evangelho; para que assim possa responder, de modo adaptado em cada geração, às eternas perguntas dos homens acerca do sentido da vida presente e da futura, e da relação entre ambas. É, por isso, necessário conhecer e compreender o mundo em que vivemos, as suas esperanças e aspirações, e o seu caráter tantas vezes dramático" (GS, 4). A Igreja procura assim ver a atual situação do mundo e dar recomendações para a ação de acordo com a mensagem de Jesus sobre o amor fraterno a todos os homens. Mas o seu especial cuidado vai sobretudo para os pobres, os fracos e os explorados. A Igreja recorda aos políticos de cada um dos Estados que eles são responsáveis não só pelas próprias nações, mas também por toda a humanidade. Ela pronuncia-se a favor de uma política que tenha como objetivo a paz e o desenvolvimento. Para realizar tal política, é necessário o trabalho comum dos diferentes Estados. Por isso é que a Igreja apoia organizações internacionais como as Nações Unidas, onde pode crescer uma confiante colaboração internacional.

→ **433-455** → **1927**

> Um povo que coloque os seus privilégios acima dos seus princípios depressa esbanja ambos.
>
> **DWIGHT DAVID EISENHOWER** (1890-1969), antigo presidente americano

> Na natureza humana encontram-se principalmente três causas dos conflitos: em primeiro lugar, a concorrência; em segundo lugar, a desconfiança; e em terceiro lugar, a sede de glória.
>
> **THOMAS HOBBES** (1588-1679), filósofo inglês

234 *Por onde a ajuda global deve começar?*

Contra alguns problemas, a humanidade só pode fazer alguma coisa se o fizer em conjunto. Por isso é necessário que cresça na terra a *solidariedade* e a *responsabilidade* de uns pelos outros. A Doutrina Social fundamenta esta recíproca responsabilidade a partir do pensamento da "unidade da família humana". Deus é o criador de cada homem e por isso é Pai de todos os homens. Devemos considerar-nos irmãos uns dos outros, estamos unidos uns aos outros como numa única *família*. Uma família é uma comunidade na qual a pessoa confia, está lá para os outros e se ajuda mutuamente. Do mesmo modo deveria sentir-se unido entre si o conjunto da população mundial.

→ **1947-1948**

235 *Como a Bíblia fundamenta a unidade da humanidade?*

O Livro do Gênesis mostra Deus como criador, que tirou do nada o mundo e toda a humanidade. O homem não aparece apenas como indivíduo; ele está antes em relação com o seu próximo e com os outros seres vivos, e pode agir responsavelmente. Deus dá ao homem o que ele precisa para uma vida com dignidade. Na aliança com Noé (cf. Gn 9, 1-17) torna-se claro que Deus, apesar dos pecados, da violência e da injustiça, está lá para os homens. Também na aliança com Abraão se mostra o pensamento da família humana. Abraão aparece como o pai de todos os povos (Gn 17). Todos os homens são descendentes de Abraão; Deus estabeleceu esta aliança também conosco. A pluralidade e a diferença dos povos são

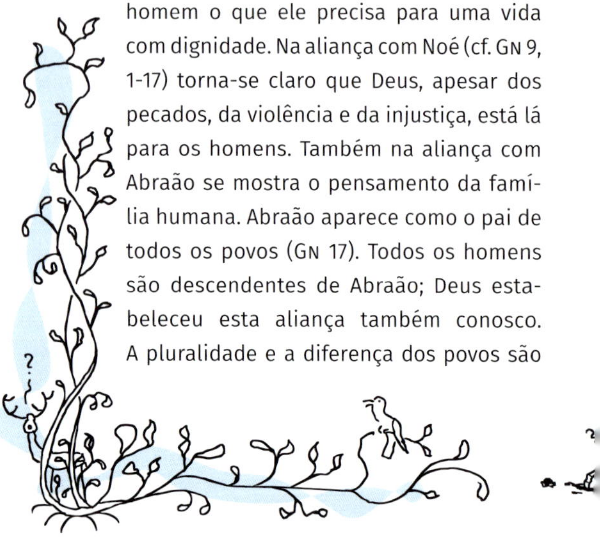

> Ao faminto pertence o pão que tu reténs; ao nu, a peça de vestuário que guardas no armário; ao descalço, os sapatos que apodrecem junto de ti [...]. Cometes uma grande injustiça àqueles que devias ter ajudado.
>
> **SÃO BASÍLIO MAGNO** (cerca de 330-379), bispo capadócio e Padre da Igreja

> A situação financeira global precisa de uma regulamentação. Mas nenhum Estado pode sozinho resolver esta questão. Por isso temos necessidade de uma autoridade que possa executar esta regulamentação e tenha olhos para ver certas falhas no desenvolvimento. Queremos uma autoridade reguladora global e nada mais.
>
> **CARDEAL PETER TURKSON**

> E o Senhor disse: "Eles são um único povo e falam uma só língua. Isto é apenas o começo dos seus empreendimentos. Agora nenhum projeto será irrealizável para eles. Vamos descer e confundir a língua deles, para que um não entenda a língua do outro". O Senhor dispersou-os dali para toda a superfície da terra, e eles cessaram de construir a cidade. Por isso, a cidade recebeu o nome de Babel, pois foi lá que o Senhor confundiu a língua de todos os habitantes da terra, e foi dali que ele os espalhou por toda a superfície da terra.
>
> **Gn 11,6-9**

vistas no Livro do Gênesis como resultado do agir criador de Deus. No entanto, a história da construção da torre de →BABEL (cf. GN 11,1-9) mostra a dificuldade dos homens em lidarem com esta pluralidade.

→ 428-430

236 *Como os homens devem lidar uns com os outros?*

No mundo, os homens devem compreender-se como comunidade e tolerar a diferença dos indivíduos e dos povos, ver mesmo esta pluralidade como uma riqueza. Isso é ainda mais importante no tempo da globalização. Nós somos "habitantes de uma só e mesma casa", escreve São João XXIII (MM, 157). Ele quer com isso dizer que as nossas relações se tornaram tão estreitas como entre vizinhos de uma casa. Valores como verdade, solidariedade e liberdade, que são indispensáveis em nossas relações quotidianas, tornam-se cada vez mais importantes na crescente rede global de relações e dependências. Uma boa convivência só é pensável sem violência, sem guerra, sem discriminação, sem intimidação ou engano dos outros. Por isso, a Igreja apela para que a globalização econômica e social caminhe juntamente com a globalização da justiça. Jesus Cristo, que trouxe à terra a justiça fundamental, confia à nossa ação uma especial obrigação.

→ 431, 433 → 1912

Se por causa de alguém houve um pouco mais de amor e de bondade, um pouco mais de luz e de verdade no mundo, então a sua vida teve um sentido.

ALFRED DELP, SJ (1907-1945), executado como combatente da resistência alemã durante a segunda Guerra Mundial

No nome **BABEL** já se esconde, segundo a etimologia, a palavra "confusão" – insinuando deste modo como são confusas as relações dos povos no mundo.

As relações entre os Estados devem reger-se pelas normas da justiça.

JOÃO XXIII, PT, 91

Em primeiro lugar procurai o Reino de Deus e a sua justiça, e Deus vos dará, em acréscimo, todas essas coisas.

MT 6,33

Anualmente, desaparecem milhares de espécies vegetais e animais, que já não poderemos conhecer, que os nossos filhos não poderão ver, perdidas para sempre. A grande maioria delas extingue-se por razões que têm que ver com alguma atividade humana. Por nossa causa, milhares de espécies já não darão glória a Deus com a sua existência, nem nos poderão comunicar a sua própria mensagem. Não temos o direito de o fazer.

FRANCISCO, LS, 33

237 *Que significa isto para a utilização dos recursos deste mundo?*

A Doutrina Social Católica chama cada vez mais a atenção para a "unidade da família humana" e para o "destino universal dos bens" com ela relacionado. Com isto quer dizer-se que Deus como criador do mundo determinou que os bens da terra se destinam à vida e à satisfação das necessidades de todos os homens. Por isso é que constitui um escândalo a desigual distribuição dos bens da terra. Para os cristãos, não é aceitável que a pobreza e a fome sejam o destino de milhões de pessoas, enquanto outras levam uma vida de abundância e de esbanjamento. Os mantimentos desta terra, por exemplo, não são propriedade daqueles que podem pagar mais. Pelo contrário, são a base da vida de todos os homens.

→ 447, 448 → 2407, 2415 → 436

10 MANDAMENTOS PARA UM FUTURO SEM FOME

1. Contribui para que todas as pessoas tenham o suficiente para comer.
2. Não cobices o pão do teu vizinho.
3. Não guardes para ti mesmo os alimentos que fazem falta a pessoas necessitadas.
4. Honra a terra e o trabalho para combater as alterações climáticas, para que todos tenham uma vida mais longa e uma terra melhor.
5. Vive de acordo com o teu próprio estilo de vida.
6. Não cobices a terra e a propriedade dos teus vizinhos.
7. Usa a política agrária para reduzir a fome e não aumentá-la.
8. Toma uma atitude contra os governos corruptos e os que os seguem.
9. Ajuda a evitar conflitos armados e guerras.
10. Combate a fome de forma eficaz através da ajuda ao desenvolvimento.

Cáritas austríaca, Congresso "Futuro sem Fome"

DIGRESSÃO

O QUE É A POBREZA?

Segundo a definição mais comum, que se reporta ao ex-presidente do Banco Mundial, R. McNamara, vivem em *absoluta* pobreza todas as pessoas com um rendimento diário abaixo de determinado valor em dólares americanos, correspondente, segundo o Banco Mundial desse tempo, a 1,25 dólares americanos por dia. 17,6% da população mundial (1,29 bilhão) viviam em 2011 abaixo destas condições humanamente indignas. Outros cálculos (como as da Associação Internacional para o Desenvolvimento) incluem não só o rendimento *per capita,* mas também a ingestão calórica, a esperança média de vida, a mortalidade infantil e a taxa de natalidade de um país. Por contraste, há também o conceito de pobreza *relativa*. Aqui trata-se da vida de uma pessoa, ou seja, a provisão com os recursos materiais e imateriais relativamente à prosperidade da respectiva sociedade na qual vive. Segundo a definição da Organização Mundial contra a Fome, vive em pobreza relativa quem tem mensalmente à sua disposição menos de 60% do rendimento médio no próprio país. Em Portugal, de acordo com dados do PRODATA para 2014, cerca de 19,5% da população está em risco de pobreza.

> Creio que não há tema de maior interesse hoje do que a educação, do que a questão: Como é que educamos os nossos filhos? Que valores é que lhes transmitimos? [...] A educação é o maior bem que podemos oferecer aos nossos filhos.
>
> **CAT STEVENS** (* 1948), cantor/compositor britânico

> A fartura contém, como qualquer outro vigor, certa dose de descaramento, e isto se manifesta sobretudo no fato de que aquele que está farto dá lições ao faminto.
>
> **ANTON PAVLOVITCH TCHEKHOV** (1860-1904), escritor russo

> Quando o meu filho me pede alguma coisa para comer, digo-lhe que o arroz está sendo cozido – até que ele adormeça com fome, porque não há arroz.
>
> **UMA JOVEM** no sudoeste asiático, no estudo *Vozes da pobreza*

238 *Por que os pobres merecem especial atenção?*

Cristo dirigiu-se especialmente aos marginalizados da sociedade. Por isso é que a Igreja professa uma especial "opção pelos pobres". Os pobres são muitas vezes aqueles que menos possibilidades têm de influenciar na formação da sociedade e nas próprias condições de vida. A Igreja coloca-se ao seu lado e preocupa-se em remover a injustiça, a discriminação e a opressão. No sentido da Doutrina Social Católica, a justiça exige a participação de todos nos processos centrais da vida social, política, cultural e econômica. A ação pelos pobres não deve acontecer a partir de cima, porque os próprios interessados conhecem melhor aquilo de que necessitam. Por isso é que eles devem ser envolvidos na solução dos seus problemas. Perante as complexas relações de dependência e a sociedade mundial cada vez mais em rede, não é tarefa simples encontrar soluções concretas que a longo prazo possam afastar as causas da pobreza.

→ 449 → 2443-2446 → 449

239 *Como a solidariedade global se tornará vinculativa?*

Para os cristãos que acreditam em Deus criador do mundo e Pai de todos os homens deveria ser evidente que solidariedade e justiça não podem referir-se apenas à "nossa família", à "nossa terra", à "nossa cultura" ou à "nossa religião". Se quisermos declarar que esta atitude cristã deve estender-se também às outras culturas e religiões e neste caso não argumentar apenas a partir da fé, o melhor modo de declarar a exigência universal de solidariedade e de justiça será apelar para a exigência de liberdade inscrita em todos os homens. Sou verdadeiramente livre quando eu próprio posso determinar o que faço e como vivo. Agora, se eu quero ser livre, então na base da igualdade fundamental de todos os homens e da justiça devo conceder o mesmo também àqueles que vivem comigo. Assim como eu não quero que alguém no mundo decida por mim também eu tenho de reconhecer que ninguém quer que os outros decidam por si. Fala-se neste contexto igualmente de um direito geral de justificação: cada pessoa tem o direito a que as leis às quais deve obedecer possam ser perante ele justificadas de um modo racional e geralmente compreensível.

→ 437 → 1939-1942 → 332

> Não se pode absolutamente justificar o presente por causa do futuro nem o passado por causa do presente.
>
> **FRIEDRICH NIETZSCHE**

> Não faças aos outros o que não queres que te façam a ti.
>
> REGRA DE OURO

240 *Que resulta concretamente do direito à justificação?*

Quando eu atribuo aos outros homens direitos, assumo eu próprio deveres. Por um lado, há deveres negativos, portanto deveres de não realizar determinadas ações, como, por exemplo, não escravizar ninguém ou de outro modo explorar alguém. Por outro lado, há também deveres positivos: em determinados casos, eu não devo apenas deixar de fazer alguma coisa, mas fazer alguma coisa: por exemplo, ajudar alguém próximo de mim que esteja necessitado. Noutras situações não sei imediatamente como é que posso ajudar, por exemplo, uma criança faminta na África. Naturalmente, mesmo em relação a uma necessidade distante, tenho a obrigação moral de ajudar. Mas como devo fazer isso? E tenho esta obrigação a respeito de todos os que precisam de ajuda? Isso seria demasiado para mim. Muitas vezes não posso ajudar diretamente. No entanto, tenho, por exemplo, a possibilidade de apoiar organizações e instituições que podem assumir essa tarefa. Por meio de voluntariado ou de apoio financeiro a organizações de ajuda podemos contribuir muito para uma melhoria geral das condições humanas de vida. Quanto mais pessoas assim pensarem, mais será feito no combate contra a pobreza no mundo.

→ 1934-1935 → 330

> A arbitrariedade é uma espécie do domínio político e social sem suficiente justificação. Relações políticas e sociais injustas são aquelas nas quais indivíduos ou grupos dominam ou têm privilégios sobre os outros, sem poderem dar uma boa razão aos que são dominados ou estão em desvantagem.
>
> **RAINER FORST** (* 1964), cientista político e filósofo alemão

> Em sentido próprio, não pode haver uma responsabilidade perante si mesmo, porque neste caso a pessoa pode sempre dispensar-se.
>
> **ROBERT SPAEMANN**

> Comporta-te de tal maneira que os efeitos das tuas ações sejam compatíveis com a permanência de uma autêntica vida humana sobre a terra.
>
> **HANS JONAS** (1903-1993), filósofo alemão

> Sempre pensei que o contrário do amor não é o ódio, mas a indiferença. O contrário da fé não é a arrogância, mas a indiferença. O contrário da esperança não é o desespero, mas a indiferença. A indiferença não é o princípio, mas o fim de um processo.
>
> **ELIE WIESEL** (* 1928), Prémio Nobel da Paz americano

241 *Como é que pode ser mobilizado o próprio interesse das pessoas?*

Onde não existe uma consciência da solidariedade global, pode ajudar apelar ao interesse próprio das pessoas e das nações, portanto à vantagem que se pode obter de alguma coisa. Fala-se então do interesse entendido como próprio bem-estar. Com frequência, acontece que uma colaboração internacional em última instância interessa a cada um. Tomemos como exemplo a proteção climática. Um país sozinho não consegue deter a alteração climática em âmbito mundial. Não é solução nenhuma alguém concentrar-se na melhoria do clima no próprio país e dizer que é indiferente o que os outros fazem. O clima é um bem público global ("bem comum mundial"); a sua proteção precisa de uma cooperação global. Tal colaboração internacional para a proteção do clima depende do interesse de todos os países entendido no sentido do próprio bem-estar. Só então, se todos os países participarem na proteção do clima, por exemplo, através da redução dos gases que provocam o efeito estufa, esta pode ser levada para a frente, o que conduz a uma melhoria do clima em cada país. De um modo semelhante, a luta

> Se vires o jumento ou o boi do teu irmão caídos no caminho, não fiques indiferente: ajuda teu irmão a levantar o animal. DT 22,4

contra a pobreza torna-se de interesse geral, porque assim pode ser reduzida a emigração, podem ser evitados conflitos violentos e ser revitalizada a economia.

→ 481-484 → 1911, 1913-1914

DIGRESSÃO

BENS PÚBLICOS GLOBAIS/ /BENS COMUNS MUNDIAIS

São bens cujo benefício reverte a favor de todo o mundo, sobre os quais ninguém detém um direito específico ou direito de propriedade, porque ninguém pode nem deve (não exclusividade) ser excluído do seu uso. Estas características tornam muito difícil a determinação destes bens, pois são coisas muito diferentes o que concretamente se entende por bens comuns universais. Alguns entendem apenas os bens relacionados ao domínio do ambiente. Outros alargam a definição e veem também os direitos humanos ou o patrimônio mundial como bens globais. As Nações Unidas desenvolveram um entendimento comum de bens globais, um consenso mínimo sobre o que é da responsabilidade de todos os homens: paz e segurança internacional, proteção dos direitos do homem, justiça internacional, saúde, conhecimento e informação bem como proteção do clima, da diversidade biológica, das florestas e dos oceanos. Além disso, são acrescentados a estabilidade econômica, a disponibilidade de alimentação e de prosperidade para todos, o desarmamento e a não proliferação de armas nucleares bem como a luta contra o terrorismo.

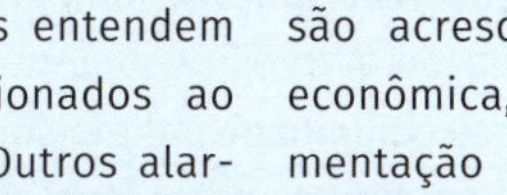

Na Idade Média, as pessoas lamentavam-se quando tinham de entregar ao senhor feudal o dízimo, ou seja, a décima parte do seu rendimento ou dos seus produtos. Atualmente, é mais de um terço do valor dos bens e dos serviços que se escapa para o serviço da dívida para os proprietários do dinheiro e do capital físico. Apesar de tudo a maioria – pelo menos entre nós – esteja melhor do que na Idade Média é devido à Revolução Industrial, à crescente automatização da economia, a uma enorme sobre-exploração das matérias-primas disponíveis e à exploração do terceiro mundo.

MARGRIT KENNEDY (1939-2013), ecologista e arquiteta alemã

Para o governo da economia mundial, para sanar as economias atingidas pela crise de modo a prevenir seu agravamento e, em consequência, maiores desequilíbrios, para realizar um oportuno e integral desarmamento, a segurança alimentar e a paz, para garantir a salvaguarda do ambiente e para regulamentar os fluxos migratórios, urge a presença de uma verdadeira *autoridade política mundial*, delineada já pelo meu predecessor, São João XXIII. A referida autoridade deverá regular-se pelo direito, orientar-se coerentemente →

242 *Como pode ser concretizada uma cooperação mundial?*

Nos problemas globais, que não podem ser resolvidos em âmbito nacional por cada um dos países, é necessário organizações e instituições cooperativas que assumam a administração dos bens comuns, que elaborem regras para todos os países, que controlem a sua observância e punam a sua não observação ou infração. A Igreja é sempre a favor da instituição de uma comunidade internacional, porque só assim pode ser traduzida, mesmo politicamente, a ideia da *unidade da família humana*. Esta comunidade deve em todo o caso ser desejada por todos os países envolvidos e não pode, em nenhum caso, ser imposta. É preciso que seja uma comunidade com autoridade que, por um lado, respeite que, no sentido do princípio de subsidiariedade, cada Estado seja autônomo, mas que, por outro lado, possa reagir aos grandes problemas do mundo, na medida em que “disponha do poder eficaz para garantir para todos segurança, defesa da justiça e respeito pelos direitos” (GS, 82). Um primeiro passo neste sentido foi dado em 1945 quando foram fundadas as *Nações Unidas* (ONU). A Igreja Católica defende desde então a ideia das Nações Unidas, apoia a sua política e empenha-se pelo seu desenvolvimento.

→ 434, 435, 441 → 1919 → 325, 326

243 *Quais são as condições éticas mínimas para a cooperação internacional?*

Se os diferentes países querem viver juntos numa comunidade globalmente mais responsável e vinculativa, trata-se, primeiramente, de uma confiança recíproca, sobre um mínimo de valores e de normas comuns. A isso pertencem os direitos humanos, bem como valores como a justiça, a solidariedade e a liberdade. A comunidade internacional deve, por isso, zelar para que, através de decisões comuns, todos os homens tenham a possibilidade de poderem participar em igual medida no desenvolvimento mundial. Tudo isso são valores fundamentais que não são obrigatórios apenas para os cristãos, mas também para todos os homens.

→ 433, 439, 448 → 1924, 1925

244 *Como estes valores serão aceitáveis na comunidade internacional?*

Os valores fundamentais e os direitos humanos reconhecidos em geral devem constituir a base tanto para as decisões como para a comunicação da comunidade internacional. Neles edificadas, devem então ser formuladas regras sobre as quais se possa confiar tanto nas ações como nas negociações. De fato, é preciso regras se os homens quiserem negociar

→ pelos princípios de subsidiariedade e solidariedade, estar orientada para a consecução do bem comum.

BENTO XVI, CV, 67

É urgentemente necessário que, através de uma plena e intensa cooperação de todos, e sobretudo das nações mais ricas, se investigue o modo de tornar possível preparar e fazer chegar a toda a humanidade o que é preciso para a subsistência e conveniente educação dos seres humanos.

CONCÍLIO VATICANO II, GS, 87

O direito do mais forte é a mais forte injustiça.

MARIE VON EBNER--ESCHENBACH

Não é o direito do mais forte, mas a força do direito que cria a segurança internacional.

PROGRAMA DO SPD ALEMÃO

O poder corresponde à capacidade de se juntar aos outros e de agir de acordo com eles.

HANNAH ARENDT

algo e decidir em conjunto. Muito mais do que até agora deve, internacionalmente, ser o direito do mais forte substituído pela força do direito.

→ 436, 438 → 1929-1930, 1954 → 333

> Uma lei possui tanto mais força quanto mais participação tiver na justiça. Nas coisas humanas diz-se que algo é justo se está de acordo com as regras da razão. Mas a primeira regra da razão é a lei da natureza. Assim, toda a lei promulgada pelo homem encontra a sua explicação na medida em que tem a sua origem na lei natural. Mas, pelo contrário, se em algum lugar se afasta da lei natural já não é lei, mas a destruição da lei.
>
> **SÃO TOMÁS DE AQUINO**, *Summa Theologiae* I-II q. 95, a. 2.

245 *Quem precisa desta comunidade internacional?*

Todos. De fato, os países, mesmo se de um modo diferenciado, estão fortemente dependentes da comunidade internacional: os países mais desenvolvidos precisam especialmente alcançar acordos econômicos mais seguros ou de aceder a matérias-primas, ao passo que os menos desenvolvidos têm necessidade de conseguir uma vida digna para a sua população. Mas, para isso, também os países desenvolvidos precisam da comunidade internacional. Todos os homens têm, afinal, o mesmo direito ao desenvolvimento e ao acesso aos bens importantes para a vida (alimento, formação, vestuário etc.). Todos os homens têm igualmente o direito de viver em paz e em liberdade. Um apoio mútuo é, por isso, necessário. A necessidade de uma comunidade internacional não deve ser pretexto para a criação de novas dependências ou de complexos mecanismos de exploração entre os países ricos e os países pobres.

→ 446, 447

246 *Com que organizações está a Igreja no bom caminho?*

A partir dos anos 40, o mundo decidiu construir uma comunidade internacional. Em 1945 foi fundada a Organização das Nações Unidas (ONU), alguns anos mais tarde foi aprovada a Declaração Universal dos Direitos do homem. No início dos anos 90 teve origem a Organização Mundial de Comércio. Muitas outras organizações, mais ou menos fortemente ligadas com o sistema das Nações Unidas, procuram resolver os problemas globais. A Igreja vê estas organizações em geral como passos na verdadeira direção de um →GOVERNO GLOBAL.

247 *Que papel tem o Vaticano na política internacional?*

Porque espalhada por *todo o mundo*, a Igreja Católica tem uma estrutura global e, além disso, uma experiência global milenar. Como Estado, a Santa Sé (= o Papa) pode participar na política internacional. A Santa Sé pode também enviar embaixadores, participar em organizações supragovernamentais (como, por exemplo, nas Nações Unidas e nas suas suborganizações) e mediar nos conflitos. Tudo isso tem como objetivo promover a construção da comunidade internacional, apoiá-la no caminho para um maior bem comum no interior da família humana, exigir os direitos e a dignidade humana para todos e acompanhar com solicitude toda a humanidade no caminho para a justiça e para a paz.

→ 444, 445

> Não se vê por que razão as nações mais ricas podem alimentar a pretensão de aumentar as próprias reivindicações materiais, quando a consequência que disso deriva para as outras é a de ficarem na miséria, a que pode vir juntar-se o perigo de destruição dos próprios fundamentos da vida física no mundo.
>
> Documento *A justiça no mundo* do Sínodo dos Bispos (1971)

GOVERNO GLOBAL
Designa os processos políticos no âmbito internacional para resolver problemas que dizem respeito a todo o mundo e que só em parte surgiram devido à globalização. Para este fim devem ser formadas estruturas e organizações que sejam encarregadas da resolução dos problemas. No entanto, no conceito de "governo global" não há nenhum governo mundial. Cada um dos Estados permanece um Estado independente.

> Aparecem como as primeiras tentativas para lançar os fundamentos internacionais de toda comunidade humana, a fim de se resolverem os gravíssimos problemas dos nossos tempos, se promover o progresso em todo o mundo e se prevenir qualquer forma de guerra.
>
> **CONCÍLIO VATICANO II**, GS, 84

O problema da migração

248 *Por que a migração é um problema?*

Podem ser várias as razões pelas quais alguém deixa a sua terra natal: pobreza e miséria da população, falta de liberdade e de democracia, perseguição política

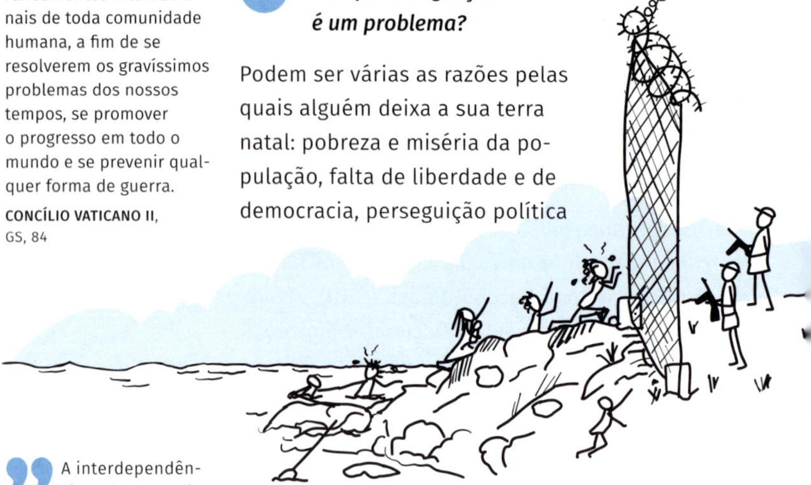

bem como conflitos e guerras na pátria. Também a Europa ocidental é atingida por movimentos migratórios. Entre outros, do Médio Oriente ou da África, mas também dos países da Europa oriental na pátria. Também a Europa ocidental é atingida por movimentos migratórios. Entre outros, do Médio Oriente ou da África, mas também dos países da Europa oriental chegam refugiados às fronteiras da Espanha, Itália e mesmo da Alemanha. Além dos emigrantes que vivem legalmente nos países de imigração, há também centenas de milhares de "ilegais", que muitas vezes se mantêm às escondidas da sociedade, porque não têm direito de residência. A vida destes homens é marcada por uma permanente angústia de serem descobertos, presos e repatriados. Direitos fundamentais são-lhes assim negados. Muitos destes homens vivem em condições indignas. Homens sem direito de residência não podem sequer sonhar com assistência médica, com a possibilidade de se defenderem contra a exploração nas relações trabalhistas

> A interdependência cada vez mais estreita e progressivamente estendida a todo o mundo, faz com que o bem comum [...] se torne atualmente cada vez mais universal e que, por esse motivo, implique direitos e deveres que dizem respeito a todo o gênero humano. Cada grupo deve ter em atenção as necessidades e legítimas aspirações dos outros grupos e mesmo o bem comum de toda a família humana.
>
> **CONCÍLIO VATICANO II**, GS, 26

> Enquanto não puderes desculpar o outro pela sua diferença, estás muito longe do caminho da sabedoria.
>
> Aforismo chinês

ou em enviar os seus filhos para a escola – por isso, é enorme o medo de serem descobertos e assim repatriados. Mas a Igreja diz muito claramente que também os homens sem direito de residência têm direitos humanos que não lhes podem ser negados.

249 *Como a Europa deveria lidar com os migrantes, no sentido da unidade da família humana?*

Frequentemente, os migrantes são rejeitados mesmo pelos países da Europa e assim lesados os direitos humanos. Muitas pessoas naufragam na viagem entre a África e a Europa; depois da chegada, são levadas para campos de refugiados indignos da condição humana e muitas vezes mandadas para trás sem uma prova suficiente sobre as suas pretensões. Ora, segundo a conceção cristã, os homens não são apenas cidadãos de um país, mas também membros da família

Somos todos estrangeiros – quase em toda a parte.
Cartaz colado num automóvel

humana. Por isso, é uma obrigação moral garantir o asilo àqueles que são expostos à perseguição no seu país ou que sofrem carência existencial. Os homens não abandonam sem razão a sua terra natal. Enquanto não houver uma real colaboração internacional para um desenvolvimento verdadeiramente justo de todos os povos, os homens virão para a Europa à procura de uma vida melhor.

→ 297, 298 → 1911

Onde está o teu irmão? [...] Atualmente ninguém no mundo se sente responsável por isso; perdemos o sentido da responsabilidade fraterna; caímos na atitude hipócrita do sacerdote e do levita de que falava Jesus na parábola do bom samaritano: ao vermos o irmão quase morto na beira da estrada, talvez pensemos "coitado" e prosseguimos o nosso caminho; não é dever nosso; e isto basta para nos tranquilizarmos, para sentirmos a consciência em ordem.

FRANCISCO, homilia em Lampedusa, 8.7.2013

Deve receber-se todos os hóspedes que nos chegam como Cristo, porque ele mesmo dirá: era estrangeiro e recebestes-me. Mas é preciso ter o maior cuidado e atenção pelos pobres e pelos peregrinos, porque neles mais do que noutros acolhemos Cristo.

SÃO BENTO DE NÚRSIA (480-547), monge e fundador da Ordem Beneditina, "pai do monaquismo ocidental"

Os migrantes e os refugiados não são peões no tabuleiro de xadrez da humanidade. Trata-se de crianças, mulheres e homens que deixam ou são forçados a abandonar as suas casas por vários motivos, que partilham o mesmo desejo legítimo de conhecer, de ter, mas, acima de tudo, de ser mais. [...] Os fluxos migratórios contemporâneos são o maior movimento de pessoas, senão de povos, de todos os tempos. [...] A realidade das migrações [...] exige uma cooperação internacional e um espírito de profunda solidariedade e compaixão.

FRANCISCO, Mensagem para o Dia Mundial do Migrante, 2014

O estado de ilegalidade não justifica que se diminua a dignidade do migrante, que é dotado de direitos inalienáveis, que não se pode deixar que sejam feridos nem passem despercebidos.

JOÃO PAULO II, Mensagem para o Dia Mundial do Migrante, 1995

Considero a xenofobia simplesmente repugnante.

ASTRID LINDGREN

250 *Como é que se configura o empenho da Igreja Católica neste domínio?*

Desde há muitos anos que a Igreja Católica se coloca por toda a parte ao lado dos migrantes e muito especialmente dos grupos constituídos por aqueles que não têm estatuto, ou seja, dos "ilegais". Para isso, ela baseia-se na opção pelos pobres e na identificação de Jesus com os marginalizados e os esquecidos. A comissão episcopal para as questões da migração na Alemanha pergunta, por exemplo, porque os direitos humanos não são completamente convertidos no direito dos estrangeiros. Por isso, a comissão também fundou o Fórum Católico para a Ilegalidade. Trata-se de uma união de diversas organizações eclesiais que defendem os "ilegais" e uma relação humanamente digna com eles. Os resultados deste

> Senhor, meu Deus, em ti eu me abrigo! Salva-me de todos os meus perseguidores.
>
> Sl 7,2

Fórum até agora mostram como é importante que associações para determinado fim se liguem em rede, porque assim podem mais facilmente entrar em ação. Não é suficiente ajudar em casos particulares. É também missão da Igreja levar os legisladores a fazerem leis mais humanas.

O problema do comércio justo (*fair trade*)

251 ***Que problemas se levantam tendo em vista um mercado mundial?***

No processo da globalização, as relações de mercado entre os Estados tornaram-se, mundialmente, cada vez mais estreitas. Isso tem ajudado alguns países; em muitos outros, porém, agravaram-se os problemas sociais e ecológicos. Como consumidor particular

> Se tenho um sonho a respeito da Igreja, é um sonho de portas abertas precisamente para os estrangeiros, que falam, comem e cheiram de um modo diferente. Não desejo para mim uma casa como uma fortaleza impenetrável para os outros, mas com muitas portas. Um lar que possuímos só para nós mesmos torna-nos fechados e com cheiro a mofo. Cada hóspede traz-nos algo para casa que nós mesmos não temos.
>
> **DOROTHEE SÖLLE** (1929-2003), teóloga evangélica e pacifista alemã

Fairness vem do termo inglês *fair* (honesto, bom). *Fairness* exprime uma ideia de justiça individual (não regulada legalmente). *Fairness* pode ser equiparada com a justiça e adequação.

Wikipédia

tenho, todavia, limitadas possibilidades de, através da escolha dos meus produtos, exercer influência na formação do mercado. Por isso, é importante que os Estados se ocupem com esta problemática, por exemplo, que fundem organizações que se empenhem em favorecer estruturas comerciais mais justas.

→ 362-364

252 *O que é o comércio justo* (fair trade)?

Comércio justo é aquele que está orientado segundo determinados princípios de justiça (*fairness*). Diversas organizações de comércio justo (*fair trade organisations*) fixam estes princípios e coordenam as relações de mercado. Cuidam de uma maior justiça no mercado internacional na medida em que fortalecem o direito dos produtores (pequenos agricultores e proprietários de plantações) e contribuem para um desenvolvimento *sustentado* nos respectivos países. Para alcançar isso, obrigam-se a um diálogo entre os parceiros do mercado para uma maior *transparência* sobre as relações de produção e de mercado bem como sobre o *respeito* para com todos os atores envolvidos.

A prioridade mais elevada da economia não é o bom produto, mas o consumidor que se sente bem. Os negócios tornam-se uma pseudoterapia e os consumidores, pacientes.

NEIL POSTMAN (1931-2003), investigador dos *media* americano

Sê tu mesmo a mudança que desejas para o mundo.

Atribuído a **MAHATMA GANDHI**

253 *Com que regras trabalha o comércio justo?*

Por um lado, são criadas possibilidades para os produtores economicamente prejudicados participarem ativamente no sistema de mercado e se tornarem independentes. Para garantir um rendimento mais elevado e seguro, é pago aos produtores um preço mínimo fixo, que cobre os custos de produção e que está acima do respectivo preço no nível do mercado mundial. Tornam-se, assim, possíveis uma produção social justa, boas condições de trabalho (pagamento, tempo de trabalho, proibição de trabalho infantil etc.) bem como a igualdade de direitos da mulher. Ao mesmo tempo, são respeitadas normas ambientais. Devem também ser estabelecidas entre os países relações de parceria a longo prazo.

254 *Como atua o mercado justo* (fair trade)?

O mercado justo serve para combater a pobreza em diversos continentes, sobretudo nas regiões agrícolas. As condições de vida de produtores e de trabalhadores em diversos países em desenvolvimento são, assim, melhoradas e tornadas humanamente mais dignas. Além disso, o mercado justo pode contribuir para mudanças nas relações de poder demasiado assimétricas e, desse modo, para menos dependências.

> A inteligência de um homem deixa-se medir pelo cuidado com que ele pensa o futuro ou o fim.
> **GEORG CHRISTOPH LICHTENBERG**

> As invenções há muito tempo atingiram as suas fronteiras e não vejo nenhuma esperança para mais desenvolvimentos.
> **JULIUS SEXTUS FRONTINUS,** construtor romano, cerca do ano 10 a.C.

> Quando a árvore nasce, não é imediatamente grande. Quando está grande, não floresce logo, não dá logo frutos. Quando dá frutos, não estão logo maduros. Quando estão maduros, não são logo comidos.
> **BEATO EGÍDIO DE ASSIS**

> Só quem tem o coração para ajudar tem o direito de criticar.
> **ABRAHAM LINCOLN**

255 *O mercado justo é suficiente para resolver os problemas da pobreza?*

Por enquanto está longe disso. Este mercado deve ser mais desenvolvido a fim de poder ser positivamente eficaz. Para isso não basta que organizações e empresas individualmente se obriguem aos respectivos princípios. A longo prazo, todas as relações de mercado em âmbito mundial devem ser alinhadas segundo os critérios deste mercado leal. Para isso é indispensável que a comunidade política internacional se empenhe nesse sentido e apoie intensivamente o mercado justo, ou seja, que se obrigue a construir relações de mercado mais solidárias, mais responsáveis e humanamente mais dignas. Um passo já foi dado. Nos próximos anos isso dependerá da pressão que cada vez um maior número de pessoas fizer sobre os poderes políticos e econômicos, porque exigem, compram e usam mercadorias do mercado justo.

” Para onde quer que olhemos este mundo, por toda a parte as possibilidades desenvolvem-se a partir dos problemas.

NELSON A. ROCKEFELLER (1908-1979), vice-presidente americano

” Hoje alguém senta-se à sombra, porque outro há muito tempo plantou uma árvore.

WARREN BUFFETT

” Para ver claro basta às vezes mudar a direção do olhar.

ANTOINE DE SAINT--EXUPÉRY

” “Adão, onde estás?” e “Onde está o teu irmão?” são as duas perguntas que Deus coloca no início da história da humanidade e dirige também a todos os homens do nosso tempo, incluindo nós próprios. Mas eu queria que nos colocássemos uma terceira pergunta: “Quem de nós chorou por este fato e por fatos como este?” Quem chorou pela morte destes irmãos e irmãs? Quem chorou por estas pessoas que vinham no barco? Pelas mães jovens que traziam os seus filhos? Por estes homens cujo desejo era conseguir qualquer coisa para sustentar as próprias famílias? Somos uma sociedade que esqueceu a experiência de chorar, de “padecer com”: a globalização da indiferença!

FRANCISCO, homilia em Lampedusa, 8.7.2013

Trechos de documentos da Igreja

9

A COMUNIDADE INTERNACIONAL

Pacem in Terris

O direito a imigrar ou a emigrar

Deve-se também deixar a cada um o pleno direito de estabelecer ou mudar de domicílio dentro da comunidade política de que é cidadão, e mesmo, quando legítimos interesses o aconselhem, deve ser-lhe permitido transferir-se para outras comunidades políticas e nelas estabelecer domicílio (cf. Pio XII, *Mensagem de Natal,* 1952). Por alguém ser cidadão de determinado país não lhe é tirado o direito de ser membro da família humana, ou cidadão da comunidade mundial, que consiste na união de todos os seres humanos entre si.

João XXIII, Encíclica *Pacem in Terris* (1963), 25

Pacem in Terris

Direito de asilo

Não é supérfluo recordar que os refugiados políticos são pessoas e que seus direitos de pessoa devem ser reconhecidos. Tais direitos não desaparecem com o fato de terem perdido a cidadania do seu país. Entre os direitos inerentes à pessoa, figura o de se inserir na comunidade política, onde espera ser-lhe mais fácil reconstruir um futuro para si e para a própria família. Por conseguinte, incumbe aos respectivos poderes públicos o dever de acolher esses estranhos e, nos limites consentidos pelo bem da própria comunidade retamente entendido, o de lhes favorecer a integração na nova sociedade em que manifestem o propósito de se inserirem.

João XXIII, Encíclica *Pacem in Terris* (1963), 105-106

Centesimus annus

Desenvolvimento solidário para todos

Enfim, o progresso não deve ser entendido de modo exclusivamente econômico, mas num sentido integralmente humano. Não se trata apenas de elevar todos os povos ao nível que atualmente gozam somente os países mais ricos, mas de construir, no trabalho solidário, uma vida mais digna, fazer crescer efetivamente a dignidade e a criatividade de cada pessoa, a sua capacidade de corresponder à própria vocação e, portanto, ao apelo de Deus. No ponto máximo do desenvolvimento está o exercício do direito-dever de procurar Deus, de o conhecer e viver segundo tal conhecimento.

João Paulo II, Encíclica *Centesimus annus* (1991), 29

Centesimus annus

Acesso mais justo ao mercado

Há relativamente poucos anos, afirmou-se que o desenvolvimento dos países mais pobres dependeria do seu isolamento do mercado mundial e da confiança apenas nas próprias forças. A recente experiência demonstrou que os países que foram excluídos registraram estagnação e recessão, enquanto conheceram o desenvolvimento aqueles que conseguiram entrar na corrente geral de interligação das atividades econômicas em âmbito internacional. O maior problema, portanto, parece ser a obtenção de um acesso equitativo ao mercado internacional, não fundado sobre o princípio unilateral do aproveitamento dos recursos naturais, mas sobre a valorização dos recursos humanos.

JOÃO PAULO II, Encíclica *Centesimus annus* (1991), 33

Centesimus annus

Possibilidade de uma maior riqueza

O amor ao homem – e em primeiro lugar ao pobre, no qual a Igreja vê Cristo – concretiza-se na *promoção da justiça*. Esta nunca poderá realizar-se plenamente se os homens não deixarem de ver no necessitado, que pede ajuda para a sua vida, um importuno ou um fardo, para reconhecerem nele a ocasião de um bem em si, a possibilidade de uma riqueza maior. Só esta consciência dará a coragem para enfrentar o risco e a mudança implícita em toda a tentativa de ir em socorro do outro homem. De fato, não se trata apenas de "dar o supérfluo", mas de ajudar povos inteiros, que dele estão excluídos ou marginalizados, a entrarem no círculo do desenvolvimento econômico e humano. Isso será possível não só fazendo uso do supérfluo, que o nosso mundo produz em abundância, mas sobretudo alterando os estilos de vida, os modelos de produção e de consumo, as estruturas consolidadas de poder que atualmente regem as sociedades.

JOÃO PAULO II, Encíclica *Centesimus annus* (1991), 58

Caritas in veritate

Verdade e desenvolvimento

O desenvolvimento, o bem-estar social, uma solução adequada dos graves problemas socioeconômicos que afligem a humanidade precisam desta verdade. Mais ainda, necessitam que tal verdade seja amada e testemunhada. Sem verdade, sem confiança e amor pelo que é verdadeiro, não há consciência e responsabilidade social, e a atividade social acaba à mercê de interesses privados e de lógicas de poder, com efeitos desagregadores na sociedade, sobretudo numa sociedade em vias de globalização que atravessa momentos difíceis como os atuais.

BENTO XVI, Encíclica *Caritas in veritate* (2009), 5

Caritas in veritate

A caminho da globalização

Numa sociedade em vias de globalização, o bem comum e o empenho em seu favor não podem deixar de assumir as dimensões da família humana inteira, ou seja, da comunidade dos povos e das nações, para dar forma de unidade e paz à *cidade do homem* e torná-la em certa medida antecipação que prefigura a cidade de Deus sem barreiras.

BENTO XVI, Encíclica *Caritas in veritate* (2009), 7

10

QUESTÕES
256-269

Preservar a criação

O MEIO AMBIENTE

> Deus é o criador do mundo e a criação ainda não está terminada. Deus trabalha.
>
> **BENTO XVI,** discurso, 12.9.2008

Não somos Deus. A terra existe antes de nós e foi-nos dada. [...] Cada comunidade pode tomar da bondade da terra aquilo de que necessita para a sua sobrevivência, mas tem também o dever de a proteger e garantir a continuidade da sua fertilidade para as gerações futuras.

FRANCISCO, LS, 67

Ainda não se conseguiu adotar um modelo circular de produção que assegure recursos para todos e para as gerações futuras, e que exige limitar, o mais possível, o uso dos recursos não renováveis, moderando o seu consumo, maximizando a eficiência no seu aproveitamento, reutilizando e reciclando-os.

FRANCISCO, LS, 22

256 *Que contributo podem os cristãos dar para que o ambiente seja mais humano?*

Os cristãos são amigos do ambiente quando o seu compromisso não se reduz a um apelo moral aos outros. Também não ajuda muito falar sempre sobre problemas globais e não prestar atenção no ambiente e nas oportunidades que ele dá. Uma ética ambiental cristã não se constrói, portanto, com apelos vãos, mas procura dar uma orientação em decisões conflituosas tanto individual como socialmente. Para isso, é necessário analisar primeiro a conexão dos efeitos, dos riscos e das possibilidades. Só então é possível conceber modelos positivos. Os cristãos dão um valioso contributo para a conservação do sistema ecológico, se alimentam o gosto pela criação em vez da sua simples exploração. A coragem para esperar deve estar ligada à procura do saber e à prontidão para a ação. Então pode dizer-se sem exagero que, "se a tendência atual se mantiver, este século poderá ser testemunha de alterações climáticas inauditas e de uma destruição sem precedentes dos ecossistemas, com graves consequências para todos nós" (cf. LS, 24).

→ 180 → 373, 2415-2418 → 50

257 *O que significa preservar a criação?*

O imperativo de "preservar a criação" não pode significar que como cristãos devemos proteger a natureza em si como se tratasse de um objeto que merece cuidados especiais. A natureza é uma grandeza aberta

que está em desenvolvimento, em evolução, e não um arsenal de condições estáticas para manter. Só quando com rigor se descreve teológica, ecológica, econômica, estética ou culturalmente o que na natureza vale a pena preservar, só então é que são úteis as reflexões sobre o que deve ser protegido e mantido, quando, por que e como.

→ 166, 180, 461, 465-468 → 344, 354, 2415-2418 → 57, 288

258 *A ecologia não é uma questão técnica para especialistas?*

Não. Como São João Paulo II acentuou, por ocasião da conferência mundial sobre o desenvolvimento sustentado, no ano de 2002 em Joanesburg, cada cristão tem uma "vocação ecológica", que é "mais do que nunca urgente em nosso tempo". O seu conceito orientador era o da "ecologia humana". No centro está, portanto, a dignidade do homem. A esta ecologia pertence que compreendamos a partir de Deus, como o bom Criador de um mundo em si bom, os temas "respeito pela vida", "trabalho" e "responsabilidade". "A paz com o Deus criador" significa "paz com toda a criação" (São João Paulo II, Mensagem para o Dia Mundial da Paz, 1990). Cada cristão deve saber que a "falta no devido respeito pela natureza" e a "resultante exploração dos recursos naturais" são uma ameaça para a paz no mundo.

→ 472 → 2415-2418 → 436-437

Um vale, uma encosta, um bosque. Não toques, não ouves nenhuma pedra! Não estragues nada, nenhuma vergôntea, nenhuma árvore. Deixa o grão de areia no seu lugar e os montes. Tudo tem o seu espírito. O que é que queres alterar,
o que é que podias fazer melhor? Por si mesma se levanta a brisa da noite e fecha as flores. Antes de mudar o mundo, seria talvez mais importante não o pôr em ruínas.

PAUL CLAUDEL (1868-1955), escritor e diplomata francês

Se uma pessoa habitualmente se resguarda um pouco mais, em vez de ligar o aquecimento, embora as suas economias lhe permitam consumir e gastar mais, isso supõe que tem convicções e modos de sentir favoráveis ao cuidado do ambiente.

FRANCISCO, LS, 211

> Lidamos com este mundo como se tivéssemos um segundo na bagagem.
>
> **JANE FONDA** (* 1937), atriz americana

Respeitando a independência e a cultura de cada nação, é preciso recordar-se sempre de que o Planeta é de toda a humanidade e para toda a humanidade, e que o simples fato de ter nascido num lugar com menores recursos ou menor desenvolvimento não justifica que alguns vivam menos dignamente.

FRANCISCO, EG, 190

As águas tremeluzentes do Mediterrâneo, a magnificência do deserto do norte da África, a floresta luxuriante da Ásia, a vastidão do oceano Pacífico, o horizonte onde o sol nasce e se põe, e o majestoso esplendor da beleza natural da Austrália de que pude gozar nos últimos dias; tudo isto gera um profundo sentido de reverente temor.

BENTO XVI depois do voo para Sidney, 17.6.2008

259 *O que a Igreja tem para poder contribuir no debate sobre a ecologia?*

A Igreja não tem nenhuma competência especificamente ecológica. Na sua Encíclica *Laudato si*, o Papa Francisco fala da terra como "casa comum" de todos os homens; ele louva os esforços de todos os homens que assumem a responsabilidade pela preservação desta casa e convida os cristãos a uma conversão ecológica radical: "O urgente desafio de proteger a nossa casa comum inclui a preocupação de unir toda a família humana na busca de um desenvolvimento sustentável e integral, pois sabemos que as coisas podem mudar. O Criador não nos abandona, nunca recua no seu projeto de amor, nem se arrepende de nos ter criado. A humanidade possui ainda a capacidade de colaborar na construção da nossa casa comum" (LS, 13).

→ **166, 473** → **283, 2456** → **57**

260 *Em que consiste um desenvolvimento ecológico integral?*

O Papa Francisco diz: "Não há duas crises separadas: uma ambiental e outra social; mas uma única e complexa crise socioambiental. As diretrizes para a solução requerem uma abordagem integral para combater a pobreza, devolver a dignidade aos excluídos e, simultaneamente, cuidar da natureza" (LS, 139). E mais à frente continua: "Não basta falar apenas da

integridade dos ecossistemas; é preciso ter a coragem de falar da integridade da vida humana, da necessidade de incentivar e de conjugar todos os grandes valores" (LS, 224).

→ 166, 481 → 282, 354, 2456 → 426-437

261 *Onde se encontra o que a Igreja tem para dizer sobre ética ambiental?*

O texto central da Igreja sobre ecologia é a Encíclica *Laudato si*, do Papa Francisco (2015). Ela oferece uma análise abrangente, partilhada por muitos cientistas, da ameaça ecológica e descreve as causas da crise. Ela não consiste apenas numa flagrante fraqueza política (a subordinação da política à tecnologia e aos sistemas financeiros) e à consequente exploração econômica e sem escrúpulos da terra. O núcleo essencial da catástrofe deve procurar-se no homem, na perturbação do seu relacionamento ("[...] o meu relacionamento consigo mesmo, com os outros, com Deus e com a terra"). A conversão salva o homem, o qual deve aprender que "o cuidado autêntico da nossa própria vida e das nossas relações com a natureza é inseparável da fraternidade, da justiça e da fidelidade aos outros" (LS, 70). Assim, a verdadeira ecologia é, ao mesmo tempo, preservação do ambiente, ecologia humana, ecologia social e ecologia do futuro. "A liberdade humana", diz o Papa Francisco, "é capaz de limitar a técnica, orientá-la e colocá-la ao serviço de outro tipo de progresso, mais saudável, mais humano, mais social, mais integral" (LS, 112). Além

> Atualmente, são sobretudo os mais pobres que pagam os custos das alterações climáticas. Chegou o tempo de mudar esta lógica. No direito internacional vale o princípio "*Do no harm*" ("não causes danos"), que se aplica, entre outros, aos derrames de petróleo ou danos provocados por acidentes nucleares. Isso também deve ser válido para os danos provocados pela alteração climática provocada pelo homem.
>
> **NADEREV SAÑO,** delegado filipino na Cúpula sobre o Clima, em Varsóvia, 2013

> Cultivar e conservar a criação é uma indicação de Deus [...], significa fazer com que o mundo se desenvolva com responsabilidade, transformá-lo para que seja um jardim, um lugar habitável para todos.
>
> **FRANCISCO,** audiência-geral, 5.6.2013

Somos criaturas de Deus, feitas à sua imagem e semelhança, dotadas de uma dignidade inviolável e chamadas à vida eterna. Sempre que se diminui o homem, é o mundo que nos rodeia que fica diminuído; perde o seu significado último e falha o seu objetivo. O que daí decorre é uma cultura, não da vida, mas da morte. Como se pode considerar isto um "progresso"?

BENTO XVI, homilia, 19.7.2008

O brutal consumo da criação começa onde não há Deus, onde a matéria é apenas material para nós, onde nós mesmos somos a última instância, onde o conjunto é simplesmente nossa propriedade, onde o consumimos somente para nós mesmos, [...] onde temos de possuir tudo aquilo que é possível possuir.

BENTO XVI, discurso, 6.8.2008

Quando o alimento é partilhado de modo equitativo, com solidariedade, ninguém fica desprovido do que lhe é necessário, e cada comunidade pode ir ao encontro das necessidades dos pobres. Ecologia humana e ecologia ambiental caminham juntas.

FRANCISCO, audiência-geral, 5.6.2013

da *Laudato si*, outros documentos importantes como a Encíclica *Populorum progressio* (1967), de Paulo VI, e *Caritas in veritate* (2009), de Bento XVI, defendem esta relação entre responsabilidade social e perturbação ecológica da terra.

→ **466-471** → **282, 454** → **436-437**

262 *A geração atual não rouba algo de que as gerações futuras precisam para viver?*

Sim, e somente uma mudança no sentido da solidariedade pode mudar este estado de coisas. Diz o Papa Francisco: "Quando pensamos na situação em que se deixa o planeta às gerações futuras, entramos noutra lógica: a do dom gratuito, que recebemos e comunicamos. Se a terra nos é dada, não podemos pensar apenas a partir de um critério utilitarista de eficiência e produtividade para lucro individual" (LS, 159).

→ **319, 470, 478** → **299** → **56-57**

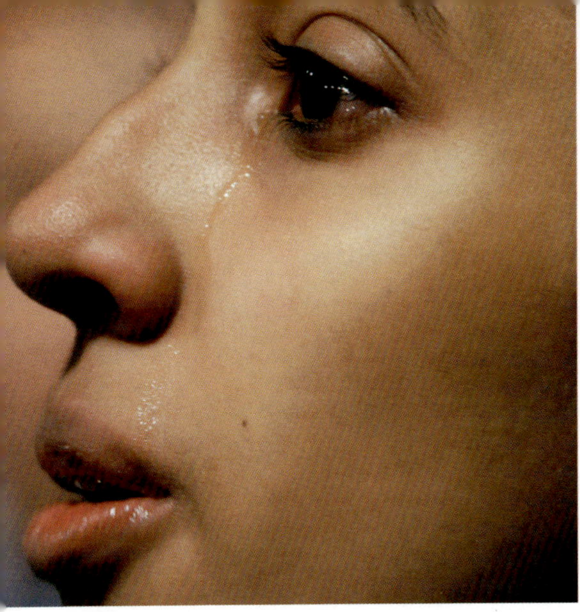

263 *Sustentabilidade – um novo princípio social?*

Com a ajuda dos princípios sociais fundamentais →PERSONALIDADE, →SOLIDARIEDADE e →SUBSIDARIEDADE (ver capítulo 4) é possível compreender as estruturas da sociedade e orientá-las segundo critérios éticos. Entre os desafios especiais do presente parece ser necessário acrescentar outro: o princípio da sustentabilidade. Este princípio da sustentabilidade liga e atualiza os princípios tradicionais da ética social no sentido das condições da sobrevivência da vida na terra. Quando se fala de sustentabilidade, trata-se da urgente segurança estável do ecossistema da terra e da capacidade natural de regeneração dos seus recursos.

→ 160-163 → 2415-2418 → 436

264 *Por que a sustentabilidade precisa da "personalidade"?*

O cuidado pelo ecossistema da terra não é um fim em si mesmo; em última instância, deve sempre tratar-se da dignidade incondicional da pessoa. O homem é o centro do mundo, não a natureza nem os animais,

> Não temos de ver a natureza como nossa inimiga, que é necessário dominar e vencer, mas antes reaprender a colaborar com ela. A natureza já tem uma experiência de milhares de milhares de anos, ao passo que a nossa é essencialmente mais curta.
>
> **HANS-PETER DÜRR** (1929-2014), físico alemão

> A humanidade tem a obrigação de proteger este tesouro [a criação] e de se comprometer contra o uso indiscriminado dos bens da terra.
>
> **BENTO XVI**, discurso, 27.9.2008

> Gostaria que todos nós assumíssemos seriamente o compromisso de respeitar e conservar a criação, de prestar atenção em cada pessoa, de contrastar a cultura do desperdício e do descartável, a fim de promover uma cultura da solidariedade e do encontro.
>
> **FRANCISCO**, audiência geral, 5.6.2013

mesmo se sabemos que o homem está bem quando há o cuidado por uma natureza intacta e os animais têm um *habitat* adequado a cada espécie. O cuidado pela natureza e o cuidado pelo homem, para a ética cristã, formam uma unidade.

→ 456-457; 473 → 354 → 57

265 *Por que a sustentabilidade precisa de "solidariedade"?*

A sustentabilidade é uma exigência que só pode ser realizada em conjunto. Sem concreta solidariedade no ambiente mais imediato, a sustentabilidade permanece um tema frustrante para poucos idealistas, enquanto outros descaradamente e sem vergonha exploram os recursos ("Depois de mim, o dilúvio"). E sem todas aquelas instituições, que foram criadas para a luta solidária contra a pobreza ou para assegurar os recursos naturais, a sustentabilidade permaneceria uma palavra vazia, politicamente não vinculativa. Nas suas obras internacionais de ajuda, a Igreja tem grande tradição de solidariedade que ainda pode ser mais alargada.

→ 103, 193-195, 449, 474-478, 580 → 344 → 332

266 *Por que a sustentabilidade precisa de "subsidiariedade"?*

Sem o princípio de subsidiariedade faltaria à sustentabilidade a sua peça fundamental de organização: o que a organização mais pequena pode fazer, seja permitido que faça. Isso não deve ser regulamentado nem organizado a partir de cima. A ecologia será mal usada se se exigir mais Estado, mais regulamentação ou mais centralização, em vez de se promover estruturas de liberdade e de adaptação aos respectivos *habitats* socioculturais e naturais.

→ 186-188, 299, 449 → 1883, 2241 → 323

" Os custos para a restauração dos danos provocados ao ecossistema são dez vezes mais elevados do que para a proteção da natureza.

TIM KASTEN, representante do diretor do UNEP, UNEP-SUDIE, junho de 2010

" Quem quiser viver em harmonia com a natureza tem de pôr fim às lutas territoriais. Mas queremos na verdade viver em harmonia com a natureza?

PAUL WATZLAWICK

A ambição do poder e do ter não conhece limites. Neste sistema que tende a devorar tudo para aumentar os benefícios, qualquer realidade que seja frágil, como o meio ambiente, fica indefesa perante os interesses do mercado divinizado, transformados em regra absoluta.

FRANCISCO, EG, 56

Deus nosso Pai não confiou a tarefa de conservar a terra não ao dinheiro, mas a nós: aos homens e às mulheres; somos nós que temos esta tarefa! No entanto, os homens e as mulheres são sacrificados aos ídolos do lucro e do consumo: é a cultura do "descartável".

FRANCISCO, audiência geral, 5.6.2013

267 *Em que a fé pode contribuir quando se fala de "sustentabilidade"?*

A "sustentabilidade" pode também tornar-se uma ideologia; não raramente, ela aparece como algo factível social e tecnicamente, como um plano político que deve ser imposto à força. A fé cristã é crítica a respeito das ideologias, porque o cristão não acredita em soluções perfeitas. Sem dúvida que ele mobiliza todas as forças para a aplicação de condições de vida sustentáveis, justas e humanamente dignas; mas, em última instância, o cristão vive da esperança de que Deus um dia levará à perfeição o que nós homens, com a melhor das boas vontades, não podemos fazer, nomeadamente,

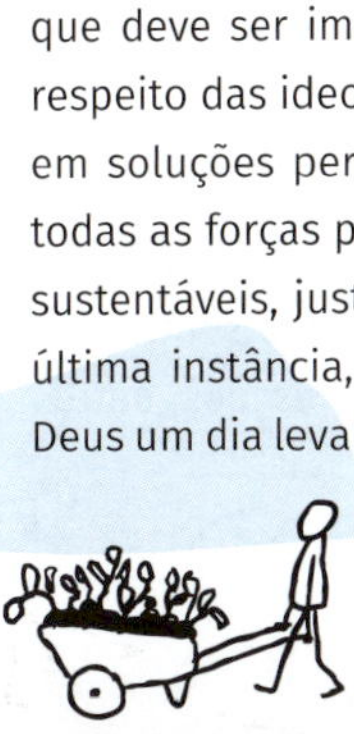

> Todo o trabalho que vise a aniquilação dos seres vivos, dos que estão para nascer, do próximo e da terra não é conciliável com a fé cristã.
>
> **DOROTHEE SÖLLE**

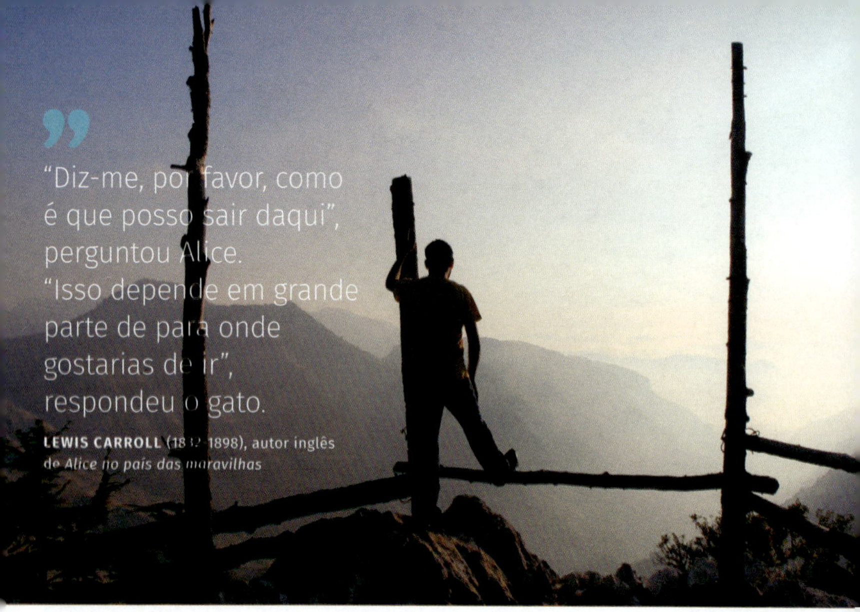

> Há outros seres frágeis e indefesos, que muitas vezes ficam à mercê dos interesses econômicos ou de um uso indiscriminado. Refiro-me ao conjunto da criação. Nós, os seres humanos, não somos meramente beneficiários, mas guardiães das outras criaturas. Pela nossa realidade corpórea, Deus uniu-nos tão estreitamente ao mundo que nos rodeia que a desertificação do solo é como uma doença para cada um, e podemos lamentar a extinção de uma espécie como se fosse uma mutilação. Não deixemos que, à nossa passagem, fiquem sinais de destruição e de morte que afetem nossa vida e a das gerações futuras.
>
> **FRANCISCO**, EG, 215

um paraíso na terra. A sustentabilidade é um cuidado a respeito do futuro, cuja esperança motivadora não é o otimismo baseado no progresso, mas a visão de uma vida bem-sucedida no interior dos limites da natureza.

→ **100** → **285**

268 *Como os cristãos podem viver bem dentro dos limites da natureza?*

A sustentabilidade (como proteção da estabilidade ecológica, social e econômica do *habitat* humano) não pode consistir no aumento constante da quantidade das mercadorias e da velocidade de transmissão, porque desta forma somente os ricos continuam a viver à custa daqueles que não os podem acompanhar nesta corrida. Só uma prosperidade que não continue a devorar os recursos limitados da terra abre a possibilidade de participação ao maior número possível de pessoas. Só uma prosperidade assim é cristãmente defensável, porque justa. Isso redefine o sentido de "renúncia": renuncia àquilo que retiras aos outros para sempre!

→ **172, 359, 470** → **339-340** → **45**

269 *Onde está Deus na crise ecológica?*

A crise ecológica não ocorre na secretaria de teólogos ou de sociólogos, mas nas experiências existenciais dos agricultores que prejudicam o clima e dos pobres trabalhadores migrantes nas favelas das megametrópoles. Onde está Deus? Deus está junto daqueles que compartilham sistematicamente, porque em Jesus Cristo Deus foi o primeiro a vir praticar a partilha na desgraça dos homens. Deus também está presente nos múltiplos esforços que possibilitam que a saqueada terra volte a ser vista como criação e sejam regenerados os *habitats*. A imagem cristã do homem não define o seu valor pela quantidade das mercadorias produzidas e consumidas e pode assim habilitar para um trato moderado, justo e responsável com elas. A Igreja é, além disso, o primeiro jogador global e deste modo capacita especialmente para uma responsabilidade em aspecto mundial. De fato, só a *responsabilidade* pode levar a viragem na crise ecológica.

→ 465, 470, 480 → 2415-2418 → 57, 427, 436

Não se trata de encontrar técnicas que nos permitam a prevenção dos danos, mas também é muito importante que encontremos energias alternativas e muito mais. No entanto, nada disso será suficiente se nós mesmos não encontrarmos um novo estilo de vida, uma disciplina da renúncia também, uma disciplina do reconhecimento dos outros aos quais a criação pertence do mesmo modo que a nós.

BENTO XVI, 11.5.2008

Temos de nos preparar para mudar o nosso atual modo de viver. Esta mudança ou será programaticamente realizada por nós ou sê-lo-á pelas leis implacáveis da natureza, acompanhada pelo caos e pelo sofrimento.

JIMMY CARTER (* 1924), antigo presidente da América, num discurso em 1976

Deus de amor [...], iluminai os donos do poder e do dinheiro para que não caiam no poder da indiferença, amem o bem comum, promovam os fracos e cuidem deste mundo que habitamos. [...] Louvado sejais! Amém.

FRANCISCO, LS, 246

Trechos de documentos da Igreja

10

O AMBIENTE

Evangelium vitae

Responsabilidade perante a criação

Chamado a cultivar e a guardar o jardim do mundo (cf. Gn 2,15), o ser humano detém uma responsabilidade específica sobre o *ambiente de vida*, ou seja, sobre a criação que Deus pôs ao serviço da sua dignidade pessoal, da sua vida: e isto não só em relação ao presente, mas também às gerações futuras. É a *questão ecológica* – desde a preservação do "habitat" natural das diversas espécies animais e das várias formas de vida até a "ecologia humana" propriamente dita – que, no texto bíblico, encontra luminosa e forte indicação ética para uma solução respeitosa do grande bem da vida, de toda a vida. Na realidade, "o domínio conferido ao ser humano pelo Criador não é um poder absoluto, nem se pode falar de liberdade de "usar e abusar", ou de dispor das coisas como melhor agrade. A limitação imposta pelo mesmo Criador, desde o princípio, e expressa simbolicamente com a proibição de "comer o fruto da árvore" (cf. Gn 2,16-17), mostra com suficiente clareza que, nas relações com a natureza visível, nós estamos submetidos a leis, não só biológicas, mas também morais, que não podem impunemente ser transgredidas."

João Paulo II, Encíclica *Evangelium vitae* (1995), 42

Evangelium vitae

Colaboradores do Criador

Na biologia da geração está inscrita a genealogia da pessoa. Ao afirmarmos que os cônjuges, enquanto pais, são colaboradores de Deus Criador na conceção e geração de um novo ser humano, não nos referimos apenas às leis da biologia; pretendemos sobretudo sublinhar que, *na paternidade e maternidade humana, o próprio Deus está presente* de um modo diverso do que se verifica em qualquer outra geração "sobre a terra". Efetivamente, só de Deus pode provir aquela "imagem e semelhança" que é própria do ser humano, tal como aconteceu na criação. A geração é a continuação da criação.

João Paulo II, Encíclica *Evangelium vitae* (1995), 43

Dia Mundial da Paz, 2010

Juntos, encontrar estratégias!

Um dos pontos principais a enfrentar pela comunidade internacional é, sem dúvida, o dos recursos energéticos, delineando estratégias partilhadas e sustentáveis para satisfazer as necessidades de energia da geração atual e das gerações futuras. Para isso, é preciso que as sociedades tecnologicamente avançadas estejam dispostas a favorecer comportamentos caracterizados pela sobriedade, diminuindo as próprias necessidades de energia e melhorando as condições da sua utilização. Ao mesmo tempo, é preciso promover a pesquisa e a aplicação de energias de menor impacto ambiental e a "redistribuição mundial dos recursos energéticos, de modo a que os países desprovidos possam ter acesso a eles".

Bento XVI, Mensagem para o Dia Mundial da Paz, janeiro de 2010, 9

Bispos alemães

Não permanecer indiferentes

A questão energética, tal como a alteração climática, está no foco da justiça intergeracional, global e ecológica. Assumir a responsabilidade por si mesmo, pelos outros e pelo ambiente exige modos de vida e de relação que sejam marcados por moderação e solidariedade. É preciso verificar seriamente os estilos de vida e de economia. Os indivíduos, mas também a sociedade e o Estado, não podem ficar indiferentes perante os danos que causam. Para isso é preciso novas regras e formas de uma relação sustentável com o ambiente e a energia.

Conferência Episcopal Alemã, Prefácio para *Responsáveis pela criação. Sugestões para uma relação sustentável com a energia*, 16.5.2011

Francisco

O ser humano está em perigo

O que quer dizer cultivar e conservar a terra? [...] O verbo "cultivar" faz-me vir à ideia o cuidado que o agricultor tem pela sua terra, a fim de que produza fruto e este seja partilhado: quanta atenção, paixão e dedicação! Cultivar e conservar a criação [...] significa fazer com que o mundo se desenvolva com responsabilidade, transformá-lo para que seja um jardim, um lugar habitável para todos. [...] Nós, pelo contrário, somos frequentemente levados pela soberba do domínio, da posse, da manipulação e da exploração; não a "conservamos", não a respeitamos e não a consideramos como um dom gratuito do qual cuidar. [...] Mas o "cultivar e conservar" não abrange apenas a relação entre nós e o meio ambiente, entre o ser humano e a criação, mas refere-se também aos relacionamentos humanos.

Francisco, *Audiência-geral*, 5.6.2013

Laudato si

As vítimas da alteração climática

Muitos pobres vivem em lugares particularmente afetados por fenômenos relacionados com o aquecimento, e os seus meios de subsistência dependem fortemente das reservas naturais e dos chamados serviços do ecossistema, como a agricultura, a pesca e os recursos florestais. Não têm outras possibilidades econômicas nem outros recursos que lhes permitam adaptar-se aos impactos climáticos ou enfrentar situações catastróficas, e gozam de reduzido acesso a serviços sociais de proteção. Por exemplo, as mudanças climáticas dão origem a migrações de animais e de plantas que nem sempre conseguem adaptar-se; e isso, por sua vez, afeta os recursos produtivos dos mais pobres, que são forçados também a emigrar, com grande incerteza quanto ao futuro da sua vida e dos seus filhos.

Francisco, Encíclica *Laudato si* (2015), 25

11

QUESTÕES
270-304

Viver em liberdade e sem violência

A PAZ

Deixo-vos a paz, dou-vos a minha paz. A paz que vos dou não é a paz que o mundo dá.

JO 14,27

> Senhor, fazei-me instrumento da vossa paz.
> Onde houver ódio, que eu leve o amor;
> onde houver ofensa, que eu leve o perdão;
> onde houver discórdia, que eu leve a união;
> onde houver dúvida, que eu leve a fé;
> onde houver erro, que eu leve a verdade;
> onde houver desespero que eu leve a esperança;
> onde houver tristeza, que eu leve alegria;
> onde houver trevas, que eu leve a luz.
>
> SÃO FRANCISCO DE ASSIS

270 *Para que o homem precisa de Deus quando quer a paz?*

Antes de ser uma *tarefa para o homem*, a paz é um *atributo divino*. Quem quiser construir a paz sem Deus, esquece que já não vivemos no paraíso, mas que somos pecadores. O nosso estado sem paz é um sinal de que foi rompida a unidade entre Deus e a humanidade. A história humana está marcada pela violência, pelas divisões e por derramamento de sangue. Os homens anseiam pela paz que pelo pecado perderam; deste modo, silenciosamente, anseiam por Deus.

→ **488, 491-494** → **374-379, 400, 410-412**
→ **66, 70, 395**

A paz esteja convosco!

Lc 24,36, saudação do Senhor Ressuscitado aos discípulos

271 *O que Jesus tem que ver com a paz?*

Jesus Cristo "é a nossa paz" (Ef 2,14). No Antigo Testamento, os profetas já tinham anunciado que um dia haveria de chegar um Messias poderoso (hebraico: ungido; grego: cristo). E este Messias/Cristo haveria de trazer a era da paz tão profundamente desejada, um mundo novo no qual "o lobo será hóspede do cordeiro e "o bezerro e o leãozinho pastarão juntos" (Is 11,6). O Messias será o "príncipe da paz" (Is 9,5). Os cristãos acreditam que Jesus é este grande sinal e o início de um mundo novo. Ele é o portador da paz – na medida em que nos liberta do pecado, ele foi à raiz de toda a falta de paz. Pela sua morte na cruz, Jesus Cristo reconciliou os homens com Deus e derrubou também os muros da inimizade entre os homens (cf. Ef 2,14-16).

→ 488-492 → 2305 → 395

272 *Por que os cristãos devem espalhar a paz?*

Jesus Cristo instituiu a paz entre o céu e a terra e abriu todas as portas para uma vida na reconciliação e na alegria interior. Mas a sua paz não se espalha por si mesma. Os homens possuem a liberdade de aceitar na fé a oferta divina de reconciliação ou de a recusar na descrença. Por isso, as pessoas precisam primeiro ouvir que em Deus é possível a paz, quer na vida pessoal, quer entre grupos ou nações inimigas. Podem assim fazer a experiência da paz quando se encontram com pessoas reconciliadas, que *não* rebatem, que *não* se vingam, que *não* são violentas. Transmitir o evangelho da paz em palavras e em ações cria sempre novos inícios para uma paz autêntica.

→ 490-493 → 2304 → 332

Quando Jesus veio a este mundo, anunciou a paz. Quando partiu deste mundo, deixou-nos a paz.

FRANCIS BACON (1561-1626), filósofo inglês

Os homens levantam muros; Cristo diz: "Eu sou a porta".

SIMONE WEIL

Sendo assim, exercemos a função de embaixadores em nome de Cristo, e é por meio de nós que o próprio Deus vos exorta. Em nome de Cristo suplicamos: reconciliai-vos com Deus.

2Cor 5,20

O perdão é a chave tanto para a ação como para a liberdade.

HANNAH ARENDT

Deem uma possibilidade à paz!

JOHN LENNON (1940-1980), músico britânico, membro dos Beatles, **YOKO ONO** (*1933), artista nipo-americana.

zzzzz....
POVERTY SUCKS!
PAX

273 ***São só os cristãos que têm a missão de promover a paz?***

A paz é um valor que todos os homens conhecem e um dever de validade universal. Ninguém pode dispensar-se da paz. Mas a paz é um valor tão precioso como frágil. É preciso construir a paz dia a dia. A paz só pode ter estabilidade se tanto os cristãos como os não-cristãos reconhecerem que todos são responsáveis por um estado de convivência reconciliada, justa e benevolente.

→ 494-495 → 2304-2305 → 327, 395

274 ***Como um cristão começa a construir a paz?***

A paz não começa nas mesas das negociações. A paz que vem de cima começa sempre nos corações de alguns homens; a partir daí começa a espalhar-se. O cristão encontra a paz em si e consigo mesmo na oração e na escuta da Palavra de Deus. Importantes são também os sacramentos, especialmente a reconciliação, que é um autêntico sacramento da paz. A pessoa também consegue a paz interior quando dá os primeiros passos e vai num amor verdadeiro ao encontro do seu próximo. Para viverem pacificamente uns com os outros, os cristãos não conhecem meio mais eficaz do que a permanente e ativa prontidão para o perdão e para a reconciliação. A autêntica paz irradia para a família, para o círculo dos amigos e finalmente para toda a sociedade.

→ 95, 517-518 → 1723 → 279, 284, 311

275 ***O que é a paz?***

Muitos dizem que a paz é a ausência de guerra; outros pensam que a paz é um equilíbrio estável entre potências inimigas. Estas definições são todavia insuficientes. A paz é estar feliz na boa ordem estabelecida por

Sempre que ofereceres amizade a alguém, sentirás a paz que vem para ti e para ele.

SANTA TERESA DE CALCUTÁ

Não há paz no mundo sem paz entre os povos, não há paz entre os povos sem paz nas famílias, não há paz nas famílias sem a paz em mim, e não há paz em mim sem paz com Deus.

Provérbio chinês

Felizes os que promovem a paz, porque serão chamados filhos de Deus.

MT 5,9

É normal que os casais discutam: é normal! Acontece sempre. Mas dou-vos um conselho: nunca deixeis terminar o dia sem fazer a paz. Nunca.

FRANCISCO, 14.9.2014, numa Missa de casamento presidida pelo Papa

Sois o futuro, edificai uma civilização do amor e da justiça.

JOÃO PAULO II, Jornada Mundial da Juventude em Manila, 1995

> A paz não se reduz a uma ausência de guerra, fruto do equilíbrio precário das forças. Constrói-se, dia a dia, na busca de uma ordem querida por Deus, que traz consigo uma justiça mais perfeita entre os povos.
>
> **PAULO VI**, PP, 76

Deus. Esta espécie de paz é o nosso fim. Encontramo-nos no caminho da paz quando trabalhamos na justiça e no amor por um mundo segundo a ordem estabelecida por Deus. Nisto estamos ao lado de todos os homens que, de todo o coração, procuram honestamente a verdade, que na justiça se preocupam com o bem-estar e com a segurança do próximo e lhe oferecem abnegadamente o amor. E ao mesmo tempo pomos em movimento a obra própria de Deus quando promovemos os direitos de todos os homens e deste modo os defendemos.

> Uma vez que *o caminho da paz passa, afinal, através do amor*, e tende a criar uma civilização do amor, a Igreja fixa o olhar naquele que é o Amor do Pai e do Filho e, não obstante as ameaças crescentes, não cessa de ter confiança, *não deixa de invocar nem de servir a paz do ser humano sobre a terra.*
>
> **JOÃO PAULO II**, DVi, 67

→ 494 → 2304-2305 → 66, 395

276 *Por onde começa, quando é que a Igreja se empenha pela paz?*

A oferta de paz da Igreja liga-se à paz de Cristo e distingue-se de outras estratégias que visam a solução de conflitos: "A paz que vos dou não *é a paz que o mundo dá*" (Jo 14,27). A paz de Cristo é o amor, que o levou até a cruz. "Pelas suas chagas fomos curados" (1Pd 2,24). A Igreja vive da fé no amor incondicional que Deus tem para cada homem. Da fé libertadora neste amor de Deus surge um novo modo de ir ao

Não fiqueis perturbados nem tenhais medo. Jo 14,27

encontro dos outros, quer se trate de uma só pessoa ou de povos inteiros ou de grupos sociais. Onde houver cristãos, aí deve haver paz.

> A Igreja está incondicionalmente comprometida com as vítimas de toda a ordem social, mesmo se não pertencem à comunidade cristã.
>
> **DIETRICH BONHOEFFER**

→ 516 → 2302-2307 → 284

277 *O que é o perdão?*

Os homens podem fazer coisas terríveis uns aos outros: ridicularizá-los, ostracizá-los, mentir-lhes, enganá-los. Em vez de ficarem amargurados sobre o que não é possível conseguir a partir do mundo, os cristãos têm outra possibilidade de construir e de andar interiormente em paz: o perdão. O perdão não minimiza o mal cometido e não faz com que o que aconteceu não tenha acontecido. O perdão significa pôr Deus em ação, o qual "perdoa todas as tuas culpas e cura todos os teus males" (Sl 103,3). Com Deus por trás, os homens adquirem a força para perdoar e mesmo tornar possíveis novos começos precisamente onde humanamente isso parece não ser possível.

→ 517 → 2839-2840 → 524

Ouvistes o que foi dito: "Amarás o teu próximo e odiarás o teu inimigo!" Eu, porém, digo-vos: amai os vossos inimigos e rezai por aqueles que vos perseguem! Assim tornar-vos-eis filhos do Pai que está no céu, porque ele faz nascer o sol sobre maus e bons e cair a chuva sobre justos e injustos.

Mt 5,43-45

278 *Que a Igreja faz pela paz?*

Pela paz, a Igreja *pede* sobretudo ação prática – a oração, assim creem nomeadamente os cristãos, tem a força para mudar o mundo. Além disso, a oração é uma importante fonte de força na intervenção cristã em favor da paz. Na sua pregação, a Igreja não deixa de exigir a paz e de obrigar os crentes a serem promotores da paz. No primeiro dia de janeiro, a Igreja celebra o Dia Mundial da Paz e procura criar nos seus eventos (como as jornadas mundiais da juventude) uma atmosfera de paz e de amor. Deste modo, a Igreja deseja mostrar que acredita numa civilização do amor e da paz e que esta civilização é possível não só teórica, mas também concretamente. Se os cristãos seguirem o Evangelho, tornam-se o maior movimento de paz do mundo.

→ 519-520 → 763-764 → 123, 282

A melhor oração não pede a vitória, mas a paz.

DAG HAMMARSKJÖLD (1905-1961), segundo secretário-geral da ONU, Prêmio Nobel da Paz (póstumo)

Eu sinto que, sempre que os homens se esforçam para viver o Evangelho tal como Jesus nos ensinou, tudo começa a mudar: toda a agressividade, toda a angústia e toda a tristeza dão lugar à paz e à alegria.

REI BALDUÍNO DA BÉLGICA (1930-1993)

279 *Como a Igreja se empenha politicamente pela paz?*

Especialmente nos cerca de cento e oitenta países nos quais a Igreja, através da →Santa Sé, está representada diplomaticamente, ela faz tudo para contribuir para a construção e para a manutenção da paz. A Igreja em-

SANTA SÉ (lat. *Sancta Sedes*, Sede apostólica): conceito com o qual a Igreja Católica age politicamente. Através do Papa e da Cúria, é um sujeito soberano de direito internacional não-governamental. Mantém relações diplomáticas e está representada em organizações internacionais não-governamentais.

A Igreja Católica, devido à sua natureza universal, está sempre diretamente envolvida e torna-se sempre partícipe das grandes causas devido às quais o ser humano de hoje sofre e espera. [...] Nesta sua presença partícipe do destino do ser humano em todos os lugares da terra, a Santa Sé sabe que em vós, Senhores Embaixadores, tem interlocutores altamente qualificados, porque é próprio da missão dos diplomatas superar os conflitos e reunir os povos e os seus governos numa vontade de concórdia laboriosa.

JOÃO PAULO II, discurso ao corpo diplomático, 10.1.2005, 3

Nenhum tratado de paz pode como tal valer se for já feito com a secreta reserva do material para uma futura guerra.

IMMANUEL KANT, *Sobre a paz perpétua* (1795)

penha-se a favor dos direitos humanos (como, por exemplo, a liberdade religiosa e a defesa da vida), exorta ao desarmamento e apela a um desenvolvimento econômico e social, a fim de se criarem as bases para uma convivência pacífica na sociedade. A Santa Sé envia também mediadores ou aconselha e medeia nos bastidores em situações de crise. Como exemplos temos a mediação de São João XXIII entre o presidente dos Estados Unidos John F. Kennedy e o presidente do partido e do governo da União Soviética Nikita Khrushchov durante a crise de Cuba em 1961 ou a mediação da Comunidade de Santo Egídio, responsável pelo estabelecimento das condições do tratado de paz para Moçambique, através da qual em 1992 pôde terminar uma terrível guerra civil que durou dezesseis anos.

→ **444, 445**

280 *Que contato tem a Santa Sé com as organizações internacionais?*

A Santa Sé é observadora permanente em diversas organizações internacionais, tais como nas Nações Unidas (ONU, desde 1964), na Organização Mundial para a Alimentação (FAO, desde 1948), na UNESCO (desde 1951), na Organização Mundial do Comércio (OMC), e no Conselho da Europa. Com a reforma das Nações Unidas de 2004, os países-membros atribuíram à Santa Sé mais direitos na Assembleia-Geral das Nações Unidas. Ela pode intervir nos debates no plenário anual e tem também o direito de responder, na medida em que se trate dos interesses da Santa Sé.

→ **444, 445**

281 *Por que nas Nações Unidas a Santa Sé é simples "observadora" e não membro de pleno direito?*

A Santa Sé sente-se obrigada a uma incondicional neutralidade política. Uma participação como membro de pleno direito envolvê-la-ia imediatamente em questões políticas, militares e econômicas. Em muitas decisões políticas, como, por exemplo, problemáticas resoluções sobre ataques de guerra, a Santa Sé teria de se abster e dificilmente estaria disponível para um "bom serviço" diplomático (por exemplo, missões de mediação).

→ 444, 445

Através das Nações Unidas, os Estados deram vida a objetivos universais que, mesmo se não coincidem com o bem comum total da família humana, sem dúvida representam uma parte fundamental daquele mesmo bem. Os princípios fundadores da organização – o desejo da paz, a busca da justiça, o respeito da dignidade da pessoa, a cooperação humanitária e a assistência – expressam as justas aspirações do espírito humano e constituem os ideais que deveriam estar subjacentes às relações internacionais.

BENTO XVI, discurso na ONU, 2008

282 *Há também organizações nas quais a Santa Sé é membro de pleno direito?*

Sim. Organizações às quais a Santa Sé pertence como membro de pleno direito são, por exemplo, a Organização para a Segurança e a Cooperação (OCDE), a Organização para a Proibição de Armas Químicas (OPCW), a União Internacional das Telecomunicações bem como o Alto Comissariado das Nações Unidas para os Refugiados (UNHCR).

→ 444

283 *Como se situa a Igreja em relação às Nações Unidas e à sua Carta?*

A Igreja Católica está por trás da Carta das Nações Unidas. Esta organização surgiu depois das experiências da segunda Guerra Mundial e deveria impedir guerras futuras. A Carta das Nações Unidas proíbe, fundamentalmente, a resolução pela violência da discordância entre Estados. Todavia, excetua dois casos: a legítima defesa em caso de agressão e as medidas que forem tomadas pelo Conselho de Segurança das Nações Unidas no quadro da sua responsabilidade pela manutenção da paz.

→ 501 → 1930-1931 → 329

O Deus da paz suscite em todos um autêntico desejo de diálogo e de reconciliação. A violência não se vence com a violência! A violência só se vence com a paz!

FRANCISCO, *Angelus*, 20.7.2014

> A guerra é um massacre de pessoas que não se conhecem para benefício de pessoas que se conhecem, mas não se massacram.
>
> **PAUL VALÉRY** (1871-1945), escritor francês

> Cada palavra que vem da boca de Hitler é mentira: se ele diz paz, pensa na guerra, e quando ele, blasfemando, invoca o nome do Onipotente, pensa no poder do mal, o anjo decaído, Satanás.
>
> Folheto IV do grupo de resistência de Munique Rosas brancas contra Hitler (julho de 1942)

284 *Quais as causas da guerra e da violência?*

Muitas guerras surgem por causa de ódios duradouros entre povos, por ideologias ou por ganância de poder ou de riqueza de indivíduos ou de grupos. Para alguns, a motivação para a guerra e para o poder é também o desespero, quando, por exemplo, não têm voz politicamente, quando sofrem de fome, de pobreza, de opressão ou outras injustiças. Onde poucos ricos vivem à custa de muitos pobres, esta desigualdade provoca frequentemente surtos de violência.

→ 494 → 2302-2303 → 396

> Quem prega a guerra é capelão do diabo.
>
> Provérbio

285 *Como a Igreja vê a guerra?*

A guerra é o pior fracasso da paz e a sua mais grave consequência. Por isso, a Igreja condena sempre mais a “desumanidade da guerra” (cf. GS, 77; ou CCC, 2307-2317). A guerra nunca pode ser um meio apropriado para resolver problemas que surjam entre nações, porque prejudica todos os participantes e só provoca novos e ainda mais complexos conflitos. A guerra é sempre uma “derrota para a humanidade” (São João Paulo II, *Discurso ao corpo diplomático*, 13.3.2003).

→ 497 → 2307-2309 → 398-399

> Qualquer que seja a decisão que um cristão tome, pelo caminho dos soldados ou pelo caminho dos objetores de consciência, não deve significar que ele pretenda para si uma mais elevada qualidade de ser cristão ou negar ao outro o seu ser cristão, só porque defende outra posição.
>
> Declaração do conselho da Igreja evangélica alemã, 1989

286 *Que estratégias de prevenção existem para evitar a guerra e a violência?*

O combate pela paz nunca pode consistir apenas no desarmamento ou na supressão violenta de conflitos. Muitas vezes, a causa da violência é a mentira e ainda mais a injustiça. Estruturas injustas conduzem sempre à exploração e à miséria. Falta de participação e restrição da liberdade manifestam-se em resistência violenta. Por isso, a guerra só pode ser duravelmente evitada onde surgirem sociedades livres nas quais dominam relações justas e todas as pessoas têm uma perspetiva de desenvolvimento. Também evitam a guerra ajudas úteis para o desenvolvimento.

→ 498 → 2317 → 397

Desenvolvimento é o novo nome da paz.

PAULO VI, PP, 76

As "estruturas de pecado" e os pecados que nelas vão convergir opõem-se com igual radicalidade à *paz* e ao *desenvolvimento*, porque o desenvolvimento, na conhecida expressão da encíclica de Paulo VI, é "o novo nome da paz". Deste modo, a solidariedade que nós propomos é *caminho para a paz e, ao mesmo tempo, para o desenvolvimento*.

JOÃO PAULO II, SRS, 39

287 *Que deve acontecer quando atores políticos não podem cuidar da paz pelas suas próprias forças?*

Sabemos naturalmente pela Doutrina Social Católica que frequentemente os Estados já não dispõem de meios apropriados para cuidar de um modo eficaz da própria defesa e para salvaguardar a paz. Ao lado da ajuda ao desenvolvimento, a Igreja confia no trabalho de organizações regionais e internacionais para promover a paz e criar a confiança entre os povos. Já se tem com frequência provado ser uma grande vantagem o fato de a Igreja Católica estar estabelecida internacionalmente e não poder ser conotada nacionalmente. Ela tem assim a liberdade de pronunciar

Conceda-me Deus uma boa espada e nenhuma ocasião para a usar.

Provérbio

Ou a humanidade põe termo à guerra ou a guerra acaba com a humanidade.

JOHN F. KENNEDY

> A paz não é a ausência da violência, mas a presença da justiça.
>
> **ARAM I** (* 1947), Católicos da Igreja armênia apostólica, 2001

> Nunca mais uns contra os outros, nunca, nunca mais... Nunca mais guerra, nunca mais guerra!
>
> **PAULO VI,** discurso na Assembleia-Geral das Nações Unidas, 4.10.1965

> E enquanto existir o perigo de guerra e não houver uma autoridade internacional competente e dotada dos meios convenientes, não se pode negar aos governos, depois de esgotados todos os recursos de negociações pacíficas, o direito de legítima defesa.
>
> **CONCÍLIO VATICANO II,** GS, 79

> A violência começa onde o diálogo termina.
>
> **HANNAH ARENDT**

juízos independentes e de encorajar os cristãos em regimes injustos.

→ 498, 499 → 2308 → 398

288 *Como devem ser vistas as sanções em casos de conflito ou de perigo de guerra?*

As sanções da comunidade internacional são meios úteis contra Estados que oprimem parte da sua população ou que põem em risco a convivência pacífica dos povos. Os objetivos destas medidas devem ser formulados de um modo absolutamente claro. As sanções devem ser verificadas regularmente pelos organismos responsáveis da comunidade internacional, a fim de serem objetivamente avaliadas a sua eficácia e as suas consequências reais sobre a população civil. O seu objetivo consiste em preparar o caminho para as negociações e para o diálogo; as sanções nunca devem, por isso, ser usadas para punir uma população inteira. Assim, por exemplo, um embargo econômico deve ser temporalmente limitado e não se pode

> Tudo quanto se opõe à vida, como seja toda a espécie de homicídio, genocídio [...], todas estas coisas e outras semelhantes são infamantes. Ao mesmo tempo que corrompem a civilização humana, desonram mais aqueles que assim procedem do que os que padecem injustamente; e ofendem gravemente a honra devida ao Criador.
>
> **CONCÍLIO VATICANO II,** GS, 27

justificar se é evidente que todos serão indiferentemente atingidos pelas suas consequências.

→ **507**

> Olho por olho, e o mundo ficará cego.
>
> **MAHATMA GANDHI**

289 *Que deve acontecer quando, apesar de tudo, se desencadeia a guerra?*

Uma guerra de ocupação ou de agressão é em si mesma imoral. Quando rebenta uma guerra, os responsáveis pelo Estado agredido têm o direito e o dever de organizar a defesa mesmo com a força armada. Por isso, os Estados podem ter forças armadas e armas para protegerem a sua população de ataques do exterior. Do mesmo modo podem também os cristãos ser soldados quando as forças armadas sirvam a segurança e a liberdade de uma nação e estejam ao serviço da manutenção da paz. Mas é crime mobilizar crianças e jovens. O seu envolvimento em forças armadas de qualquer tipo deve ser impedido e as antigas "crianças-soldado" devem ser outra vez integradas na sociedade.

→ **500, 502-503, 512** → **2308** → **398**

> Âmbito de aplicação, armamento e organização das forças armadas devem ser alinhados segundo o que seja suficiente para as missões de defesa da nação e também para um adequado compromisso no quadro da solução das crises internacionais. Mais do que isso é mal.
>
> **CONFERÊNCIA EPISCOPAL ALEMÃ,** *Paz justa*, 2000, 132

> Quando os árabes baixarem as armas, não haverá mais guerra. Mas quando Israel baixar as armas, já não haverá mais Israel.
>
> **ARNO LUSTIGER** (1924-2012), historiador alemão sobrevivente do holocausto

> Não há nada que tenha sido conseguido pela guerra que não pudesse ser mais bem conseguido sem ela.
>
> **HAVELOCK ELLIS** (1859-1939), reformador social britânico

> Imagens inimigas não são seguramente a causa de uma guerra, mas facilitam a marcha.
>
> **MAX FRISCH** (1911-1991), escritor suíço

> A grande Cartago travou três guerras. Depois da primeira ainda era poderosa. Depois da segunda ainda era habitável. Depois da terceira já não havia lá nada.
>
> **BERTOLT BRECHT** (1898-1956), dramaturgo alemão

> Quem dispara primeiro morre como segundo.
>
> Ditado popular

290 *Quais as condições para uma "guerra defensiva"?*

A defesa armada só é justificável sob algumas condições que devem ser estritamente tidas em atenção. Se são ou não cumpridas, isso deve ser decidido pelas instituições que estão encarregadas de garantir o bem comum. Há quatro critérios que são especialmente importantes:

1. Os danos provocados pelo agressor devem ser certos, graves e duradouros.
2. Não haver nenhum outro caminho para impedir os danos causados ou os anular. Todas as possibilidades pacíficas de solução do conflito devem estar esgotadas.
3. As consequências da intervenção armada para a defesa não devem ser piores do que os danos que o agressor causou. Neste ponto é preciso considerar especialmente as consequências devastadoras de uma intervenção com armas de destruição em massa.
4. A defesa deve ter uma real possibilidade de ser bem-sucedida.

→ 500 → 2309 → 399

291 *No caso de uma guerra defensiva, há também limites para o uso da força?*

Mesmo quando é justificada a autodefesa armada, não podem ser postos em ação todos os meios para repelir

o agressor. Em todas as circunstâncias devem ser respeitados os “tradicionais” limites da necessidade e da proporcionalidade. Isso quer dizer que, na defesa contra uma agressão injusta, só pode ser usada a força que seja absolutamente necessária para que seja alcançado o objetivo da autoproteção.

> A guerra é má porque faz mais homens maus do que aqueles que leva.
>
> **IMMANUEL KANT**, *Para a paz perpétua* (1795)

→ 501 → 2313-2314 → 398

> Se a lei faz de ti um braço da injustiça, corta a lei.
>
> **HENRY DAVID THOREAU** (1817-1862), romancista americano

292 ***Em que devem os soldados prestar atenção numa guerra?***

Os soldados têm o dever de recusar ordens que vão contra o direito internacional. Por exemplo, um

> Nunca ajas contra a consciência, mesmo quando a isso o Estado te obrigue.
>
> **HEINRICH HEINE** (1797-1856), poeta alemão

soldado nunca pode participar num tiroteio em massa contra civis ou presos de guerra, mesmo se os superiores lho ordenam. Ele não pode neste caso justificar-se dizendo ter agido no cumprimento de ordens. Ele é totalmente responsável pelos seus atos.

→ 503 → 2312 → 380

293 ***Que fazer com as →VÍTIMAS DA GUERRA?***

Vítimas inocentes, que não se podem defender contra uma agressão, devem ser protegidas em todas as circunstâncias. Esta proteção vale absolutamente para a população civil. As partes beligerantes são também responsáveis pelos refugiados e pelas minorias nacionais, étnicas, religiosas ou linguísticas. A tentativa de destruir grupos inteiros da população através do genocídio ou de “limpeza étnica” é um crime contra Deus e contra a humanidade.

→ 504-506 → 2314 → 379

! VÍTIMAS DA GUERRA

O relatório anual *Global Trend* (UNHCR) verificou que, no ano de 2013, se encontravam em fuga mais de 51,3 milhões de pessoas – o que perfaz mais seis milhões do que no ano anterior.
O conjunto dos refugiados era composto por três grupos: 16,7 milhões de pessoas tiveram de deixar a sua pátria, 33,4 milhões eram pessoas a caminho deslocadas internamente, e 1,2 milhões à procura de asilo em alguma parte do mundo. Grande parte dos refugiados eram crianças. No verão de 2015 estavam em fuga cerca de 60 milhões de pessoas. E a tendência é que este número aumente.

> O objetivo de banir da política internacional o uso da violência pode também no futuro colidir com o dever que os homens têm de se defender eficazmente da arbitrariedade e da violência estrangeira. [...] De fato, tanto aos Estados individualmente como à comunidade internacional em geral falta ainda um instrumentário apropriado que também para tais casos-limite torne supérflua a espada para a contraviolência.
>
> **CONFERÊNCIA EPISCOPAL ALEMÃ**, *A paz justa*, 2000, 150

294 *Que se deve fazer quando há ameaça de genocídio?*

A comunidade internacional tem o dever moral de intervir em favor de grupos cuja sobrevivência esteja em risco ou cujos direitos fundamentais sejam lesados de forma maciça. Em tal intervenção é preciso que seja estritamente seguido o direito internacional e respeitado o princípio da igualdade dos Estados entre si. Neste contexto, a Igreja apoia o Tribunal Penal Internacional, que deve punir aqueles que são responsáveis por atos especialmente graves: genocídio, crimes contra a humanidade, crimes de guerra, crimes de guerra agressiva.

→ 506 → 2317

295 Não deve ser proibido o comércio de armas?

A Igreja empenha-se no objetivo de um desarmamento “geral, equilibrado e controlado” (SÃO JOÃO PAULO II, 14.10.1985), porque o enorme crescimento de armas em todo o mundo representa uma substancial ameaça para a estabilidade e para a paz. O princípio da suficiência – cada Estado pode possuir apenas os meios que são requeridos legalmente para a sua defesa – deve ser respeitado tanto pelos Estados que compram armas como por aqueles que as produzem ou fornecem. Não é moralmente justificável a desmedida acumulação e o comércio de armas. Também o comércio com as chamadas armas ligeiras deve ser estritamente controlado pelos Estados.

→ 508, 511 → 2315-2316

296 Quando são permitidas armas de destruição em massa?

Nunca e em circunstância nenhuma. A Igreja rejeita explicitamente não só a chamada “lógica da dissuasão” como também e principalmente as armas de destruição em massa e a sua utilização, e pronuncia-se a favor da sua proscrição e proibição. A aniquilação indiferenciada de cidades, países e populações, como é possível através de armas biológicas, químicas ou nucleares de destruição em massa, é um crime grave contra Deus e contra os homens. Quem já dispõe de armas deste gênero é obrigado ao desarmamento.

→ 508-509 → 2314

É preciso, antes de mais nada, proporcionar à paz outras armas que não aquelas que se destinam a matar e a exterminar a humanidade. São necessárias sobretudo armas morais, que dão força e prestígio ao direito internacional; aquela arma, em primeiro lugar, do cumprimento dos acordos.

PAULO VI, Mensagem para o Dia Mundial da Paz, 1976

A experiência tem mostrado que as guerras já não têm fronteiras; todas as guerras modernas acabam por ser guerras mundiais. E pelo menos nenhuma das grandes nações se pode manter fora. Mas se não podemos ficar fora da guerra, resta-nos a esperança de a evitar.

ROBERT H. JACKSON, (1892--1954), representante do acusador principal em 1945/46 no processo de Nurenberg.

Numa guerra nuclear não haveria realmente vencedores, mas apenas vítimas.

BENTO XVI, Mensagem para o Dia Mundial da Paz, 2006

Ignorando a vontade claramente expressa por governos e povos de se pôr definitivamente fim ao uso de arma tão traiçoeira, continuou-se a semear outras minas mesmo em lugares já reabilitados. Sementes da guerra vão sendo espalhadas também pela proliferação, maciça e fora de qualquer controle, de armas pequenas e leves, que passam – segundo parece – livremente de uma área de conflito para outra, gerando violência ao longo do trajeto. Compete aos governos adotar medidas apropriadas para o controle da produção, venda e importação e exportação destes instrumentos de morte.

JOÃO PAULO II, Mensagem para o Dia Mundial da Paz, 1999

297 *Há armas que não possam ser utilizadas em nenhuma circunstância?*

A Igreja exige a proibição de armas que têm consequências excessivamente traumáticas e que atingem indiferentemente toda a gente, bem como minas antipessoais, que também causam danos que vão para além do fim das hostilidades. A comunidade internacional deve empenhar-se pela desminagem.

→ 510 → 2316

298 *Podem os oprimidos recorrer a meios extraordinários?*

O terrorismo deve ser rigorosamente condenado. Ele afeta frequentemente vítimas inocentes, escolhidas arbitrariamente. Os terroristas demonstram um desprezo total e cínico pela vida humana; a sua ação não pode de modo nenhum justificar-se. O terrorismo semeia ódio, derrame de sangue, morte e desejo de retaliação e de vingança. Alvos de ataques terroristas são em geral espaços da vida quotidiana e não objetivos militares, como no quadro de uma guerra declarada.

→ 513 → 2297 → 392

> Existe um direito a defender-se do terrorismo.

SÃO JOÃO PAULO II, Mensagem para o Dia Mundial da Paz, 2002

Cada vez se espalha mais a opinião de que todas as estratégias repressivas contra o terrorismo só têm sentido e são eficazes no contexto de uma estrutura política, na qual se trata da eliminação das causas primárias de tal violência.

CONFERÊNCIA EPISCOPAL ALEMÃ, *Terrorismo como desafio ético*, 2011

299 *O que se deve pensar do terrorismo motivado religiosamente?*

Nenhuma religião pode tolerar o terrorismo, muito menos ainda pregá-lo. Concordar com o terrorismo em nome de Deus ou em seu nome matar pessoas inocentes é uma terrível blasfêmia contra Deus. Do mesmo modo, não se pode considerar como “mártir” quem morre na execução de um ato terrorista. O mártir cristão (= testemunha) reforça a verdade da sua fé na medida em que, se necessário, morre por causa dela, mas com isso ele nunca destrói a vida de ninguém. A Igreja Católica pede também a todos os grupos e comunidades religiosas para se distanciarem claramente do terrorismo motivado religiosamente e ao mesmo tempo pede a todas as religiões para em conjunto eliminarem as causas do terrorismo e tornarem possível a amizade entre os povos.

Pretender impor aos outros com violência aquela que se presume ser a verdade significa violar a dignidade do ser humano e, em última instância, ultrajar Deus, de quem aquele é imagem.

JOÃO PAULO II, Mensagem para o Dia Mundial da Paz, 2002, 6

→ 515 → 2297-2298 → 392

300 *Como o terrorismo pode ser efetivamente combatido?*

Trata-se de um ponto em que se deve insistir com clareza: uma guerra *em nome de Deus* jamais é aceitável! Quando uma certa concepção de Deus está na origem de fatos criminosos, é sinal de que tal concepção já se transformou em ideologia.

BENTO XVI, Mensagem para o Dia Mundial da Paz, 2007

O combate contra o terrorismo começa quando são combatidas as suas possíveis causas. Por isso, é necessário criar condições para que não seja acumulada nem se possa desenvolver uma agressão incontrolada. Ao mesmo tempo, o direito de defesa contra o terrorismo não pode cair num vazio moral e legal. Também a colaboração internacional contra as atividades terroristas não se pode esgotar nas ações penais, mas

deve igualmente criar condições nas quais não possam surgir nem desenvolver-se agressões incontroláveis.

→ 513, 514 → 2297 → 392

Creio que a melhoria das condições de vida dos pobres é uma arma estratégica melhor do que o dinheiro. O combate ao terrorismo não pode ser ganho através de operações militares.

MUHAMMAD YUNUS

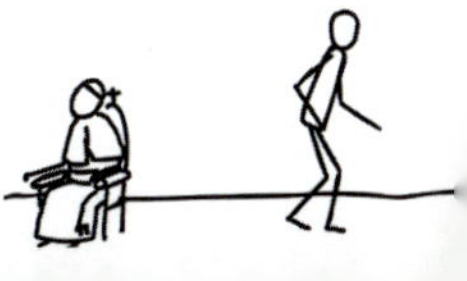

DIGRESSÃO

Liberdade de investigação e o seu possível abuso

A Igreja não pretende deter o progresso admirável das ciências. Pelo contrário, alegra-se e inclusivamente desfruta, reconhecendo o enorme potencial que Deus deu à mente humana. [...] Em certas ocasiões, porém, alguns cientistas vão mais além do objeto formal da sua disciplina e exageram com afirmações ou conclusões que extravasam o campo da própria ciência. Neste caso, não é a razão que se propõe, mas determinada ideologia que fecha o caminho a um diálogo autêntico, pacífico e frutuoso.

FRANCISCO, EG, 243

301 *Que máximas éticas são atualmente reconhecidas na ciência em geral?*

Há quatro princípios que são aceitos em todo o mundo: 1. *Universalidade*: procurar a universalização através de uma argumentação verificável, padronizada; 2. *Participação comum*: o direito à participação de todos nos resultados da ciência; 3. *Desinteresse*: deixar de lado o interesse privado do investigador; 4. *Ceticismo*: a prontidão permanente para deixar pôr em causa os próprios resultados.

302 *Pode vir a abusar-se dos resultados científicos?*

Pelo menos desde a bomba atômica, sabemos que a ciência não se desenvolve num espaço eticamente livre. Atualmente, este tema é sobretudo discutido no domínio da "biossegurança". Como é que se deve lidar com a investigação que pode contribuir para o progresso da medicina ou de outros objetivos sociais importantes, mas que, ao mesmo tempo, pode ser mal usada por bioterroristas ou por outros delinquentes? Na verdade, muitos resultados nas ciências da vida podem ser aplicados não só para benefício dos indivíduos e da sociedade, mas também mal usados com a intenção de causar danos.

→ 509 → 2293-2294

303 *Que se entende por DURC?*

A pesquisa que se preocupa com a segurança da vida (*Dual Use Research of Concern* = DURC) inclui trabalhos nos quais se assume que produzem conhecimento, produtos ou tecnologias que podem ser diretamente mal aplicados por terceiros, para causar danos à vida ou à saúde das pessoas, ao ambiente ou a outros interesses jurídicos.

304 *O que se pode fazer para impedir que, por exemplo, os terroristas ponham em circulação armas e agentes patogênicos sintéticos?*

Em primeiro lugar, mundialmente, deve formar-se a consciência de que a "liberdade da ciência" precisa ter como fundo um sistema jurídico válido. Até os cientistas precisam de um código ético de investigação; não basta que se preocupem com o lado técnico do seu trabalho. Além disso, é necessária uma regulamentação e controle no âmbito internacional. A investigação já não está limitada nacionalmente. É uma irresponsabilidade não se preocupar hoje com uma adequada estratégia que tenha atenção contra os riscos da investigação.

A técnica separada da ética dificilmente será capaz de autolimitar o seu poder.

FRANCISCO, LS, 136

A pesquisa científica leva ao conhecimento de verdades sempre novas sobre o ser humano e o cosmos. O verdadeiro bem da humanidade, acessível na fé, abre o horizonte no qual se deve mover o seu caminho da descoberta. Portanto, devem ser encorajadas, por exemplo, as investigações que estejam ao serviço da vida, que visem o combate de doenças. São importantes também as investigações destinadas a descobrir os segredos do nosso planeta e do universo, na consciência de que o ser humano está no ápice da criação, não para a explorar insensatamente, mas para a preservar e tornar habitável. Assim, a fé, vivida realmente, não entra em conflito com a ciência, aliás, coopera com ela, oferecendo critérios basilares a fim de que promova o bem de todos, pedindo-lhe que renuncie apenas àquelas tentativas que – opondo-se ao desígnio originário de Deus – podem produzir efeitos que se voltam contra o próprio ser humano.

BENTO XVI,
audiência-geral, 21.11.2012

Trechos de documentos da Igreja

11

A PAZ

Pacem in Terris

Pensar a paz a partir da natureza do ser humano

Uma conceção tão frequente quanto errônea leva muitos a julgar que as relações de convivência entre os indivíduos e a sua respectiva comunidade política possam reger-se pelas mesmas leis que as forças e os elementos irracionais do universo. Mas a verdade é que, sendo leis de gênero diferente, devem procurar-se apenas onde as inscreveu o Criador de todas as coisas, a saber, na natureza humana.

João XXIII, Encíclica *Pacem in Terris* (1963), 6

Pacem in Terris

A obrigação do desarmamento

Costuma justificar-se a corrida ao armamento aduzindo como motivo que, nas circunstâncias atuais, não se assegura a paz senão com o equilíbrio de forças: se uma comunidade política se arma, faz com que também outras sejam levadas a aumentar o próprio armamento. E, se uma nação produz armas atômicas, leva a que outras nações se empenhem em preparar semelhantes armas, com igual poder destrutivo. [...] Além disso, ainda que o imenso poder dos armamentos militares afaste hoje os seres humanos da guerra, entretanto, se não cessarem as experiências militares com armas atômicas, elas podem pôr em grave perigo as diversas formas de vida sobre a terra. Eis por que a justiça, a reta razão e o sentido da dignidade humana exigem terminantemente que se pare com essa corrida ao poder militar, que o material de guerra, instalado em várias nações, vá reduzindo-se de uma parte e de outra, simultaneamente, que sejam banidas as armas atômicas; e, finalmente, que se chegue a um acordo para a gradual diminuição dos armamentos, na base de garantias mútuas e eficazes. [...] Todos devem estar convencidos de que nem a renúncia à competição militar, nem a redução dos armamentos, nem a sua completa eliminação de modo nenhum se pode realizar se não se proceder a um desarmamento integral, que atinja o próprio espírito, isto é, se não trabalharem todos em concórdia e sinceridade para afastar o medo e a psicoce de uma possível guerra.

João XXIII, Encíclica *Pacem in Terris* (1963), 110-113

Pacem in Terris

As nações têm o mesmo direito à autodeterminação

Nenhuma nação tem o direito de exercer qualquer opressão injusta sobre outras, nem de interferir indevidamente nos seus negócios. Todas, pelo contrário, devem contribuir para desenvolver entre si o sentido de responsabilidade, o espírito de iniciativa e o empenho em tornar-se protagonistas do próprio desenvolvimento em todos os campos.

João XXIII, Encíclica *Pacem in Terris* (1963), 120

Sollicitudo rei socialis

O absurdo do comércio de armas

Se a produção das armas é uma grave desordem que reina no mundo atual, pelo que diz respeito às verdadeiras necessidades dos seres humanos e ao emprego dos meios adequados para as satisfazer, não o é menos o *comércio das mesmas armas*. Ou melhor, é preciso acrescentar que em relação a este, o *juízo moral é ainda mais severo*. Como é sabido, trata-se de um comércio sem fronteiras, capaz mesmo de transpor as barreiras dos blocos. Ele tem habilidade para superar a divisão entre o Oriente e o Ocidente e, sobretudo, a divisão entre o Norte e o Sul, até se inserir – o que é mais grave – entre as *diversas componentes* da zona meridional do mundo. Assim, encontramo-nos diante de um fenômeno estranho: enquanto os auxílios econômicos e os planos de desenvolvimento se embatem contra o obstáculo de barreiras ideológicas insuperáveis e de barreiras de preços e de mercado, *as armas*, seja qual for a sua proveniência, circulam com uma liberdade quase absoluta nas várias partes do mundo.

JOÃO PAULO II, Encíclica *Sollicitudo rei socialis* (1987), 24

Evangelii gaudium

Não há paz sem justiça

Atualmente, em muitas partes, reclama-se maior segurança. Mas, enquanto não se eliminar a exclusão e a desigualdade dentro da sociedade e entre os vários povos, será impossível desarraigar a violência. Acusam-se da violência os pobres, e as populações mais pobres, mas, sem igualdade de oportunidades, as várias formas de agressão e de guerra encontrarão um terreno fértil que, mais cedo ou mais tarde, há de provocar a explosão. Quando a sociedade – local, nacional ou mundial – abandona na periferia uma parte de si mesma, não há programas políticos, nem forças da ordem ou serviços secretos que possam garantir indefinidamente a tranquilidade. Isto não acontece apenas porque a desigualdade social provoca a reação violenta de quantos são excluídos do sistema, mas porque o sistema social e econômico é injusto na sua raiz. Assim como o bem tende a difundir-se, assim também o mal consentido, que é a injustiça, tende a expandir a sua força nociva e a minar, silenciosamente, as bases de qualquer sistema político e social, por mais sólido que pareça. Se cada ação tem consequências, um mal embrenhado nas estruturas de uma sociedade contém sempre um potencial de dissolução e de morte. É o mal cristalizado nas estruturas sociais injustas, a partir do qual não podemos esperar um futuro melhor.

FRANCISCO, Exortação Apostólica *Evangelii gaudium* (2013), 59

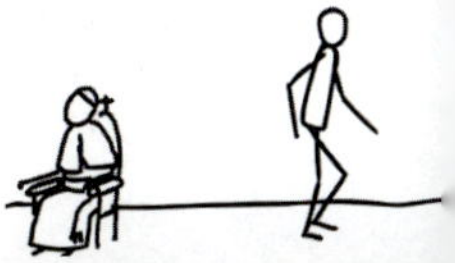

12

QUESTÕES
305-328

O compromisso pessoal e comunitário

A PRÁTICA DA CARIDADE

Porque estava com fome e me destes de comer;
estava com sede e me destes de beber;
era estrangeiro e me recebestes na vossa casa;
estava sem roupa e me vestistes;
estava doente e cuidastes de mim;
estava na prisão e fostes me visitar.

MT 25,35-36

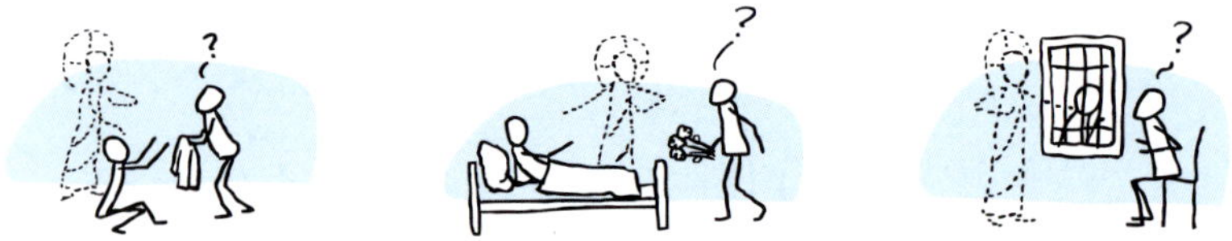

É evidente que sois vós uma carta de Cristo, da qual nós fomos o instrumento; carta escrita não com tinta, mas nas tábuas de carne do vosso coração.

2COR 3,3

Os sete dons do Espírito Santo:
o dom da sabedoria,
o dom da inteligência,
o dom da ciência,
o dom do conselho,
o dom da fortaleza,
o dom da piedade,
o dom do temor de Deus.

Resumido a partir de diversas passagens da Bíblia

305 *Ser cristão é uma questão privada?*

Ninguém pode ser cristão apenas para disso se aproveitar privadamente. Ir ao encontro de Jesus, procurar a sua amizade, segui-lo significa também declarar-me publicamente por ele, deixar que ele me fale e me confie uma missão. "Vós sois a luz do mundo. Ninguém acende uma lâmpada para a colocar debaixo de uma vasilha, mas sim para a colocar no candeeiro, onde ela brilha para todos os que estão em casa" (MT 5,14-15). *Todos nós*, que fomos batizados e confirmados – mesmo se não fomos propriamente investidos na missão como padres, diáconos, catequistas, professores de religião –, somos "mensageiros" e "testemunhas" do Evangelho. "Ide pelo mundo inteiro", diz-nos Jesus, "e anunciai a Boa Notícia a toda a humanidade" (MC 16,15) e "[...] fazei com que todos os povos se tornem meus discípulos, batizando-os em nome do Pai, do Filho e do Espírito Santo!" (Mt 28,19). Para anunciarmos por palavras e por obras o Reino de Deus (e não nós mesmos), Deus dá-nos os sete dons do Espírito Santo.

→ 71 → 763-769, 774-776, 780 → 123

306 *Por que um cristão deve empenhar-se socialmente?*

"Deus é amor" (1Jo 4,8) e a "caridade é a via-mestra da Doutrina Social da Igreja" (CV, 2). Mas ser cristão significa mais do que assumir determinados valores e sentimentos. No seu núcleo essencial, ser cristão é o encontro com a pessoa de Cristo. Procurá-lo no "menor" dos seres humanos (Mt 25,40), segui-lo, em suma, imitá-lo (Tomás de Kempis) é a forma mais imediata de ser cristão. Jesus tinha um sentido incondicional para a justiça; ele estava totalmente cheio de um amor carinhoso para com as crianças, os pobres, os doentes. Jesus respeitava a liberdade e a dignidade dos pecadores e marginalizados da sociedade. O próprio Jesus é a →AGENDA social da Igreja. A Doutrina Social Católica é apenas o desenvolvimento sistemático do que em Jesus Cristo foi dado em plenitude: a grande visão do homem, redescoberto na sua originária dignidade (personalidade), liberto da cobiça e do pecado, para o serviço do próximo (solidariedade), tendo em vista o "progresso da cidade" (Jr 29,7), para uma sociedade na qual os grupos e as comunidades possam desenvolver-se em paz e em justiça (subsidiariedade).

→ 555 → 91 → 11

307 *Como Jesus agiria hoje? Como podemos saber o que devemos fazer?*

Com a sua Doutrina Social, a Igreja não nos coloca na mão um livro acabado de receitas, do qual poderíamos extrair as regras para cumprir em nossos dias a

Santidade: permitir a Deus que coloque a *sua* vida na minha vida.

SANTA TERESA DE CALCUTÁ

Não consigo imaginar o amor sem um desejo irresistível para a uniformidade, para a comparabilidade e sobretudo para a participação em todos os esforços, em todas as dificuldades, em todas as durezas da vida. Ser rico, sentir-me confortável, viver tranquilamente das minhas posses, quando TU (Jesus) eras pobre e estavas em perigo, quando tiveste uma vida de trabalho cansativa e dura – eu, meu Deus, não posso fazer isso; assim não posso amar.

CHARLES DE FOUCAULD

AGENDA
Do latim. O que tem de se fazer.

As revoluções da história mudaram os sistemas políticos, econômicos, mas nenhuma delas modificou realmente o coração do ser humano. A verdadeira revolução, que transforma radicalmente a vida, foi Jesus Cristo que a realizou através da sua Ressurreição: a Cruz e a Ressurreição. E Bento XVI dizia, desta revolução, que "é a maior mudança da história da humanidade". →

→ Pensemos nisto: é a maior mudança da história da humanidade, é uma verdadeira revolução, porque nós vamos por este caminho da maior mudança da história da humanidade. Um cristão, se não for revolucionário, neste tempo, não é cristão.

FRANCISCO, discurso, 17.6.2013

vontade de Deus nos atuais conflitos e convulsões sociais. Na realidade, a voz interior da nossa consciência fornece-nos bons argumentos para decisões responsáveis – porque, de fato, nós é que devemos decidir! Mas a consciência também pode errar, quando, para utilizarmos a expressão de Emmanuel Kant, está corrompida. No entanto, segundo a perspectiva cristã, ela possui fundamentalmente a capacidade para distinguir o bem e o mal. Todavia, o ser humano deve formar a sua consciência tendo como referência os mandamentos da lei de Deus e as necessidades do nosso tempo; de outro modo, ela serve apenas como desculpa preguiçosa para todas as maldades imagináveis.

→ **81-86** → **1776-1779, 1783 ss.**
→ **291, 295, 297, 397-398**

Sabeis como aqueles que se dizem governadores das nações têm poder sobre elas, e os seus dirigentes exercem sobre elas a sua autoridade. Mas entre vós não deverá ser assim: quem de vós quiser ser grande, deve tornar-se o vosso servidor, e quem de vós quiser ser o primeiro, deverá tornar-se o servo de todos. Porque o Filho do homem não veio para ser servido. Ele veio para servir e para dar a sua vida como resgate em favor de muitos.

Mc 10,42-45

308 *Como é a convivência cristã?*

Colocando o "poder" no centro, a sociedade estrutura-se segundo o direito do mais forte. Mas isso não é cristão; a convivência torna-se então uma batalha pela autoconservação. Se se eleva o "trabalho" ao

significado máximo da convivência social, os seres humanos depressa se sentem presos e escravizados numa engrenagem sem sentido. Deus também não quer que façamos da "sorte" e da "fortuna" os nossos valores mais elevados. A vida seria igual a uma loteria que favorece sempre os falsos; seguiríamos sempre os nossos instintos e os impulsos, e expor-nos-íamos a todo o tipo de restrições para evitarmos o pior. A Doutrina Social Católica diz: o plano principal de Deus para a convivência humana é a *caridade social*. Onde nós vivemos diante de um Deus pessoal, que nos *quis* e conosco *quer* alguma coisa, somos filhos

Senhor, Tu sondas-me e conheces-me. Tu conheces o meu sentar e meu levantar, de longe penetras o meu pensamento. Examinas o meu andar e o meu deitar, todos os meus caminhos te são familiares.

Sl 139,1-3

> **"** Também o caminho mais longo começa com o primeiro passo.
>
> Provérbio chinês

de um Pai comum e irmãos uns dos outros. Gratidão, sentido e responsabilidade determinam a nossa vida individual e comunitária. Surge assim uma cultura do respeito mútuo. Confiança, consolação e alegria de viver tornam-se plausíveis. A caridade social supera o espírito da impessoalidade, cria coesão na sociedade e permite uma consciência social que vai para além dos limites confessionais.

> O amor é a maior força de transformação da realidade, porque derruba os muros do egoísmo e preenche os fossos que nos mantêm distantes uns dos outros.
>
> **FRANCISCO,** discurso, 17.6.2013

→ 582-583 → 1889, 2212 → 321, 324

309 *Qual é o primeiro passo para o compromisso social a partir da fé?*

Nada motiva mais do que o amor. Quem ama pode realizar grandes obras e percorrer longos caminhos. Por isso, o primeiro passo é sempre construir uma relação pessoal intensiva com Jesus, desenvolver um amor cada vez mais profundo pela Igreja e levar uma vida socialmente comprometida. Isso motiva a que não se negligencie os "menores", que estavam tanto no coração de Jesus e a dar testemunho da própria fé mesmo em ambientes ostensivamente hostis. Isso

> Sabem qual é o melhor instrumento para evangelizar os jovens? Outro jovem! [...] Não tenhais medo de ir ao seu encontro e de levar Cristo àqueles que parecem mais longe e mais indiferentes.
>
> **FRANCISCO,** homilia na Jornada Mundial da Juventude no Rio, 2013

motiva para um estilo de vida alternativo de hospitalidade, de reconciliação e de paz. Isso motiva, em caso de necessidade, a dar mesmo a própria vida, se o exigir o empenho pela verdade e pela justiça.

→ 326-327 → 1691-1698 → 348, 454

> Se há alguma coisa que Jesus exige de mim é que eu me abandone a ele, que eu só confie nele, que me dê a ele sem reservas. [...] Não devemos tentar controlar a ação de Deus. Não devemos contar as etapas da viagem que ele quer que façamos. Mesmo quando eu me sinto como um barco à deriva, devo entregar-me totalmente a ele.
>
> **SANTA TERESA DE CALCUTÁ**

310 *Por que devo empenhar-me expressamente como "cristão"?*

Muitos dizem que o mais importante é ser boa pessoa. O que "cristão" vem acrescentar? No entanto, a história mostra que o humanismo de cunho ateu abandonou muitas vezes o ser humano. Em parte alguma o "humano" foi mais bem elevado do que em Deus. Quem realiza a vontade de Deus defende os verdadeiros interesses do homem, mesmo onde o homem pobre está dependente de ajuda e é aparentemente "inútil". Embora os filhos da Igreja tenham por vezes falseado e traído a vontade de Deus, ele não desistiu de continuar a ser o lugar onde os homens, com a sua ajuda, se tornam humanos. Cristo não viveu para si mesmo, mas "para nós"; foi mesmo por cada ser humano que ele foi para a morte. E precisamente pelo mais social dos motivos, ou seja, por amor. Por isso, em última análise, um cristão não pode agir a-socialmente sem perder o nome nem o rosto.

→ 6-7, 327 → 1816, 2044-2046 → 307

> Faz como Deus: torna-te homem!
>
> **FRANZ KAMPHAUS**, bispo (*1932)

> As pessoas que se detêm na pergunta se mesmo sem Cristo poderiam ser "boas pessoas", não sabem o que é a vida.
>
> **C. S. LEWIS**

> Ele não poupou o seu próprio Filho, mas entregou-o por todos nós. Como não havia de nos dar também todas as coisas com o seu Filho.
>
> **RM 8,32**

> Creio que só a Bíblia tem a resposta para todas as nossas perguntas e que precisamos apenas de persistente e humildemente as formular para obtermos a resposta.
>
> **DIETRICH BONHOEFFER**

311 *Quem me dá apoio quando me empenho?*

Os cristãos têm um lar na Igreja, irmãos que são animados pela mesma esperança, cujas forças são também limitadas, mas que são restauradas no reservatório de Deus. Os *sacramentos* tornam-nos fortes e resistentes.

A *Palavra de Deus* confere-lhes inteligência e dá-lhes asas, porque podemos confiar nela, como nos garantem também os testemunhos dos primeiros cristãos, os quais, devido à sua confissão, caminharam para a morte. Se os discípulos e os evangelistas tivessem livremente inventado a ressurreição de Jesus, não estariam certamente prontos para serem insultados e mesmo morrer por ele. As representações por vezes opostas nos evangelhos provam justamente que eles são testemunhas credíveis. Se os evangelistas quisessem realmente impor ao mundo uma ideologia conscientemente inventada, teriam podido resolver estas diferenças.

→ 1, 18-19, 60 → 168, 748-750 → 24, 121-126

312 ***Os Estados sociais organizam transferências sociais abrangentes. Para que é então ainda necessário o empenho eclesial?***

O dinheiro por si só ainda não cria humanidade no sentido do Evangelho. Visitar doentes, cultivar a hospitalidade para com os estrangeiros, ocupar-se com os presos não podem ser tarefas delegadas exclusivamente a instituições públicas nem a especialistas profissionais. As ajudas organizadas pelo Estado são importantes. Mas frequentemente elas são também uma desculpa para os próprios não terem de fazer nada em favor dos necessitados. Organismos eclesiais como as instituições caritativas, serviços sociais, festas para os pobres, recolha de roupas e outras atividades mostram que aqui os necessitados e os que ajudam se encontram pessoalmente e isto a partir da consciência do grande valor que é sermos todos amados por Deus. Este espírito marca a diferença.

→ 571-572 → 1889, 1892-1896 → 446-447

Mas o anjo do Senhor tocou-lhe de novo e disse-lhe: “Levanta-te e come, pois o caminho é superior às tuas forças”. Elias levantou-se, comeu, bebeu e, sustentado pela comida, caminhou quarenta dias e quarenta noites até o Horeb, a montanha de Deus.

1Rs 19,7-8

Eu preferia mesmo o pior mundo cristão ao melhor dos pagãos, porque num mundo cristão há espaço para aqueles aos quais nenhum mundo pagão alguma vez deu lugar: para os aleijados e os doentes, os idosos e os fracos, e ainda mais do que lugar houve para eles amor, que tanto ao pagão como ao ateu pareceram e parecem inúteis. [...] Eu acredito em Cristo e creio que 800 milhões de cristãos podem alterar o rosto desta terra. E recomendo à reflexão e à imaginação dos contemporâneos que imaginem um mundo no qual não tivesse estado Cristo.

HEINRICH BÖLL (1917-1985), Prémio Nobel da Literatura

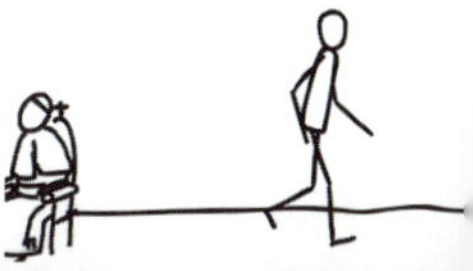

Vós sois o sal da terra. Ora, se o sal perde o sabor, com que poderemos salgá-lo?

Mt 5,13

Tu e eu!

SANTA TERESA DE CALCUTÁ quando questionada sobre o que é necessário antes de tudo para mudar na Igreja

313 *Por que tenho de empenhar-me na Igreja?*

Fora da Igreja, há muitas organizações que merecem que os cristãos colaborem com elas. O Papa Francisco apela a que a Igreja não permaneça fechada em si mesma, mas que vá para as periferias, para as fronteiras da existência humana: de toda a miséria. Mas isso não pode levar a que a Igreja sangre socialmente e perca a sua força socialmente transformadora, porque muitos cristãos se empenham preferencialmente fora da Igreja, antes de o fazerem juntamente com os seus irmãos. Os pecados dos membros da Igreja e as experiências negativas não podem ser razão para se afastar de projetos caritativos e sociais da Igreja. O que acontece é que "a Igreja" não existe se com isso se entende uma organização que consiste em funcionários (ativos) e utentes (passivos). A Igreja é um lugar da presença de Deus no mundo, *um corpo*, formado por todos os batizados, *um povo* de pecadores

As pessoas que têm saúde não precisam de médico, mas só as que estão doentes. Eu não vim para chamar os justos, mas os pecadores.

Mc 2,17

A Igreja é minha mãe. Eu tenho de ver os pecados e falhas dos seus filhos como os pecados e falhas dos meus irmãos, e meus também, filhos da mesma Igreja que é mãe de todos, Igreja santa de pecadores. Quando penso nela, recordo-me muito mais das coisas boas e belas que ela fez do que das fraquezas e dos erros dos seus filhos, erros que são meus também.

FRANCISCO, 15.3.2013

e de santos. Nós somos "a Igreja". A Igreja realmente estabelecida será sempre aquilo que nós, como seus membros, dela fizermos. É por isso que cada católico se deve comprometer na e pela Igreja e encontrar o seu caminho para com ela construir uma sociedade segundo o espírito do Evangelho. Um cristão sozinho não é cristão! Uns com os outros é que devemos ser *sal da terra e luz do mundo*.

→ 575-576 → 770-773, 781-782, 787-790, 823-829 → 121-128

314 *Por que os cristãos socialmente empenhados precisam de alguém que cuide das suas "almas"?*

É bom que Jesus, no Evangelho, já tenha pensado em "pastores", que com total amor cuidem daqueles que lhes foram confiados, que em caso de necessidade vão ao seu encontro quando se sentem perdidos ou desencaminhados (Mt 18,12-13). Ainda mais do que a escuta do sacerdote, do seu encorajamento, da sua orientação e do seu conforto, os leigos socialmente empenhados têm necessidade da recepção regular e mesmo diária dos santos sacramentos. Oferecer-lhes os sacramentos, especialmente a Eucaristia e a Confissão, mas também prestar-lhes assistência em situações de crise e de decisões existenciais, tudo isso pertence às tarefas mais urgentes de um verdadeiro pastor de almas. O serviço apostólico ao Povo de Deus consiste também na formação de redes e no fortalecimento de pequenos grupos que mutuamente se ajudam na fé através de impulsos teológicos e espirituais. Jovens e católicos

O sacerdote não é simplesmente o detentor de um ofício, como aqueles de que toda a sociedade tem necessidade para nela se realizarem certas funções. É que o sacerdote faz algo que nenhum ser humano, por si mesmo, pode fazer: pronuncia em nome de Cristo a palavra da absolvição dos nossos pecados e assim, a partir de Deus, muda o estado da nossa vida. Pronuncia sobre as ofertas do pão e do vinho as palavras de agradecimento de Cristo que são palavras de transubstanciação – palavras que o tornam presente a ele mesmo, o ressuscitado, o seu Corpo e o seu Sangue, e assim transformam os elementos do mundo: palavras que abrem de par em par o mundo a Deus e o unem a Ele. Por conseguinte, o sacerdócio não é simplesmente "ofício", mas sacramento: Deus serve-se de um pobre homem a fim de, através dele, estar presente para os homens e agir em seu favor. Esta audácia de Deus – que a si mesmo se confia a seres humanos; que, apesar de conhecer as nossas fraquezas, considera os homens capazes de agir e estar presentes em seu nome –, esta audácia de Deus é o que de verdadeiramente grande se esconde na palavra "sacerdócio".

BENTO XVI, homilia no encerramento do Ano Sacerdotal, 2010

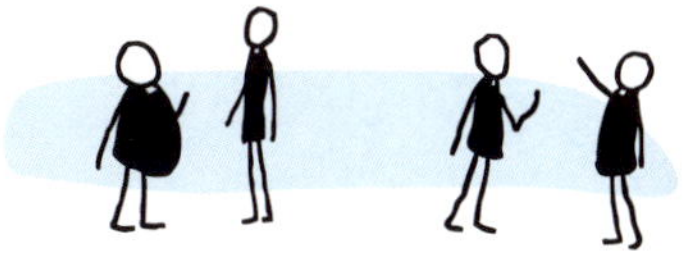

Em 1973, decidimos todos os dias fazer uma hora de adoração. Temos muito trabalho. As nossas casas para os pobres, os doentes e os moribundos estão cheias por toda a parte. Desde que todos os dias fazemos adoração, o nosso amor a Jesus tornou-se mais interior, o nosso amor pelos pobres mais compassivo e o número das vocações duplicou.

SANTA TERESA DE CALCUTÁ

que andam à procura precisam mesmo de uma catequese fundamental para que possam dar razão da sua fé – uma genuína tarefa dos bispos, dos padres e dos pastores em geral.

→ **3, 577, 580** → **874, 896** → **248-259**

> Por ele resplandece hoje para os homens o mistério da encarnação redentora: a nossa fragilidade humana é assumida pelo Verbo, o homem mortal é elevado à dignidade imortal e, unido a Vós em comunhão admirável, torna-se participante da vida eterna.
>
> Prefácio do Natal III

> Se a nossa religião é realmente a verdadeira, se o Evangelho é verdadeiramente a Palavra de Deus, então temos de acreditar e de viver de acordo com ele, ainda que o fizéssemos totalmente sozinhos.
>
> **CHARLES DE FOUCAULD**

315 *Que os cristãos têm de especial a oferecer ao seu próximo?*

Nada de especial, a não ser *um que é especial*: Jesus Cristo. Os cristãos, que lutam por um mundo mais humano, no meio das necessidades e das desgraças do tempo, não têm na bagagem nem os melhores planos sociais, nem os melhores conceitos sobre finanças, nem sequer muitas vezes os maiores idealismos. Em última instância só têm uma coisa para partilhar: *um Deus, que se fez homem*. Tanto não sabe nenhuma filosofia nem nenhuma outra religião. O Deus de Jesus Cristo conhece e compreende cada um de nós em nossa humanidade. Muitas pessoas encontram-se atualmente sozinhas e sentem-se abandonadas numa sociedade anônima. Mesmo a Web 2.0, com todas as suas redes sociais possíveis, não é capaz de substituir a relação pessoal. Permanece o intenso desejo de sermos acolhidos pessoalmente, tal como somos, com as nossas forças e as nossas fraquezas. A nossa mensagem cristã diz: cada um de nós é amado pessoalmente por Deus, exatamente como é. Trata-se de uma grande mensagem, precisamente para as pessoas que estão em crise e se questionam sobre o sentido e o futuro.

> Só os peixes mortos nadam ao sabor da corrente.
>
> Desconhecido

> Senhor, Pai de cada homem, vós quereis que todos levem o amor onde os pobres são humilhados, levem alegria onde a Igreja está enfraquecida, a reconciliação onde os homens se encontram divididos. [...] Vós encarregais-nos disso para que o maltratado corpo de Cristo, a vossa Igreja, se torne uma comunidade para os pobres neste mundo e de toda a humanidade.
>
> **IRMÃO ROGER SCHUTZ** (1915-2005), prior da fraternidade ecumênica de Taizé, e Santa Teresa de Calcutá, *Étonnement de l'amour* (1977)

→ **577** → **871-873, 898-913** → **138-139, 440**

316 *Que eu posso fazer para não estar sozinho no meu compromisso?*

Quem se decide por uma vida *com Jesus na Igreja* corre, em muitos países, o perigo de percorrer o seu caminho sozinho e incompreendido. Conceitos materialistas e hedonistas espiam o belo mundo e

seduzem muitos para uma vida num mundo aparente e de gratificações superficiais. Por isso é preciso a "Igreja em miniatura": pequenos grupos, igreja doméstica, encontros de oração, pequenas células, círculos bíblicos, comunidades espirituais, grupos de estudo etc. Numa comunidade em que todos se possam sentir unidos na amizade, os jovens cristãos podem fortalecer-se reciprocamente na fé. Podem rezar juntos, procurar a vontade de Deus, formar comunidades de aprendizagem sobre a doutrina da Igreja e também ocupar juntos o seu tempo livre. Onde ainda não houver estes grupos, será necessário

Onde dois ou três estiverem reunidos em meu nome, eu estou no meio deles.

Mt 18,20

Vocês vão rir – a Bíblia!

BERT BRECHT, dramaturgo não cristão quando questionado sobre o seu livro preferido

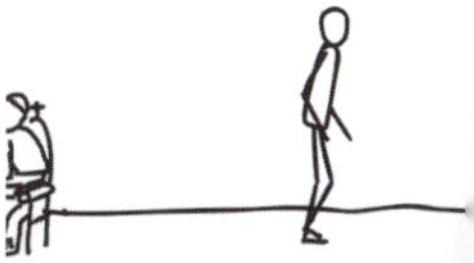

formá-los, mesmo se no princípio tiverem apenas dois ou três membros. É importante que estes grupos se integrem na comunidade paroquial do lugar, por exemplo, na medida em que participam regularmente na santa Eucaristia.

→ 576 → 1877-1882 → 122, 211, 321

Aquilo que na Palavra de Deus ainda não compreendemos, queremos provisoriamente deixar de lado. Mas de coração queremos alegrar-nos com aquilo que é luz e claridade.

SANTO AGOSTINHO

Estudai o catecismo com paixão e perseverança! Para isso, sacrificai tempo! Estudai-o no silêncio do vosso quarto, lede-o enquanto casal se estiverdes a namorar, formai grupos de estudo e redes sociais, partilhai-o entre vós na internet! Permanecei deste modo num diálogo sobre a vossa fé! Tendes de saber em que credes. Tendes de conhecer a vossa fé como um especialista em tecnologia domina o sistema informático de um computador.

BENTO XVI, Prefácio ao YOUCAT

317 *Onde encontro a bússola para o meu compromisso?*

Para os cristãos, não há livro mais importante do que a Sagrada Escritura. "Ler a Sagrada Escritura", diz São Francisco de Assis, "quer dizer receber o conselho de Cristo." Ao lado da Sagrada Escritura, a Igreja vive da Santa Tradição, da fé viva da Igreja alimentada pelo fogo do Espírito Santo. Esta fé, que cresceu e se aprofundou ao longo de dois milênios, encontra no *Catecismo da Igreja Católica* a sua expressão atual. Está aqui reunido tudo o que um cristão deve saber sobre o conteúdo e a forma necessária da sua fé. Quem se empenha socialmente encontra os conhecimentos centrais da Igreja nas encíclicas sociais desde Leão XIII. Foram resumidas em volume no *Compêndio da Doutrina Social da Igreja*. Para facultar aos jovens um acesso fácil ao *Catecismo*, há o YOUCAT. Assim, também para que a Doutrina Social da Igreja encontre uma ampla expansão entre os jovens, foi elaborado este DOCAT.

→ **580-583** → **2419-2425** → **438-440**

318 *A Igreja pode alterar a sua doutrina e adaptá-la ao espírito do tempo?*

As verdades da fé não estão em discussão. Elas não são o resultado de maiorias e existem independentemente do grau da sua atual aceitação. A Igreja nunca rescreverá o seu Credo; ela nunca mudará nem o número nem o conteúdo dos Sacramentos, nem alargará nem reduzirá os dez mandamentos. Também nunca mudará a forma originária da sua liturgia ou da oração. Apesar disso, a Igreja ofenderia o Espírito Santo se não sondasse os "sinais dos tempos" nos quais Deus também nos fala na atualidade. Os conhecimentos que deles adquirimos conduzem a um aprofundamento e expansão da fé; no entanto, nunca substituirão os conhecimentos seguros da Igreja que foram ganhos no combate da fé (dogmas). Mas na sua Doutrina Social,

> As alegrias e as esperanças, as tristezas e as angústias dos homens de hoje, sobretudo dos pobres e de todos aqueles que sofrem, são também as alegrias e as esperanças, as tristezas e as angústias dos discípulos de Cristo. [...] Para levar a cabo esta missão, é dever da Igreja investigar a todo o momento os sinais dos tempos, e interpretá-los à luz do Evangelho, para que assim possa responder, de modo adaptado em cada geração, às eternas perguntas dos homens acerca do sentido da vida presente e da futura, e da relação entre ambas.
>
> **CONCÍLIO VATICANO II**, GS, 1.4

> A missão da Igreja não pode prescindir dos leigos que, recebendo força da Palavra de Deus, dos sacramentos e da oração, devem viver a fé no coração da família, da escola, do trabalho, dos movimentos populares, dos sindicatos, dos partidos e até do governo, dando testemunho da alegria do Evangelho.
>
> **FRANCISCO**, discurso, 19.5.2014

"Só quem também i
os outros

SANTO AGOSTINHO

arde pode
ncendiar

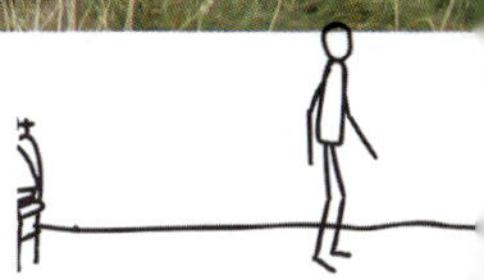

a Igreja tem de adaptar sempre melhor o seu excelente instrumentário aos desafios da mutabilidade social, política e econômica.

→ 72-75 → 185-197, 1084-1098, 2052-2074
→ 13, 25-28, 143, 344-349

319 *Posso comprometer-me num partido, mesmo quando as suas posições nem sempre estão de acordo com a doutrina cristã?*

Sim. Como católicos, temos a missão de transformar a sociedade numa "civilização do amor". Quando nos comprometemos num partido, temos na mão o meio de provar que estamos solidários com os fracos. Servimos o bem comum na medida em que no partido acentuamos o primado da pessoa e nos preocupamos com estruturas socialmente subsidiárias. Os partidos elaboram programas que, para serem aprovados, precisam da maioria. Porque uma programática cristã está muitas vezes ligada a posições desconfortáveis, não há nenhum partido no qual a doutrina cristã se encontre 100% retratada. Por isso é que é muito importante que os católicos participem para fortalecerem as respetivas posições e torná-las capazes de alcançarem a maioria. Pressuposto para um empenho responsável é uma confissão fundamental do partido pela dignidade inviolável do homem, pelos direitos humanos, pela personalidade e defesa da vida bem como pelo estatuto jurídico da Igreja na nossa sociedade, como está consagrado em diversas constituições nacionais. Em partidos nos quais é enaltecida a violência ou faz parte do programa o ódio social, a demagogia, a luta entre raças e classes, nesses partidos os cristãos católicos não devem participar nem com eles colaborar.

→ 573-574 → 2442 → 440

Eu sou um crítico convencido e consequente do parlamentarismo partidário e defensor de um sistema no qual os verdadeiros representantes do povo são eleitos independentemente da sua filiação partidária, que estão nomeadamente conscientes da sua responsabilidade pessoal nas regiões e nos círculos, e que podem também ser retirados no caso de não terem trabalhado bem. Vejo e respeito associações empresariais, união de cooperativas, alianças territoriais, organizações profissionais e de educação, mas não percebo a natureza dos partidos políticos.

ALEXANDER SOLSCHENIZYN

Gosto de recordar aquilo que São Francisco de Assis dizia aos seus confrades: "Pregai sempre o Evangelho, e, se for necessário, também com as palavras".

FRANCISCO, discurso, 27.9.2013

Tens de te decidir por este mundo e finalmente ter a coragem de atirar para longe o teu medo, porque não pode haver nenhuma mulher cristã sem formação nem decisão política.

HELENE WEBER (1881-1962), política alemã do Centro Democrático Cristão

320 *Devo empenhar-me em clubes, associações e organizações não cristãs?*

Sim. Os cristãos não se devem fechar num gueto de pessoas semelhantes. Um jogador de futebol que seja humano, digno de confiança e bom, que no seu clube se apresenta como cristão católico, dá um brilhante testemunho tal como um sindicalista que todos reconhecem que luta pela justiça a partir de motivos cristãos. Mas para tal empenho é preciso considerar três pressupostos: não colaborar com aquilo que contradiz a dignidade da vocação cristã (excesso de álcool, violar rituais, libertinagem sexual, entre outros); não deve ser expressamente um obstáculo à fé; e o compromisso não deve ser ideologicamente aproveitado. É preciso muita atenção quando objetivos sociais de bom-tom, sob o silêncio do cristão, são apenas braços estendidos de interesses ideológicos. Então, os cristãos bem-intencionados são rapidamente entalados nos carros de forças não-cristãs.

→ 71-72, 83-84, 327, 571-574 → 2442 → 440

321 *Há profissões ou determinados compromissos sociais inconciliáveis com a nossa fé?*

Sim, há campos de ação e profissões que estão claramente em contradição com a visão cristã do ser humano e com os padrões mínimos da ética da Igreja. Ao seguir Cristo, os cristãos devem estar preparados para aceitar desvantagens profissionais, mesmo quando se encontram sob grande pressão econômica. É impossível alguém ser cristão e ao mesmo tempo trabalhar na prática do aborto ou da eutanásia. Prostituição, proxenetismo, produção e propagação de pornografia são de igual modo absolutamente proibidos, bem como a participação direta ou indireta em negócios de drogas, comércio de pessoas e outras práticas prejudiciais, extorsivas e aviltantes. Cada vez mais frequentemente, os cristãos estão sob pressão

Aqueles que na sua vida seguem o caminho do mal como os *mafiosi* fazem, não vivem na proximidade com Deus. Estão excomungados. [...] Quando a reverência para com Deus é substituída pelo dinheiro, abre-se a estrada do pecado e da opressão.

FRANCISCO, 2014, na Calábria

Coragem, ide em frente, fazei barulho! Onde estiverem os jovens, aí deve haver barulho! Ide em frente! Na vida existirão sempre pessoas que vos farão propostas para desacelerar, para bloquear o vosso caminho. [...] Não! Ide contra a corrente nesta civilização [...], mas com os valores da beleza, da bondade e da verdade. Queria dizer-vos isto... Sede uma juventude alegre!

FRANCISCO, discurso, 28.8.2013

em bancos e em negociações financeiras para terem de vender aos seus clientes produtos duvidosos. Os jornalistas devem decidir em consciência até onde podem acompanhar certas práticas do jornalismo de tabloide sem perderem a sua identidade como cristãos. Pertencer a Jesus significa que não deve existir nenhuma colaboração profissional, financeira, econômica ou política com organizações (Máfia, Ndangheta e outras), sistemas nacionais injustos ou negócios que prejudicam a criação, lesam a dignidade humana (salários abaixo do mínimo de existência, condições doentias de trabalho, trabalho infantil), que oprimem ou perseguem a Igreja, que levam à produção de armas de destruição ou que seguem mais o rendimento do que o Espírito de Deus.

→ 193, 332 → 1939-1942 → 440

322 *Os cristãos devem participar em demonstrações públicas?*

Na verdade, nada é mais difícil nem exige mais caráter do que encontrar-se em clara oposição ao seu tempo e dizer alto: Não!

KURT TUCHOLSKY (1880-1935), escritor alemão

É evidente que os cristãos podem sair à rua, e devem fazê-lo cada vez mais frequentemente e não só quando se trata dos seus interesses. Sempre que o poder oprime a justiça, os cristãos devem estar na primeira fila dos protestos. O Papa Francisco diz: "Os jovens nas estradas. [...] Por favor, não permitais que os outros

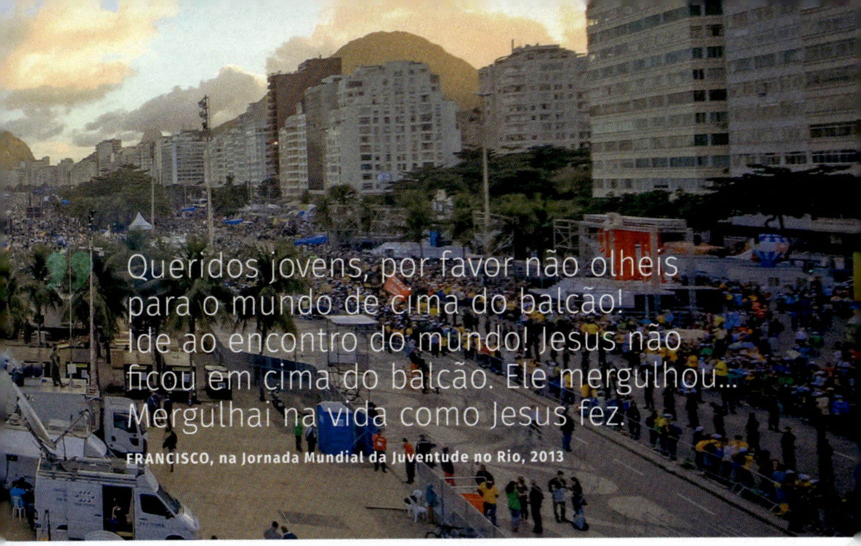

> Queridos jovens, por favor não olheis para o mundo de cima do balcão! Ide ao encontro do mundo! Jesus não ficou em cima do balcão. Ele mergulhou... Mergulhai na vida como Jesus fez.
>
> **FRANCISCO, na Jornada Mundial da Juventude no Rio, 2013**

sejam os protagonistas da mudança! Vocês são aqueles que têm o futuro" (27.2.2013, no Encontro Mundial da Juventude no Rio de Janeiro). Os cristãos devem participar nas demonstrações quando se trata da resistência contra o ódio e a violência, de condições de trabalho indignas, da retenção da justa recompensa, da destruição dos meios de subsistência naturais ou da opressão de minorias. Muitas vezes querem ser bons cidadãos e são por isso menos participantes do que os grupos políticos de esquerda nos instrumentos do protesto público. Têm de aprender que é preciso ir mesmo para a estrada para se criar uma consciência política para a defesa da vida desde a concepção até a morte. Porque o cristianismo é a religião mais perseguida do mundo, devem também os cristãos protestar em favor dos direitos dos cristãos desfavorecidos e oprimidos, contra as injúrias à Igreja e em favor da salvaguarda e proteção do domingo.

→ 71-72, 284-286 → 1932, 2185-2188 → 332, 365-366

> Eu sei que vocês querem ser terreno bom, cristãos de verdade; e não cristãos pela metade, cristãos de fachada, que parecem cristãos, mas interiormente não fazem nada; não quereis ser cristãos só para os olhos ver, mas cristãos autênticos. Sei que não querem viver na ilusão de uma liberdade inconsistente que se deixa arrastar pelas modas e as conveniências do momento. Sei que vocês apostam em algo grande, em escolhas definitivas que deem pleno sentido. É assim, ou estou enganado? É assim?
>
> **FRANCISCO,** vigília de oração na Jornada Mundial da Juventude no Rio, 2013

323 *Que significado têm os encontros juvenis cristãos nacionais e internacionais?*

Peregrinações, campos de juventude, encontros de oração e Jornadas Mundiais da Juventude reúnem os

Na verdade, colocar a programação pastoral sob o signo da santidade é uma opção com muitas consequências. Significa exprimir a convicção de que, se o Batismo é um verdadeiro ingresso na santidade de Deus através da inserção em Cristo e da habitação do seu Espírito, seria um contrassenso contentar-se com uma vida medíocre, pautada por uma ética minimalista e uma religiosidade superficial.

JOÃO PAULO II, NMI, 31

jovens católicos regularmente. Em muitos países, estes acontecimentos são poderosas manifestações de uma cultura cristã jovem. Noutros países, proporcionam experiências inspiradoras e reconfortantes para os jovens católicos que no dia a dia se sentem isolados e sós na sua fé. Sobretudo as Jornadas Mundiais da Juventude têm globalmente feito crescer um "sentimento católico", um orgulho de pertencerem a este *novo povo de Deus*, que, desde o tempo dos Apóstolos, foi crescendo entre todos os povos da terra. Frequentemente, os jovens católicos contam como determinada Jornada Mundial da Juventude ou um encontro de

A Igreja é uma anciã com rugas e dobras. Mas é a minha mãe. E ninguém bate na sua mãe.

KARL RAHNER

Sonho com uma opção missionária capaz de transformar tudo, para que os costumes, os estilos, os horários, a linguagem e toda a estrutura eclesial se tornem um canal que sirva mais à evangelização do mundo atual do que à autopreservação.

FRANCISCO, EG, 27

oração foi o ponto de partida para uma decisão radical nas suas vidas: a partir de agora a minha vida pertence a Deus! Naturalmente, nem todos os que participam numa Jornada

Mundial da Juventude se tornam a partir daí crentes católicos. E daqueles que não o são nem todos serão evangelizados. Mas só o fato de verem como cresce o sentimento eucarístico e comunitário do domingo, com uma grande quantidade de pessoas que acreditam ou que procuram, pode ser o princípio de uma grande história de vida com Deus.

→ **97-99, 285, 423, 520** → **2178-2179**

324 *Um católico pode criticar a Igreja publicamente?*

Pode justificar-se uma crítica que seja feita a partir de uma atitude de amor e que vise ajudar a Igreja no seu processo de conversão. Santa Catarina de Sena, São Francisco de Assis, São Bernardo de Claraval, o Papa Bento XVI e o Papa Francisco têm-no feito. Quanto mais alguém se identificar com a Igreja, quanto mais incondicionalmente seguir Jesus, tanto mais claramente poderá recordar o Evangelho à Igreja e aos seus ministros. Quem critica padres e bispos deve, todavia, ter sempre diante dos olhos que eles se encontram sob uma especial promessa de Jesus: "Quem vos ouve, a mim ouve" (Lc 10,16). Mas é válido igualmente para eles: "Ai dos pastores que dispersam e perdem as minhas ovelhas" (Jr 23,1). Quem, como católico, aceita os pressupostos básicos da Igreja, pode, apesar disso, sentir-se confrontado criticamente com posições individuais. São bem-vindos argumentos construtivos, quando são objetivamente fundados e concordam com os valores fundamentais e os princípios da Doutrina Católica. A Igreja permanece viva através de homens que, a partir de uma profunda e radical simpatia pela Igreja, lidam com a sua real constituição e as suas posições.

→ **117** → **790-796** → **127**

325 *Onde o compromisso eclesial atraiçoa as suas próprias bases?*

Acontece frequentemente que grupos, comunidades e instituições eclesiais abandonam a unidade com a

Os bispos, que por instituição divina sucedem aos Apóstolos, são constituídos pastores na Igreja pelo Espírito Santo que lhes foi dado, para serem mestres da doutrina, sacerdotes do culto sagrado e ministros do governo.

Código do Direito Canônico, can. 375

Os seres humanos deixam-se mais facilmente arruinar pela adulação do que melhorar pela crítica.

GEORGE BERNARD SHAW

Amados, não deis crédito a todos os que se dizem inspirados; antes, examinai os espíritos, para saberdes se vêm de Deus, pois no mundo já apareceram muitos falsos profetas. Para saber se alguém é inspirado por Deus, segui esta norma: fala da parte de Deus todo aquele que reconhece que Jesus Cristo se encarnou.

1Jo 4,1-2

Igreja porque pensam que devem agir ou decidir de um modo diferente em algumas questões concretas. Muitas vezes, o desvio é fundamentado com a necessidade de uma ação profeticamente antecipadora – como seja pegar em armas em regimes socialmente injustos, resistir a mandamentos da Igreja ou à não autorização para a celebração da Eucaristia com cristãos de outras confissões. A Igreja precisa realmente de profetas que a ajudem na sua renovação. Sem eles, a Igreja teria estado adormecida na questão operária e não teria feito a experiência da liberdade de imprensa no seu interior. No entanto, é preciso verificar sempre onde é que a "coragem profética" serve realmente a Igreja ou onde brota da obstinação ou da arrogância, onde causa desobediência e divisão.

→ 460 → 166, 168, 176-184

326 *Como o compromisso em questões sociais pode ser fortalecido ecumenicamente?*

A vida social oferece muitas possibilidades à colaboração ecumênica. O empenho comum pela democracia, pelos direitos humanos, pela paz e pela justiça social pode ajudar a colocar entre os cristãos de diversas confissões as bases e a fortalecer aquela confiança que é requerida para também noutros domínios vencer o que divide e reencontrar a unidade na verdade do Evangelho.

→ 135, 159 → 820-822 → 131

327 *Como o compromisso em questões sociais pode ser fortalecido no diálogo inter-religioso?*

É óbvio que os crentes de diversas religiões devem congregar as suas forças para o bem da humanidade e devem empenhar-se pela justiça e pela paz, bem como pela preservação da criação. O Papa Francisco descreve assim o espírito em que isto deve acontecer:

> Que a Igreja de Cristo seja:
>
> Uma Igreja que convida.
>
> Uma Igreja de portas abertas.
>
> Uma Igreja calorosa e mãe.
>
> Uma Igreja das gerações.
>
> Uma Igreja de ações – dos vivos e dos não nascidos.
>
> Uma Igreja dos que conosco estiveram, dos que estão conosco e daqueles que virão depois. [...]
>
> Uma Igreja que ri e que chora com os homens. [...]
>
> Uma Igreja que procura os homens onde eles estão: no trabalho e no lazer, à porta da fábrica e no estádio de futebol, nas quatro paredes da casa.
>
> Uma Igreja dos dias festivos e uma Igreja dos pequenos trabalhos de cada dia. [...]
>
> Uma Igreja que não moraliza.
>
> Uma Igreja que não exige nem expõe certificados de boa conduta. [...]
>
> Uma Igreja dos que falham e dos que fracassam – na vida, na profissão, no casamento. [...]
>
> Uma Igreja dos santos, mas também dos pecadores [...].
>
> **CARDEAL FRANZ KÖNIG**

"Não obrigamos ninguém, não pomos em ação nenhuma estratégia enganadora, para atrair os crentes, mas testemunhamos com alegria e simplicidade aquilo em que acreditamos e o que somos. Pois pôr de lado num encontro aquilo em que cada qual acredita e assim agir como se renunciasse àquilo que para si é mais caro, isso não seria uma autêntica relação". Portanto, o compromisso inter-religioso é possível. Os cristãos devem ir ao encontro dos outros crentes com amor e confiança, mas devem também estar atentos para que a sua confissão permaneça clara, porque com palavras ocasionalmente iguais podem ser entendidas representações de Deus totalmente diferentes. Permanece sempre o risco da mistura das religiões (sincretismo). Mas não é pensável nenhum compromisso comum com grupos radicais, que combatem contra a Igreja e querem com a *scharia* fundar uma teocracia.

→ 12 → 817-822, 841-848 → 130, 136

Podemos fazer muito pelo bem de quem é pobre, de quem é frágil e de quem sofre, para favorecer a justiça, promover a reconciliação, construir a paz. Mas, acima de tudo, devemos manter viva no mundo a sede do Absoluto, não permitindo que prevaleça uma visão unidimensional da pessoa humana segundo a qual o ser humano se reduz àquilo que produz e ao que consome: este é um dos maiores perigos do nosso tempo.

FRANCISCO, discurso perante os representantes de diversas religiões, 20.3.2013

328 *Como pode existir uma convivência pacífica entre cristãos e muçulmanos?*

Em muitos países, os cristãos são perseguidos por radicais islâmicos. Em muitos cristãos está latente o perigo de diabolizarem as comunidades crentes muçulmanas em geral, de as marginalizarem e de rejeitarem qualquer forma de cooperação. Esquecem que também há muçulmanos que, de todo o coração, condenam a violência e esquecem igualmente uma exigência fundamental de Jesus: o amor que não exclui sequer o inimigo. Onde cristãos e muçulmanos vivem juntos, devem os cristãos fazer tudo o que esteja ao seu alcance por um clima de boa vizinhança e devem cultivar as relações pessoais. Os cristãos devem caracterizar-se por serem eles a dar os primeiros passos e serem sinais surpreendentes de hospitalidade e confiança.

→ 515-517, 537 → 841 → 136

"No que é necessário, unidade; no que é duvidoso, liberdade; em tudo, caridade.

RUPERTUS MELDENIUS (1582-1651), teólogo e pedagogo

"Hoje é o primeiro dia do resto da minha vida.

CORETTA KING (1927-2006), ativista americana dos direitos civis

Trechos de documentos da Igreja

12

O COMPROMISSO PESSOAL E COMUNITÁRIO

Centesimus annus

O perigo da exclusão

Aqueles que não conseguem acompanhar os tempos podem facilmente ser marginalizados; juntamente com eles são-no os anciãos, os jovens incapazes de se inserir na vida social e, de um modo geral, os sujeitos mais débeis e o denominado Quarto Mundo. Nestas condições, também a situação da mulher se apresenta muito difícil.

JOÃO PAULO II, *Centesimus annus* (1991), 33

Centesimus annus

A linguagem das obras

A Igreja está consciente hoje mais do que nunca de que a sua mensagem social encontrará credibilidade primeiro no *testemunho das obras* e só depois na sua coerência e lógica interna. Desta convicção provém também a sua opção preferencial pelos pobres, que nunca será exclusiva nem discriminatória relativamente aos outros grupos. Trata-se, de fato, de uma opção que não se estende apenas à pobreza material, dado que se encontram, especialmente na sociedade moderna, formas de pobreza não só econômica, mas também cultural e religiosa. O amor da Igreja pelos pobres, que é decisivo e pertence à sua constante tradição, impele-a a dirigir-se ao mundo no qual, apesar do progresso técnico-econômico, a pobreza ameaça assumir formas gigantescas.

JOÃO PAULO II, *Centesimus annus* (1991), 57

Evangelium vitae

Dar um lar à vida

Muitos são ainda os *esposos* que, com generosa responsabilidade, sabem acolher os filhos como "o maior dom do matrimônio". E não faltam *famílias* que, para além do seu serviço quotidiano à vida, sabem também abrir-se ao acolhimento de crianças abandonadas, de adolescentes e jovens em dificuldade, de pessoas inválidas, de idosos que vivem na solidão. Numerosos são os *centros de ajuda à vida* ou instituições análogas, dinamizadas por pessoas e grupos que, com admirável dedicação e sacrifício, oferecem apoio moral e material às mães em dificuldade, tentadas a recorrer ao aborto. Surgem e multiplicam-se ainda os *grupos de voluntários*, empenhados em dar hospitalidade a quem não tem família, se encontra em condições de particular dificuldade ou precisa de reencontrar um ambiente educativo que o ajude a superar hábitos destrutivos e a recuperar o sentido da vida.

JOÃO PAULO II, *Evangelium vitae* (1995), 26

Caritas in veritate

Caridade e verdade

No atual contexto social e cultural, em que aparece generalizada a tendência de relativizar a verdade, viver a caridade na verdade leva a compreender que a adesão aos valores do cristianismo é um elemento útil e mesmo indispensável para a construção de uma boa sociedade e de um verdadeiro desenvolvimento humano integral. Um cristianismo de caridade sem verdade pode ser facilmente confundido com uma reserva de bons sentimentos, úteis para a convivência social mas marginais. Deste modo, deixaria de haver verdadeira e propriamente lugar para Deus no mundo. Sem a verdade, a caridade acaba confinada num âmbito restrito e carecido de relações; fica excluída dos projetos e processos de construção de um desenvolvimento humano de alcance universal, no diálogo entre o saber e a realização prática.

BENTO XVI, *Caritas in veritate* (2009), 4

Caritas in veritate

Que é a caridade?

A caridade é amor recebido e dado; é "graça" (*cháris*). [...] Destinatários do amor de Deus, os seres humanos são constituídos sujeitos de caridade, chamados a fazerem-se eles mesmos instrumentos da graça, para difundir a caridade de Deus e tecer redes de caridade. A esta dinâmica de caridade recebida e dada propõe-se dar resposta à Doutrina Social da Igreja. Tal doutrina é "caritas in veritate in re sociali", ou seja, proclamação da verdade do amor de Cristo na sociedade; é serviço da caridade, mas na verdade. Esta preserva e exprime a força libertadora da caridade nas vicissitudes sempre novas da história. Ao mesmo tempo, é verdade da fé e da razão, na distinção e, conjuntamente, sinergia destes dois âmbitos cognitivos. O desenvolvimento, o bem-estar social, uma solução adequada dos graves problemas socioeconômicos que afligem a humanidade precisam desta verdade. Mais ainda, necessitam que tal verdade seja amada e testemunhada. Sem verdade, sem confiança e amor pelo que é verdadeiro, não há consciência e responsabilidade social, e a atividade social acaba à mercê de interesses privados e lógicas de poder, com efeitos desagregadores na sociedade, sobretudo numa sociedade em vias de globalização que atravessa momentos difíceis como os atuais.

BENTO XVI, *Caritas in veritate* (2009), 5

Caritas in veritate

A caridade gera comunidade

Enquanto dom recebido por todos, a caridade na verdade é uma força que constitui a comunidade, unifica os seres humanos segundo modalidades que não conhecem barreiras nem confins. A comunidade humana pode ser constituída por nós mesmos; mas, com as nossas simples forças, nunca poderá ser uma comunidade plenamente fraterna nem alargada para além de qualquer fronteira, ou seja, não se poderá tornar uma comunidade verdadeiramente universal: a unidade do gênero humano, uma comunhão fraterna para além de qualquer divisão, nasce da convocação da palavra de Deus-Amor. Ao enfrentar esta questão decisiva, devemos especificar, por um lado, que a lógica do dom não exclui a justiça nem se justapõe a ela num segundo tempo e de fora; e, por outro, que o desenvolvimento econômico, social e político precisa, se quiser

ser autenticamente humano, de dar espaço ao *princípio da gratuitidade* como expressão de fraternidade.

BENTO XVI, *Caritas in veritate* (2009), 34

Evangelii gaudium

Todos são chamados

Em virtude do Batismo recebido, cada membro do povo de Deus tornou-se discípulo missionário (cf. MT 28,19). Cada um dos batizados, independentemente da própria função na Igreja e do grau de instrução da sua fé, é um sujeito ativo de evangelização, e seria inapropriado pensar num esquema de evangelização realizado por agentes qualificados enquanto o resto do povo fiel seria apenas receptor das suas ações. A nova evangelização deve implicar um novo protagonismo de cada um dos batizados. Esta convicção transforma-se num apelo dirigido a cada cristão para que ninguém renuncie ao seu compromisso de evangelização, porque, se uma pessoa experimentou verdadeiramente o amor de Deus que o salva, não precisa de muito tempo de preparação para sair a anunciá-lo, não pode esperar que lhe deem muitas lições ou longas instruções. Cada cristão é missionário na medida em que se encontrou com o amor de Deus em Cristo Jesus; não digamos mais que somos "discípulos" e "missionários", mas sempre que somos "discípulos missionários".

FRANCISCO, Exortação Apostólica *Evangelii gaudium* (2013), 120

Evangelii gaudium

Partilha o que te ajuda a viver

Certamente todos somos chamados a crescer como evangelizadores. Devemos procurar simultaneamente uma melhor formação, um aprofundamento do nosso amor e um testemunho mais claro do Evangelho. Neste sentido, todos devemos deixar que os outros nos evangelizem constantemente; isto não significa que devemos renunciar à missão evangelizadora, mas encontrar o modo de comunicar Jesus que corresponda à situação em que vivemos. Seja como for, todos somos chamados a dar aos outros o testemunho explícito do amor salvífico do Senhor, que, sem olhar às nossas imperfeições, nos oferece a sua proximidade, a sua Palavra, a sua força e dá sentido à nossa vida. O teu coração sabe que a vida não é a mesma coisa sem ele; pois bem, aquilo que descobriste, o que te ajuda a viver e te dá esperança, isso é o que deves comunicar aos outros.

FRANCISCO, Exortação Apostólica *Evangelii gaudium* (2013), 121

Evangelii gaudium

Ser discípulos

Ser discípulo significa ter a disposição permanente de levar aos outros o amor de Jesus; e isto sucede espontaneamente em qualquer lugar: na rua, na praça, no trabalho, num caminho.

FRANCISCO, Exortação Apostólica *Evangelii gaudium* (2013), 127

Evangelii gaudium

Ser mais missionários!

Com obras e gestos, a comunidade missionária entra na vida diária dos outros, encurta as distâncias, abaixa-se – se for necessário – até a humilhação e assume a vida humana, tocando a carne sofredora de Cristo no povo. Os evangelizadores contraem assim o "cheiro de ovelha", e estas escutam a sua voz. Em seguida, a comunidade evangelizadora dispõe-se a "acompanhar". Acompanha a humanidade em todos os seus processos, por mais duros e demorados que sejam. Conhece as longas esperas e a fadiga apostólica. A evangelização patenteia muita paciência e evita deter-se a considerar as limitações. Fiel ao dom do Senhor, sabe também "frutificar". A comunidade evangelizadora mantém-se atenta aos frutos, porque o Senhor a quer fecunda. Cuida do trigo e não perde a paz por causa do joio. O semeador, quando vê surgir o joio no meio do trigo, não tem reações de lamentação ou de alarmismo. Encontra o modo para fazer com que a Palavra se encarne numa situação concreta e dê frutos de vida nova, apesar de serem aparentemente imperfeitos ou defeituosos. O discípulo sabe oferecer a vida inteira e entregá-la até o martírio como testemunho de Jesus Cristo, mas o seu sonho não é estar cheio de inimigos, mas antes que a Palavra seja acolhida e manifeste a sua força libertadora e renovadora. Por fim, a comunidade evangelizadora jubilosa sabe sempre "festejar": celebra e festeja cada pequena vitória, cada passo em frente na evangelização. [...] Sonho com uma opção missionária capaz de transformar tudo, para que os costumes, os estilos, os horários, a linguagem e toda a estrutura eclesial se tornem um canal proporcionado mais à evangelização do mundo atual do que à autopreservação. A reforma das estruturas, que a conversão pastoral exige, só se pode entender neste sentido: fazer com que todas elas se tornem mais missionárias, que a pastoral ordinária em todas as suas instâncias seja mais comunicativa e aberta, que coloque os agentes pastorais em atitude constante de "saída" e, assim, favoreça a resposta positiva de todos aqueles a quem Jesus oferece a sua amizade.

Francisco, Exortação Apostólica *Evangelii gaudium* (2013), 24.27

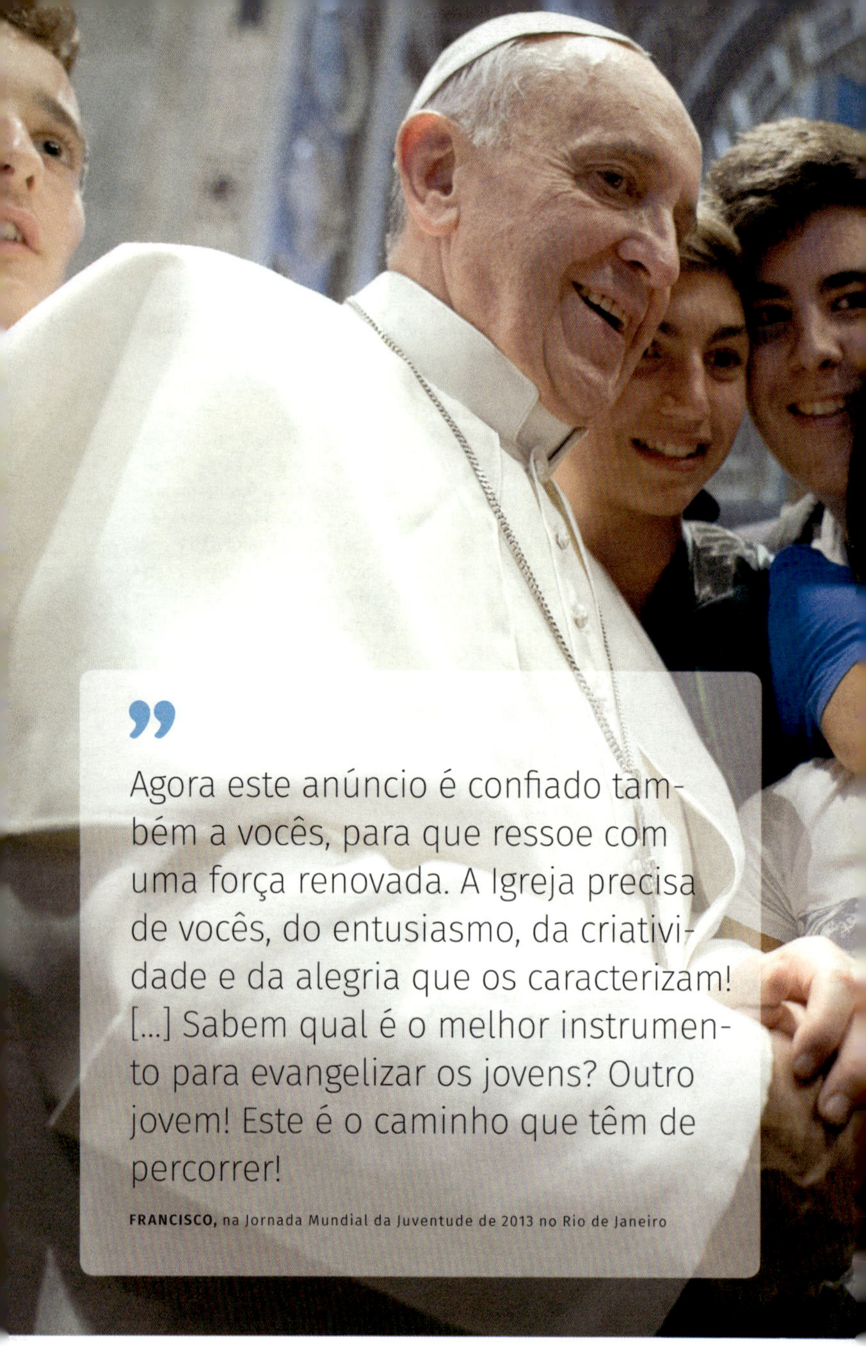

> Agora este anúncio é confiado também a vocês, para que ressoe com uma força renovada. A Igreja precisa de vocês, do entusiasmo, da criatividade e da alegria que os caracterizam! [...] Sabem qual é o melhor instrumento para evangelizar os jovens? Outro jovem! Este é o caminho que têm de percorrer!

FRANCISCO, na Jornada Mundial da Juventude de 2013 no Rio de Janeiro

Índice onomástico

Citações bíblicas

Índice de assuntos

Abreviaturas

AN *Aetatis novae*, instrução pastoral do Conselho Pontifício para as Comunicações Sociais (1992)
CA *Centesimus annus*, encíclica de São João Paulo II (1991)
CIC *Catecismo da Igreja Católica*
CS *Compêndio da Doutrina Social da Igreja*
CV *Caritas in veritate*, encíclica do Papa Bento XVI (2009)
DCE *Deus caritas est*, encíclica do Papa Bento XVI (2005)
DH *Dignitatis humanae*, declaração do Concílio Vaticano II (1965)
DV *Dei Verbum*, constituição dogmática do Concílio Vaticano II sobre a Revelação Divina (1965)
DVi *Dominum et vivificantem*, encíclica de São João Paulo II (1986)
EG *Evangelii gaudium*, encíclica do Papa Francisco (2013)
EN *Evangelii nuntiandi*, exortação apostólica do beato Paulo VI (1975)
EV *Evangelium vitae*, encíclica de São João Paulo II (1995)
GS *Gaudium et spes*, constituição pastoral do Concílio Vaticano II sobre a Igreja no mundo atual (1965)
IM *Inter mirifica*, decreto do Concílio Vaticano II sobre os meios de comunicação social (1966)
LE *Laborem exercens*, encíclica de São João Paulo II (1981)
LG *Lumen gentium*, constituição dogmática do Concílio Vaticano II sobre a Igreja (1964)
LS *Laudato si*, encíclica do Papa Francisco (2015)
MM *Mater et magistra*, encíclica de São João XXIII (1961)
NMI *Novo millenio ineunte*, carta apostólica de São João Paulo II (2001)
OA *Octogesima adveniens*, exortação apostólica do beato Paulo VI (1971)
PP *Populorum progressio*, encíclica do beato Paulo VI (1967)
PT *Pacem in Terris*, encíclica de São João XXIII (1963)
QA *Quadragesimo anno*, encíclica do Papa Pio XI (1931)
RH *Redemptor Hominis*, encíclica de São João Paulo II (1979)
RN *Rerum novarum*, encíclica do Papa Leão XIII (1891)
SRS *Sollicitudo rei socialis*, encíclica de São João Paulo II (1987)

Créditos fotográficos

Cynthia Abou Zeid 61, 75, 143; Jörg P. Anders/bpk 140; Felipe Belloni 17; Martine Boutros 23, 205; Richard Bruneau 188-189, 221; calvio/Thinkstock 151; Charles Constantine 178, 246; Carmo Cordovil 236, 259; Erzbistum Köln 97; Francisco Eugênio 14; Stefan Fitzek 222; Miriam Fricke 105; Florian Hernschier 114; Historisches Archiv des Erzbistums Köln bzw. AEK, Bildsammlung 97; David Jesus FSC 232; Marina Jorge 125; Jesus My Joy 64; Martin Karski (www.martinkarski.de) 139; Richard Lagos 90, 134, 212-213; Jeronimo Lauricio 58, 69, 245, 250, 285; Emilie Leclerc 98, 147; Stefan Leimer 203; Alexander von Lengerke 37, 49, 130, 138, 160-161, 291; Christian Lermer 118, 120-121; LWL Westfalen 36; Frank May/picture-alliance 270; Alex Lima Mazullo 101, 103, 208, 242-243, 262-263, 282, 292-293; Noble j Nooruparayil 46, 74; Vanessa Nossol 274; Kerstin Otto 288-289; Lica Pires 32, 81; Dario Pizzano 76; Jorge O. Ramírez Carreón 35; Stefano Rellandini/Reuters 10; Sandra Ribeiro Neto 42-43; Lukas Schlichtebrede 126; Benjamin Scofield 250; Patrick Sfeir 228-229; Francesco Sforza/Osservatore romano 302-303; Hari Seldon 156; Luc Serafin 50, 83, 107, 149, 176-177, 191, 215; Olha Soroka 95; Leandro Carlos Souza Santos 108; Thinkstock 192; Stocktrek images/Thinkstock 266; Marcel Urban 224; Mykola Vepryk 72-73, 184; Brit Werner 138-139, 294; Akl Yazbeck 18-19

Recursos livres: Creative Common-Linzenz by-sa-2.0 (http://creativecommons.org/licenses/by-sa/2.0): blu-news.org 171, Trocaire from Ireland (Kibera17) 217, Christian Wolf (www.c-w-design.de) 201; Creative Common-Lizenz by-sa-3.0 (http://creativecommons.org/licenses/by-sa/3.0): 4028mdk09 167, Nationaal Archief, Den Haag, Rijksfotoarchief: Fotocollectie Algemeen Nederlands Fotopersbureau (ANEFO), 1945-1989 - negatiefstroken zwart/wit, nummer toegang 2.24.01.05, bestanddeelnummer 922-2301 253; Public Domain: Staff Sgt. Marc Lane (https://www.dvidshub.net/image/190261) 63
Vorsatz: Oben links: https://commons.wikimedia.org/wiki/File%3AFriedrich_Witte_Fabrik.jpg; unten links: https://commons.wikimedia.org/wiki/File%3A1849_%E2%80%9EDrehen_zu_Beginn%E2%80%9C_am_Beispiel_der_Maschinenbauanstalt_Maffei..jpg; Unten rechts: https://commons.wikimedia.org/wiki/File%3ABild_Maschinenhalle_Escher_Wyss_1875.jpg Nachsatz: oben links: https://commons.wikimedia.org/wiki/File%3AJunghans_02.jpg; unten links: https://commons.wikimedia.org/wiki/File%3AHartmann_Maschinenhalle_1868_(01).jpg; Oben rechts: https://commons.wikimedia.org/wiki/File%3AStEG-Fabrik_Werkhalle.jpg; Unten rechts: https://commons.wikimedia.org/wiki/File%3ABASF_Werk_Ludwigshafen_1881.JPG

Agradecimentos

A YOUCAT Foundation agradece aos vários autores e editoras que contribuíram gratuitamente para este projeto com o seu trabalho e conhecimento especializado.

Agradece também à KKV (Associação de Católicos em Negócios e Administração) e ao seu presidente, Bernd-M. Wehner, que inspirou o DOCAT e permitiu que fosse possível financeiramente que os jovens tivessem tempo para discutir este texto.

A YOUCAT Foundation agradece igualmente ao escritório central de Mönchengladbach de católicos que trabalham na área das Ciências Sociais o auxílio em todos os sentidos na preparação do texto.

Um agradecimento a todos os fotógrafos que participaram no concurso de fotografia mundial e que podem agora olhar para o DOCAT e ver nele representado a "sua" imagem.

Um agradecimento especial aos nossos jovens críticos: Laurin Büld, Paul Cremer, Lorena Helfrich, Nathalie Keifler, Judith Klaiber, Benno Klee, Daniel Lui, Stephan Peiffer, Lars Schäfers, Jan Schiefelbein, Maria Schipp, Marcel Urban (com a orientação de Barbara Müller, Nils Baer, Marco Bonacker, Alexander von Lengerke, Bernhard Meuser). Foi maravilhoso como nos ajudaram – como representantes de todos os jovens do mundo. Agora, sigam o conselho do Papa Francisco e adotem a Doutrina Social.

FIQUE POR DENTRO

O YOUCAT CENTER BRASIL é um dos projetos da *Associação YOUCAT Brasil* (uma instituição de direito privado, sem fins lucrativos, de caráter organizacional, assistencial, religioso e educacional), que tem como serviço e missão ser na Igreja para o mundo um *CAMPUS FIDEI* e um *CAMPUS MISERICORDIAE:* um Campo da Fé e um Campo da Misericórdia. A partir desses dois elementos fundantes, o YOUCAT Center é, portanto, um campo como **lugar onde se semeia**, um campo como **lugar de treinamento** e um campo como **lugar de construção**, que à luz dos quatro princípios do YOUCAT (Conhecer, Encontrar, Partilhar e Expressar) procura em suas atividades ser e formar uma geração de jovens mais enraizada na fé e fecunda em boas obras.

A sede de missão do YOUCAT Center fica na cidade de Brasília, por ser também um centro de coordenação nacional dos projetos de evangelização e formação do YOUCAT em todo o país, tais como: *YOUCAT Adventure* (um encontro querigmático para jovens), *Aprofundamentos YOUCAT* (cursos de formação), *Grupo de Estudo YOUCAT Dating* (formação para jovens casais), *Grupos de Estudo YOUCAT* (formação com o Catecismo, **DOCAT** e outros documentos), *YOUCAT Meeting* (encontro de formação para líderes de Grupos de Estudo), *YOUCAT Training School* (Escola de Treinamento YOUCAT), *YOUCAT Summer Meeting* (Encontro de Verão YOUCAT) e muito mais....

A missão do YOUCAT Center Brasil é sustentada exclusivamente com as surpresas de Deus que passam pelas mãos e pelo coração dos nossos colaboradores que, associados ou não, "*são aquelas pessoas que, através de seu trabalho, de suas orações, de sua pregação e de sua oferta, favorecem e promovem de forma contínua a consecução dos objetivos da Associação YOUCAT Brasil*" (Artigo 58 do Estatuto Social).

A YOUCAT FOUNDATION, criada na Alemanha, sem fins lucrativos, tem como objetivo publicar e distribuir livros e outros materiais, promovendo assim a Nova Evangelização no mundo juvenil. A YOUCAT Foundation, como subsidiária da **Fundação Pontifícia Ajuda à Igreja que Sofre – ACN**, incentiva e apoia também a formação de centros para a evangelização de jovens em diversos países, nominados "YOUCAT Center". A Fundação Pontifícia Ajuda à Igreja que Sofre, a YOUCAT Foundation e os YOUCAT Centers são animados por uma fiel obediência e devoção ao Santo Padre, por uma ativa cooperação com o seu ministério apostólico universal e por uma pronta disponibilidade para seguir e colocar em prática as suas indicações.

Visite o *site* www.youcat.org.br e também o perfil do **YOUCAT Brasil** nas principais redes sociais.

Entre em contato com os **MISSIONÁRIOS YOUCAT:** brasil@youcat.org